职业院校汽车专业创新立体化教材

汽车发动机管理系统故障诊断与维修

主　编　徐春保　郝　隆
副主编　张　秋　肖　军　李国栋
　　　　黄东宁
参　编　陈华艳　周艳辉　邬仪鸣
　　　　李龙飞　范　哲

机　械　工　业　出　版　社

本书介绍了汽车发动机管理系统的组成、控制模块、进气系统、喷油系统、点火系统、排放控制系统、车载诊断系统、柴油发动机管理系统、柴油发动机共轨控制等。本书从实际汽车发动机控制策略出发，以任务目标导向组织编写；给出目标，结合目标介绍发动机控制系统的相关理论知识，将知识融合成完成任务的方法，对任务进行拓展；结合实际案例，培养学生分析和解决问题的能力以及实践动手能力；将汽车中的控制策略和诊断思路与维修方法结合起来，符合高职高专学生的实际情况。

为使读者更加深入地理解书中的知识和掌握相关操作技能，本书特别制作了五十多个二维码，读者扫描二维码后可以方便地观看、学习各系统的工作原理和检修方法等。

本书内容详尽，操作性强，可作为高等职业院校、高等专科院校、成人高校、民办高校和二级职业技术学院汽车运用与维修及相关专业的教学用书，也可作为相关领域专业技术人员的参考用书及培训用书。

图书在版编目（CIP）数据

汽车发动机管理系统故障诊断与维修/徐春保，郝隆主编. —北京：机械工业出版社，2017.6

职业院校汽车专业创新立体化教材

ISBN 978-7-111-56881-0

Ⅰ. ①汽…　Ⅱ. ①徐…　②郝…　Ⅲ. ①汽车－发动机－故障诊断－高等职业教育－教材②汽车－发动机－车辆修理－高等职业教育－教材　Ⅳ. ①U472.43

中国版本图书馆 CIP 数据核字（2017）第 108565 号

机械工业出版社（北京市百万庄大街 22 号　邮政编码 100037）
策划编辑：母云红　责任编辑：母云红
责任校对：潘　蕊　封面设计：张　静
责任印制：李　昂
三河市国英印务有限公司印刷
2017 年 8 月第 1 版第 1 次印刷
184mm×260mm · 8.75 印张 · 209 千字
0001—3000 册
标准书号：ISBN 978-7-111-56881-0
定价：25.00 元

“职业院校汽车专业创新立体化教材”

编委会

专家组

胡建军（全国知名汽车维修专家）
阚有波（北京市首届高级汽车维修工技能大赛冠军）
薛庆文（汽车变速器专家）
李绍相（中国汽车后市场联合会汽车工程师专业委员会专家）
崔修元（中国汽车后市场联合会汽车工程师专业委员会专家）
李云松（中国汽车后市场联合会汽车工程师专业委员会专家）
李　龙（中国汽车后市场联合会汽车工程师专业委员会专家）
徐春保（中国汽车后市场联合会汽车工程师专业委员会专家）

编写组（排名不分先后）

徐春保（北京吉利学院）
郝　隆（北京吉利学院）
张　秋（北京吉利学院）
韩　东（长春汽车工业高等专科学校）
尹力卉（长春职业技术学院）
易景然（湖北国土资源职业学院）
潘宗友（兰州石化职业技术学院）
张维军（兰州石化职业技术学院）
鲁民巧（邢台职业技术学院）
王一斐（甘肃交通职业技术学院）
纪光兰（甘肃交通职业技术学院）
胡光辉（湖南交通职业技术学院）
骆瑞清（河南安阳职业技能鉴定所）
姚方方（黄河交通学院）
李军民（安阳工学院）
闫以军（北京市汽车工业高级技工学校）
胡　勇（河南职业技术学院）
邵明田（北京广达汽车维修设备有限公司）

前 言

PREFACE

为推进高职院校汽车类专业教学改革与发展，机械工业出版社于2015年5月23—24日在北京召开了“职业院校汽车专业创新立体化课程开发”研讨会。研讨会以创新立体化教材为突破口，探讨了汽车类专业课程的创新和发展，以推动职业院校汽车专业教学内容、教学流程和教学方法改革。

本套创新立体化教材的创新点有以下几个方面。

1）在教材的内容组织上，与汽车产业需求、职业标准、生产过程相对接，按照企业真实的技术和装备水平设计理论、技术和实训课程，反映汽车服务企业的真实业务流程。

2）在教材的编写方式上，通过真实案例、真实项目激发学生的学习兴趣、探究兴趣和职业兴趣。

3）在教材的表现形式上，采用图片、表格、二维码等多种形式，以“互联网+”的思维模式，在传统平面教材的基础上通过二维码扫描呈现立体的工作原理、工作情景和真实环境，使教师更容易教，学生更容易学，实现教材与教学资源的配套和融合。

机械工业出版社于2015年7月27日在郑州中鑫之宝汽车服务有限公司召开“职业院校汽车专业创新立体化课程开发第二次会议”，进一步探讨确定了创新立体化课程的具体实现细节，探讨架构全面、立体的课程体系，探讨职业教育与现代汽车维修企业人才需求的对接。

本书分为4章，第1章讲述汽车发动机管理系统基础，第2章讲述汽车发动机管理系统的诊断与维修，第3章讲述车载诊断系统，第4章讲述柴油发动机管理系统。

本书面对高职高专教育而编写，其特色如下。

1）理论和实践的融合度较高：根据实际操作把需要的理论知识穿插到操作过程中。

2）内容针对性强：以行业关键技术操作岗位和技术管理岗位的岗位能力为目标选取典型任务。

3）编写形式直观生动：设有学习目标、任务导入、维修提示、课后练习题等小栏目，并且嵌入为帮助理解的动画、视频、彩色图片50余处二维码，利用互联网实现了教材的立体化。

本书由徐春保、郝隆担任主编，张秋、肖军、李国栋、黄东宁担任副主编，陈华艳、周艳辉、邬仪鸣、李龙飞、范哲也参与了编写。以上编写人员均来自北京吉利学院。

本书二维码链接拍摄内容由王海翔同学完成，在此表示感谢！

由于编者水平有限，书中难免有疏漏和错误之处，希望广大读者朋友批评指正。

编 者

目　录

CONTENTS

第1章 CHAPTER 1 发动机管理系统基础

【任务导入】

现代汽车已进入电子控制时代，汽车上的发动机也同样由各种电子系统进行监测、分析、控制，而综合这些控制系统的信息进行整合，从而对发动机各部件进行控制的就是发动机管理系统。

【学习目标】

1. 了解发动机管理系统的组成与作用。
2. 掌握发动机管理系统的控制模块组成与控制信号形式。

1.1 发动机管理系统的作用和要求

发动机管理系统（Engine Management System）简称 EMS，是一个整体式的控制系统。各子系统信息共享相互关联，在控制上同步协调相互影响。但是各子系统又有一定的分工，具有一定的独立性。

EMS 采用各种传感器，把发动机进气量、冷却液温度、发动机转速与节气门开度变化等状况转换成电信号，送入控制器。控制器将这些信息与储存信息进行比较，精确计算后输出控制信号。EMS 不仅可以精确控制燃油供给量，以取代传统的化油器，而且可以控制点火提前角和怠速空气流量等，极大地提高了发动机性能。图 1-1 为发动机管理系统的工作过程。

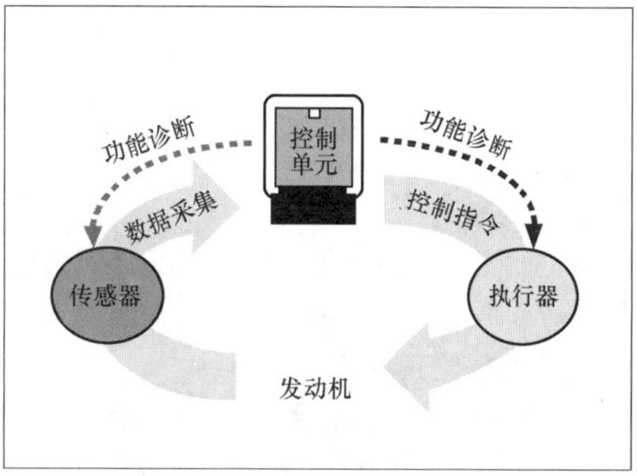

图 1-1 发动机管理系统的工作过程

随着汽车保有量的增多，环境污染日趋严重，人们对汽车尾气排放日趋重视，排放法规日趋严格，采用更严格的发动机管理系统（EMS）已成为主流，这也是衡量一个汽车品牌美誉度的重要因素。

1.1.1 发动机管理系统的作用

根据各个国家或地区不同法规的要求，发动机管理系统还配有随车诊断装置，该装置可以监测和报告可能引起排放超标的任何故障。采用发动机管理系统的目的是使发动机的工作性能在发动机的整个工作和使用寿命范围内都保持最佳水平。

发动机管理系统可提供包括燃油喷射、点火时间、怠速控制和排放控制在内的随车诊断功能。诊断信息和串行通信通过控制区域网络总线 CAN 进行传递。如果发生故障，发动机管理系统将保存相关的故障码。

扫一扫

梅塞德斯奔驰 C 级轿车发动机系统介绍

1.1.2 对发动机管理系统的要求

1）必须满足污染排放法规。

2）必须具有最少的保养和最高的可靠性。

3）必须具有尽可能好的燃油经济性和动力性。

1.2 发动机管理系统的组成

发动机管理系统（EMS）主要由传感器、控制模块/单元（ECM）和执行器及其他相关模块组成。ECM 向发动机管理模块发送输出信息，并接收来自这些部件及模块的输入信息来对发动机各个工况进行控制。图 1-2 为发动机管理系统组成。

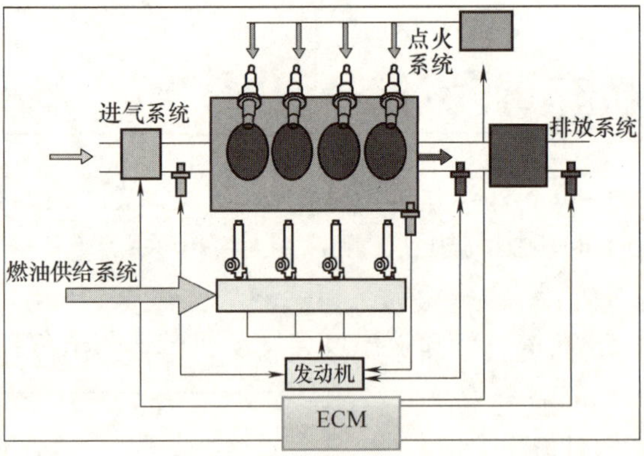

图 1-2 发动机管理系统组成

扫一扫

发动机管理系统组成

1. 进气系统

为了监测和控制进气，进气系统使用传感器测量进气的流量和温度，甚至能控制进气通道的长短和横截面积、旁通通道的开闭以及进气门的相位等。图 1-3 为进气系统。

2. 燃油供给系统

为了给发动机提供燃料，燃油供给系统负责把燃油送到燃油管道，经过压力调节后提供给喷油器，最后由控制单元控制喷油器定时定量地喷射到发动机内，如图 1-4 所示。

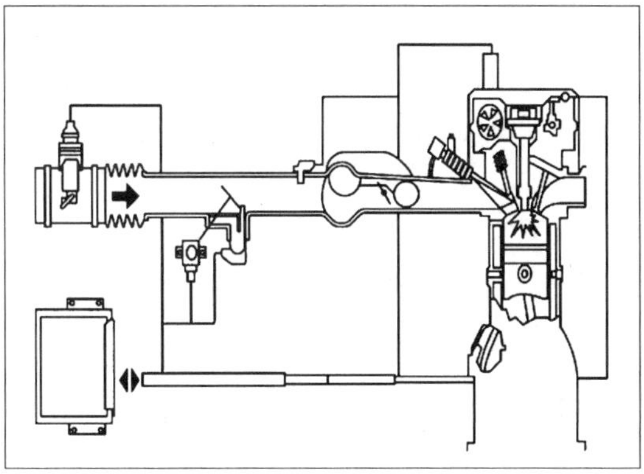

图 1-3 进气系统

扫一扫

PGM FI 型发动机
进气系统概述

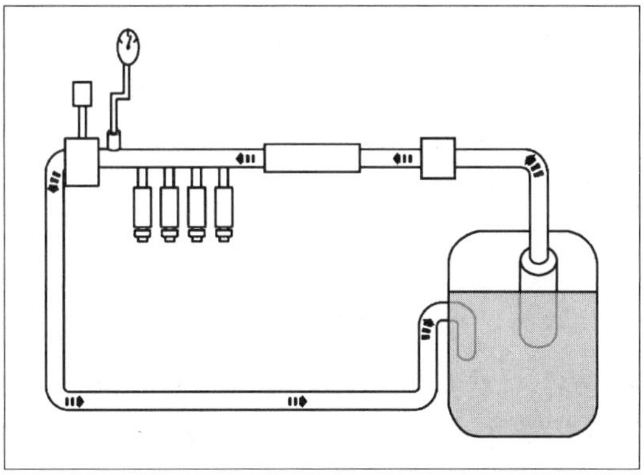

图 1-4 燃油供给系统

3. 点火系统

为了点燃混合气，点火系统监测曲轴的转角和发动机的各项参数，精准地控制点火部件在相应的曲轴转角时触发点火，如图 1-5 所示。

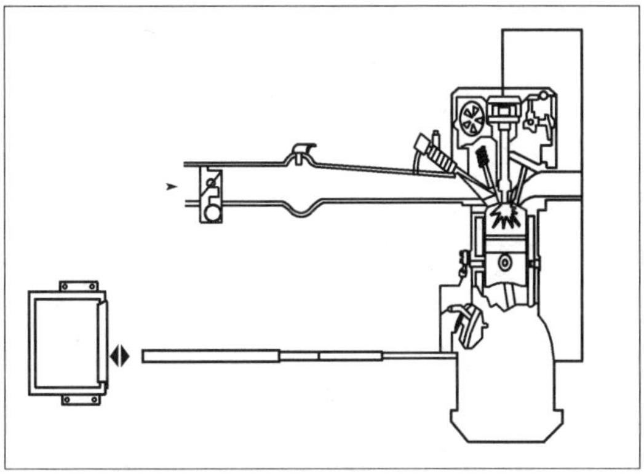

图 1-5 点火系统

扫一扫

电控点火系统
的组成与类型

4. 排放系统

为了减少排放，排放系统监测尾气成分和其他排放信息，通过催化转化尾气、控制燃烧温度以及把燃油蒸气再次引入燃烧等方法全面减少车辆的排放量。并且系统内集成的车载诊断装置（OBD）时刻监测和诊断发动机的运行和排放情况，如图 1-6 所示。

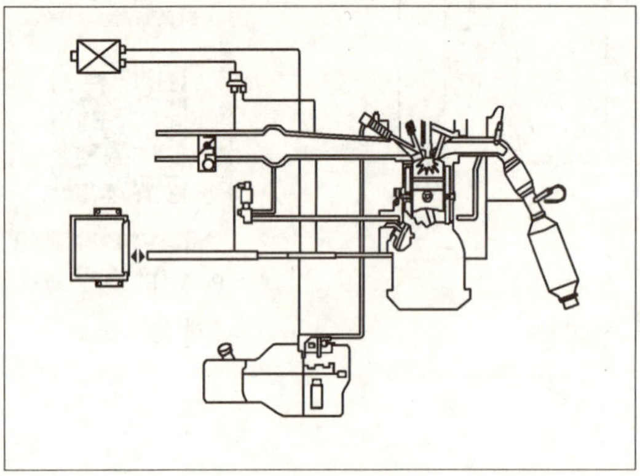

图 1-6　排放系统

扫一扫

排放系统

1.3 控制模块

现代汽车很多系统都配置了计算机控制模块，如制动系统、车身系统、电子悬架系统等，这些常简称为控制模块。发动机管理系统的进气、燃油供给、点火和排放等子系统虽然有一定的独立性，但各子系统共同使用一个计算机，这个计算机是整个发动机管理系统信息接收、处理和控制的中心。发动机管理系统的计算机控制模块常简称为发动机控制模块。

扫一扫

电子控制模块

1.3.1 控制模块的组成

发动机控制模块接收来自汽车上各种装置（开关及传感器）的输入数据，如发动机负载、档位、发动机温度、发动机转速等。根据输入数据的计算结果再输出控制功能，包括控制喷油量、调整点火正时等。

扫一扫

某车型控制模块位置图

发动机控制模块有两种类型：TCU——动力总成（发动机和自动变速器）控制模块（有的车型上称为 PCM）；ECM——发动机管理系统控制模块，有的车型也叫 ECU。

TCU 和 ECM 外观一般都是金属盒状，安装于发动机舱或乘客舱内。虽然 TCU 与 ECM 控制的系统略有不同，但打开它们外部壳体后，内部构造都是相似的，电阻、电容器及其他电子元件都安装在同一块印刷电路板（PCB）上。如图 1-7 所示。

从功能上分，印刷电路板（PCB）上的电气部件分属于四个部分：输入设备、存储器、中央处理器（CPU）、输出设备。

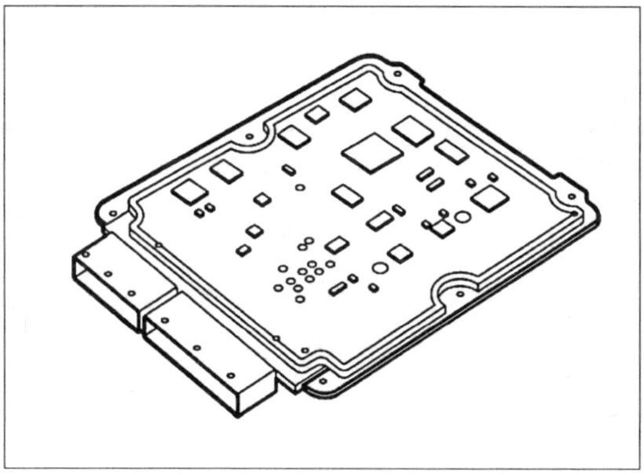

图 1-7　控制模块

计算机控制模块配置有不同类型的存储器（图 1-8），所有这些类型的存储器共同作用以完成特定的功能。有的内存是永久编程的，而有的存储器则是任意编程的，可在不同的运行工况下改变程序。

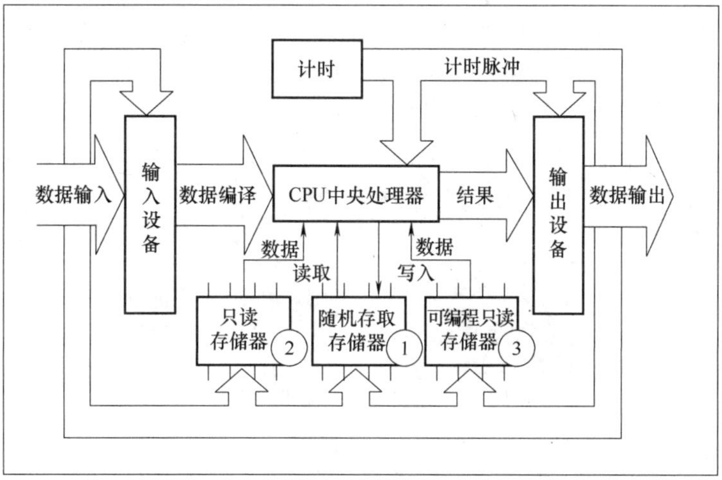

图 1-8　存储器

（1）随机存取存储器（RAM）　随机存取存储器（图 1-9）为非永久性存储器，用于储存临时性数据，如刚刚改变的冷却液温度读数或进气歧管压力值。计算机会将这些数据写入 RAM，切断电源后，存储的所有数据都被清除，这叫易失性存储器。

故障码及发动机经常变化的参数都存在 RAM 内，当 ECM 电源中断 30s 后，故障码被清除，而对于参数的丢失，发动机需要进行学习校准。

（2）只读存储器（ROM）　只读存储器（图 1-10）只能读出数据，而且写入的任何数据都是永久的。这种芯片制作出来后，由厂家编制程序，程序编好后，数据就不能擦出或更改。ROM 包含程序指令和系统数据，存储器为非易失性的，不需通电存储数据。ECM 电源一旦接通，就执行第一行指令，然后按顺序运行各程序。

（3）可编程只读存储器（PROM）　可编程只读存储器（PROM）类似于只读存储器（ROM），它保留了非易失的特性。PROM 制造完毕后，所有存储位置都是空的，最终安装

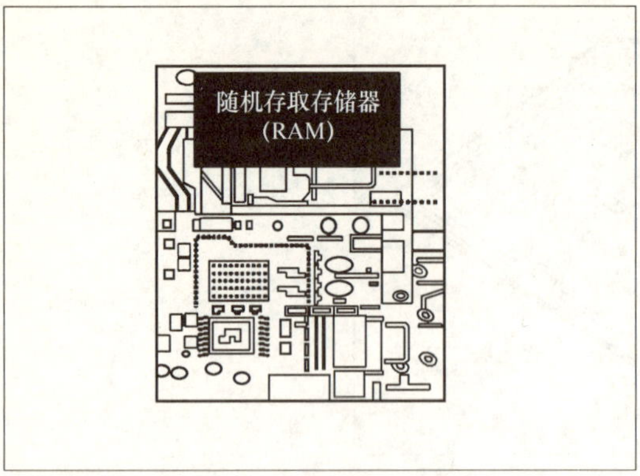

图 1-9　随机存取存储器（RAM）

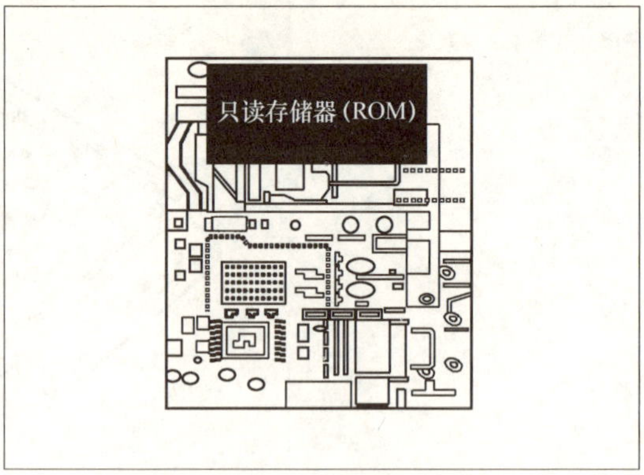

图 1-10　只读存储器（ROM）

完后，其程序可电子写入。根据发动机排量大小、底盘型号、变速器型号等，把专用的系统程序和数据编程写入 PROM。

很多 PROM 都是插入式的，不必焊接到电路板上。插入式的优点在于，如果将来技术改进了，只需更换车上控制模块中的 PROM，就能使其具备最新校准的参数和程序。

电可擦可编程存储器（EEPROM）也类似于 ROM，但它是永久性地焊接到 TCU/ECM 电路板上的。EEPROM 出厂时带有全套的发动机控制程序和系统数据。当汽车发动机校准参数必须改变时，可用诊断工具对 EEPROM 重新编程设定，这叫作维修编程系统（SPS）。

图 1-11 所示是可编程只读存储器和电可擦可编程存储器。

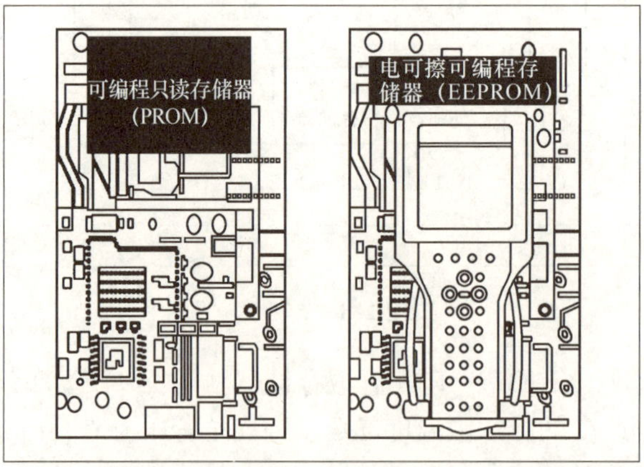

图 1-11　可编程只读存储器和电可擦可编程存储器

计算机的三大核心部件是中央处理器（CPU）、存储器和输入/输出设备，其中 CPU 是计算机的运算核心和控制核心。

CPU（图 1-12）由运算器、控制器、寄存器和实现它们之间联系的总线构成。CPU 从存储器取出指令放入寄存器，并对指令进行译码，经运算器计算后发出各种控制命令。

计算机在运算时采用二进制，代码只有“0”和“1”，其中无论是“0”或是“1”在 CPU 中都是 1“位”，计算机的处理及响应速度与 CPU 在单位时间内（同一时间）能一次处理的二进制的位数有关。在发动机控制模块中常配 16 位 CPU 和 32 位 CPU。

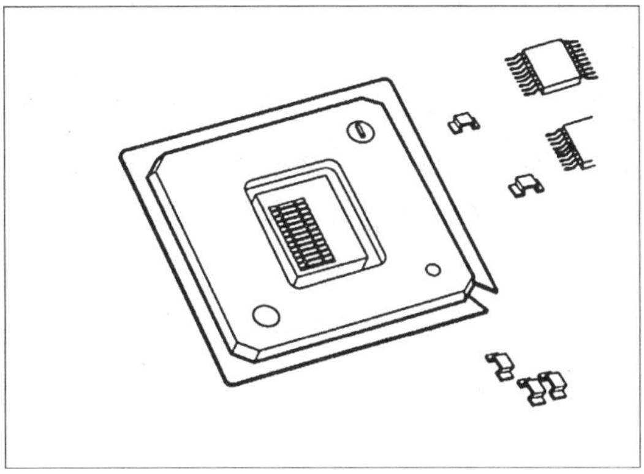

图 1-12　CPU

（4）输入设备　计算机控制模块需要通过输入设备收集发动机和环境的各种参数，这是控制发动机正常运行的基础。参数以各种电信号的方式输入模块内部，这些电信号可分为两大类：模拟信号和数字信号。数字信号可直接传给 CPU 使用，但模拟信号必须经模拟-数字（A/D）转换器编译成 CPU 能识别的数字信号。

（5）输出设备　CPU 发出的控制命令必须经输出设备放大处理后才能实现外部控制，常见的输出设备为四方激励器。四方激励器是控制模块中的一个电子开关，为一条或多条电路提供接地通路，用于电磁阀、继电器及其他执行部件的接地控制。一些改进后的模块内部都装有限流四方激励器，当该激励器过载时，就会限制电路电流以实现自我保护。另一种激励器是输出激励器模块，可控制七条不同电流负载的输出线，并提供电路保护及数据总线通信，使之与 CPU 联系以确定发生故障的输出线。

1.3.2　输入控制信号

发动机管理系统（EMS）的核心是发动机控制模块（ECM），系统在运行时由发动机控制模块接收外部输入信号，经模块内部运算处理后，实施对外部各执行器的控制。发动机管理系统控制特性主要表现在输入信号特点、输出控制方式及控制过程上。

输入信号的分类方法有很多，根据 CPU 对信号的使用情况可分为两大类：模拟信号和数字信号。图 1-13 所示为模拟信号，它是利用电气特性模拟被测量对象的数值或监测对象的状态，电信号输入发动机控制模块后，CPU 不能直接使用，必须经 A/D 模数转换器，编译成 CPU 能够使用的数字信号。

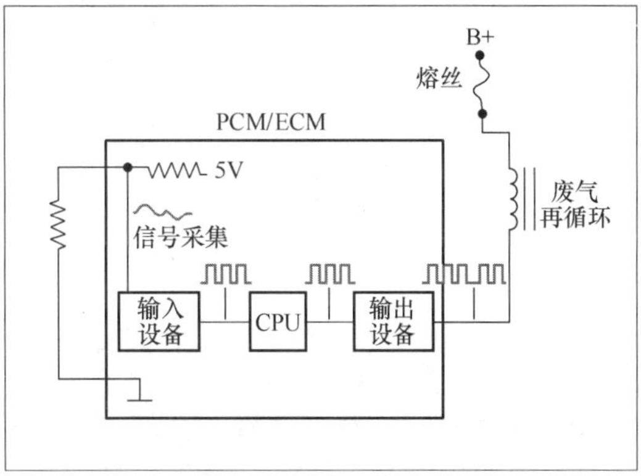

图 1-13　模拟信号

输入信号还可以根据信号的电气特性分成如下类型：电压型、频率型、开关型、占空比型、网络型。

（1）电压型　传感器根据物理原理以电压的高低来模拟测量对象的变化量或状态，输入控制模块的电压在一定范围内才可被接受。电压信号是模拟信号，必须经 A/D 模数转换器转换成数字信号才可被 CPU 使用，如图 1-14 所示。

常见输出为电压信号的传感器有机油压力传感器、空调压力传感器、进气歧管绝对压力传感器、冷却液温度传感器、爆燃传感器、氧传感器、制动踏板位置传感器、节气门位置传感器、加速踏板位置传感器、燃油液位传感器、油箱蒸气压力传感器、进气温度传感器、燃油压力传感器。

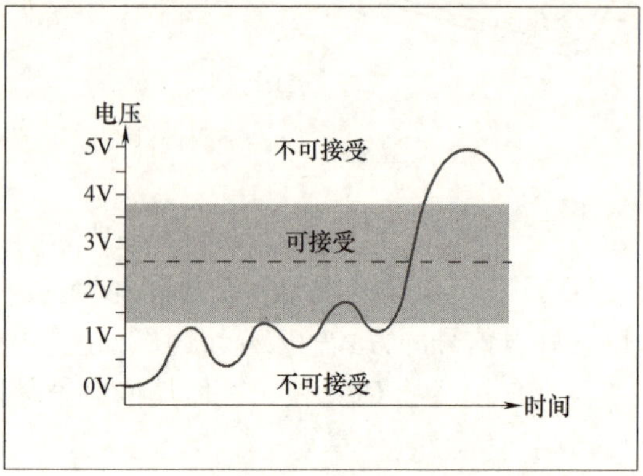

图 1-14　电压信号

扫一扫

怠速工况氧传感器信号电压

（2）频率型——模拟信号　磁电式转速或位置传感器，输出交流电压并且根据缺齿形成规律变化的电压尖峰，如图 1-15 所示，它是一种频率型模拟信号，模块内部不仅利用此信号计算出发动机的转速，还能根据缺齿电压尖峰计算出曲轴的转角位置。其特点是交流电压也随发动机转速的变化而变化，由于简单实用，目前使用广泛。

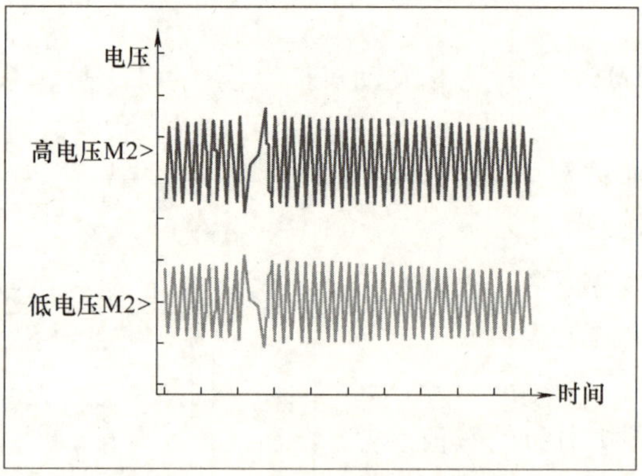

图 1-15　频率型——模拟信号

（3）频率型——数字信号　霍尔式转速或位置传感器，输出直流方波电压并且根据缺齿形成规律变化的电压脉宽，如图 1-16 所示。它是一种频率型数字信号，模块内部不仅利用此信号计算出发动机的转速，还能根据变化的脉冲宽度计算出曲轴的转角位置。由于这种传感器输出的是数字信号，所以监测结果更精准。另外，热膜式 MAF 也是频率型数字传感器，当进气流量变化时，MAF 输出信号的频率也发生变化。

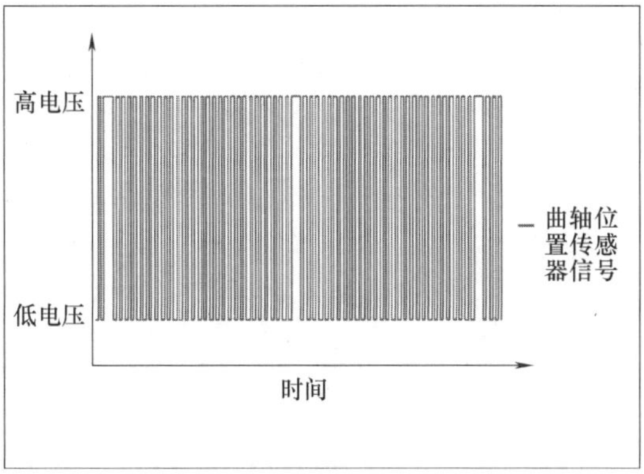

图1-16　频率型——数字信号

扫一扫

车速信号波形

(4) 开关型　开关信号根据电位的变化方向可分为拉低式和拉高式，即在外部开关接通时实现接地为拉低式；若外部开关接通时是高电位则为拉高式，如图1-17所示。这些开关输出的是数字信号。

常见输出为开关信号的部件有机油压力开关、档位开关、助力泵液压开关、离合器开关、制动开关。

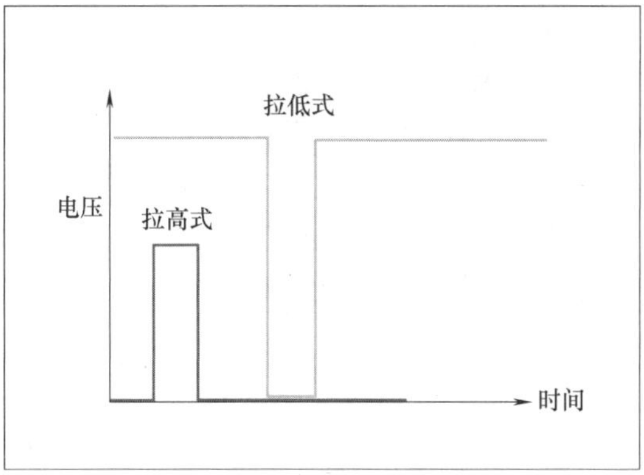

图1-17　开关信号

(5) 占空比型　有些传感器输出的是一个固定频率的脉冲信号，并以高低电位的脉冲宽度比（即占空比）来反馈测量对象的变化，如图1-18所示。占空比信号是一种数字信号。如发电机负荷信号，发电机内部根据励磁线圈接通情况输出一个脉冲宽度可变的方波信号，发动机控制模块根据其占空比的大小就可以判断发电机的负荷，并以此来调整发动机转速。

(6) 网络型——数字信号　车辆上其他模块经网络总线输入ECM/TCU的信号是数字信号，网络信号的电压脉冲只表示二进制的“0”或“1”，一组有一定编码规则的“0”和“1”才能表达一定的信息，这些信号可以被模块内部直接使用，如图1-19所示。

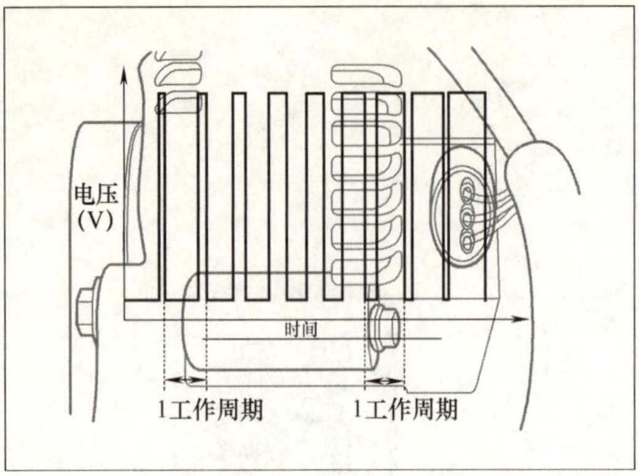

图 1-18　占空比信号

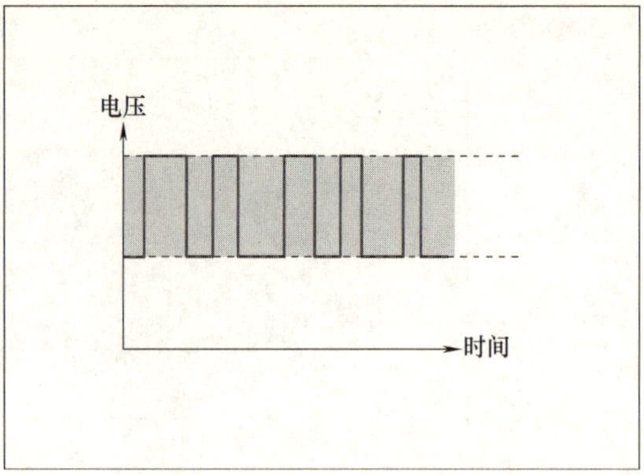

图 1-19　网络型——数字信号

1.3.3　输出控制信号

根据输入的各种模拟和数字信号，发动机控制模块为了管理发动机的运行，必须把模块内部的计算结果以命令形式进行输出。常见的输出控制方式有：为执行器提供接地、向执行器（或传感器）提供电源、占空比控制、脉冲控制、网络输出。

（1）接地控制　发动机控制模块为了让外部执行器工作，可以控制执行器的搭铁线路在模块内部接地，形成一个完整的电气回路，实现从模块内部的命令到执行外部部件动作的过程，如图 1-20 所示。这些执行器可以是继电器（控制搭铁）、MIL 发动机故障指示灯、VGIS 可变进气歧管电磁阀、PDA 电磁阀。

（2）电源控制　为了让外部部件工作，发动机控制模块内部直接向其提供电源，从而让执行器形成一个完整的电气回路，或让传感器获得工作电源，如图 1-21 所示。这些常见部件可以是继电器（控制电源）、5V 参考电压型传感器、12V 参考电压型传感器。

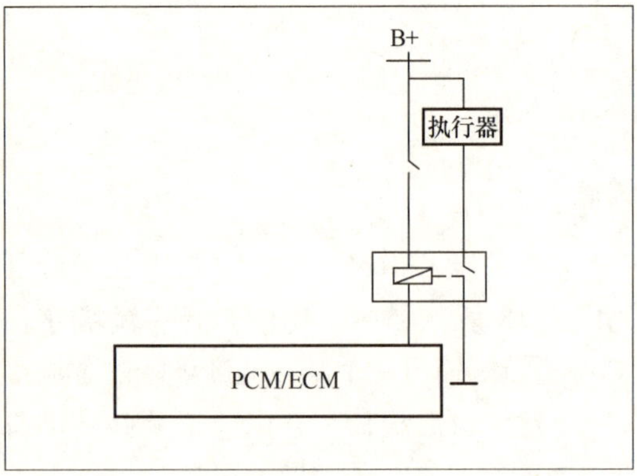

图 1-20　接地控制

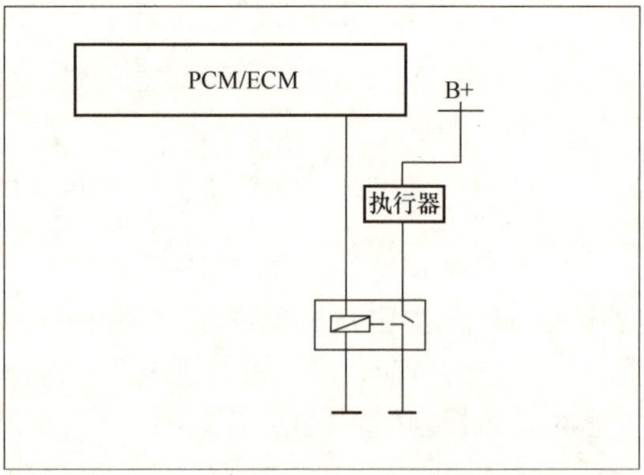

图 1-21　电源控制

（3）占空比控制　有些执行器的电源或/和接地线直接与发动机控制模块相连，但控制模块采用占空比方式控制这些电源或/和接地线，实现执行器更加复杂的动作，以达到目标值，如图 1-22 所示。

这些常见的执行器可以是 EGR 电磁阀（接地）、EVAP 电磁阀（接地）、电子节温器加热器（接地）、电子节气门电动机、VVT 电磁阀、氧传感器加热器（接地）、发电机励磁线圈。

在有些汽车上发动机控制模块向其他模块以占空比方式输出数据信息，发动机控制模块向仪表输出车速信号、冷却液温度信号、燃油量信号等占空比控制信号。

（4）脉冲控制　有些执行器的控制与曲轴的转角或自身相位有关，为达到控制的正时效果，发动机控制模块经常采用脉冲控制方式，如图 1-23 所示。

这些执行器可以是喷油器（脉冲宽度可变）、点火线圈、IAC 怠速马达。

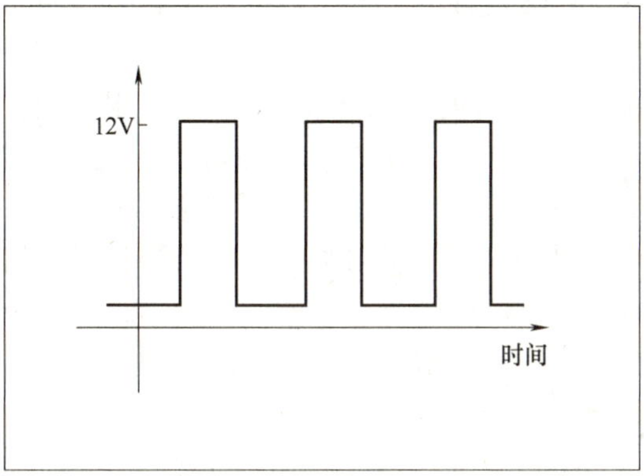

图 1-22　占空比控制

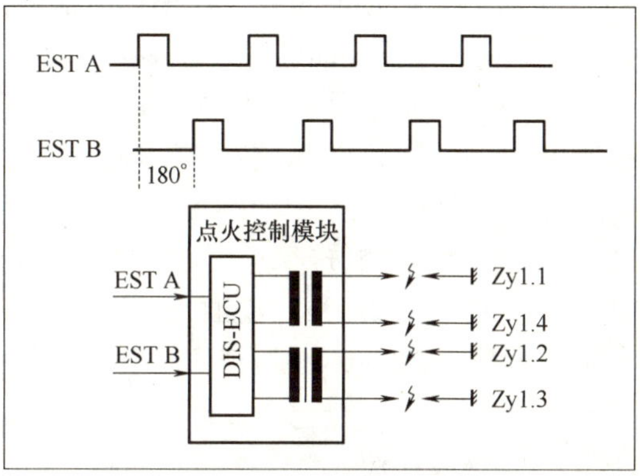

图 1-23　脉冲控制

（5）网络输出　在布置有车身网络的车辆上，发动机控制模块可以用网络的方式把数字信息传递给车上其他系统模块，这些输出的信息可以是燃油液位、发动机转速、发动机冷却液温度、机油压力、加速踏板状态、节气门开度，如图 1-24 所示。

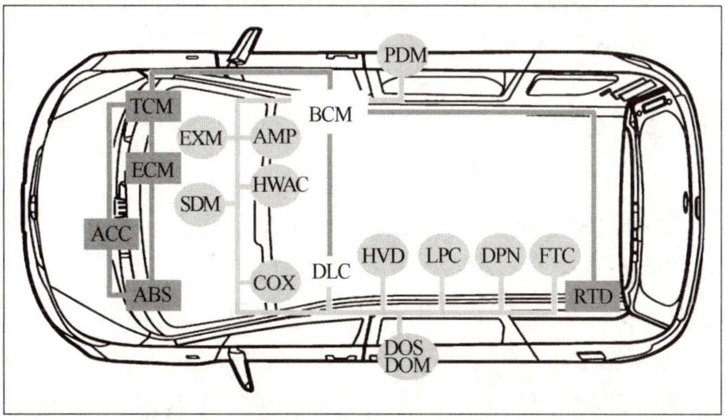

图 1-24　网络输出

1.3.4　发动机不同工作模式的控制

发动机控制模块根据自身存储的程序及参数，按照特定的工作模式实现对发动机各大系统的精确控制。

发动机常见的工作模式包括起动模式、清除溢油模式、运行模式、催化转化器保护模式、加速模式、减速模式、倒拖断油模式、燃油切断模式、蓄电池电压校正模式。

（1）起动模式　为保证发动机起动时的平顺性，在发动机起动期间的系统工作模式与常规运行模式有所不同，通常称之为起动模式，如图 1-25 所示。

1）打开点火钥匙，TCU 将会向燃油泵继电器发出两秒的通电指令，以使燃油系统建立油压以便做好起动准备工作。

2）发动机起动之前，TCU 根据发动机冷却液信号、进气温度信号、大气压力信号和节气门位置信号确定所需的初始空燃比。

3）发动机起动期间，TCU 根据曲轴位置传感器和凸轮轴位置传感器执行正确的喷油同步。此时的发动机喷油脉宽与冷却液温度成反比。

4）随着冷却液温度的升高，喷油脉冲宽度开始变窄，进而使混合气逐渐变稀。根据温度的变化，TCU 在起动时，将空燃比控制在 1.5∶1 到 14.7∶1 之间。需要注意的是，只要节气门角度为零，系统将按照起动模式进行控制。一旦节气门打开，则空燃比的控制将会发生变化。

（2）清除溢油模式　若发动机出现溢油（淹缸）情况，驾驶人可将加速踏板踩到底（超过 80% 开度）以激活清除溢油模式，如图 1-26 所示。当发动机节气门全开且曲轴转速低于 600r/min 时，动力总成控制模块使空燃比控制在 20∶1。在某些情况下，系统将完全切断燃油。

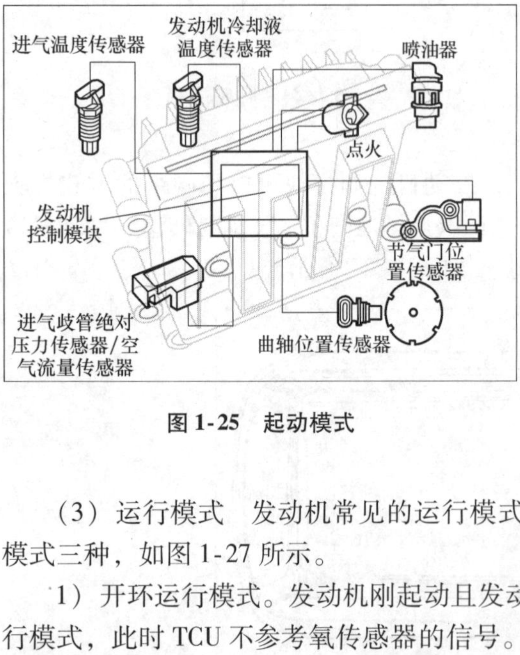

图 1-25　起动模式

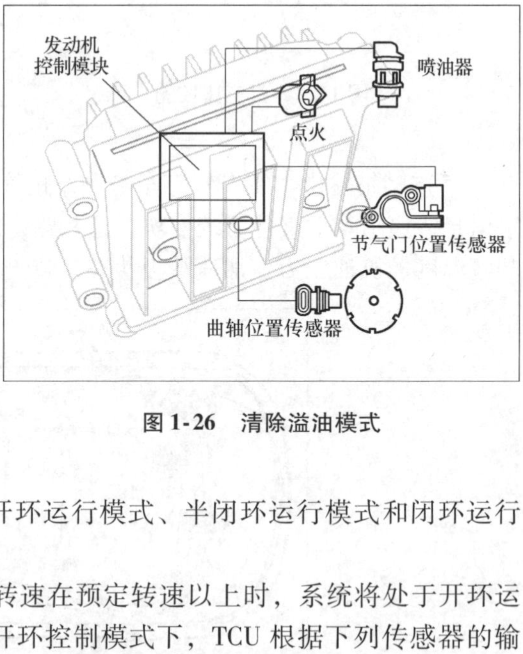

图 1-26　清除溢油模式

（3）运行模式　发动机常见的运行模式有开环运行模式、半闭环运行模式和闭环运行模式三种，如图 1-27 所示。

1）开环运行模式。发动机刚起动且发动机转速在预定转速以上时，系统将处于开环运行模式，此时 TCU 不参考氧传感器的信号。在开环控制模式下，TCU 根据下列传感器的输入信号计算空燃比：节气门位置传感器、发动机冷却液温度传感器、进气歧管绝对压力传感器或空气流量传感器、进气温度传感器、曲轴位置传感器。

2）半闭环运行模式。为了改善在高速公路行驶和发动机小负荷时的燃油经济性，某些车型会激活半闭环运行模式。此时动力总成控制模块将混合气控制在较稀的状态（大于 14.7∶1），同时系统会持续监测氧传感器的信号。

3）闭环运行模式。在氧传感器温度、冷却液温度和起动后的运行时间三大条件均满足时，系统将进入闭环运行模式，以上条件所涉及的规定参数存储在动力总成控制模块的标定程序中。对于不同的发动机，此参数会有所区别。闭环运行时，动力总成控制模块将会以氧传感器变化的电压信号为依据对空燃比进行修正。

(4) 催化转化器保护模式　TCU 持续监测发动机的工作过程，并预测可能造成催化转化器温度过高的工况。若 TCU 确定发生催化转化器温度过高，则系统将会切换到开环运行模式。此时模块会提高混合气的浓度，以降低催化转化器的温度。催化转化器保护模式如图 1-28所示。

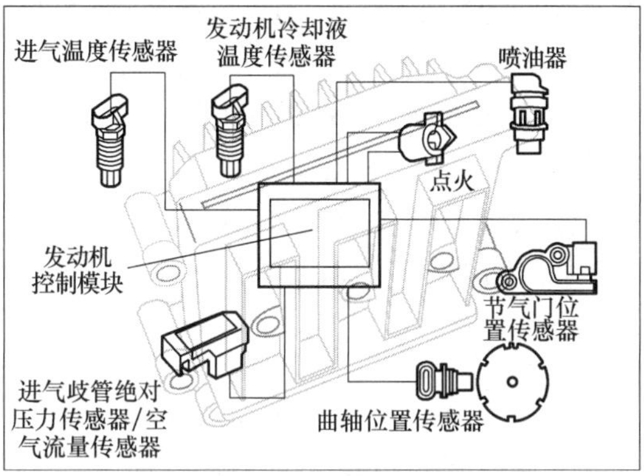

图 1-27　运行模式

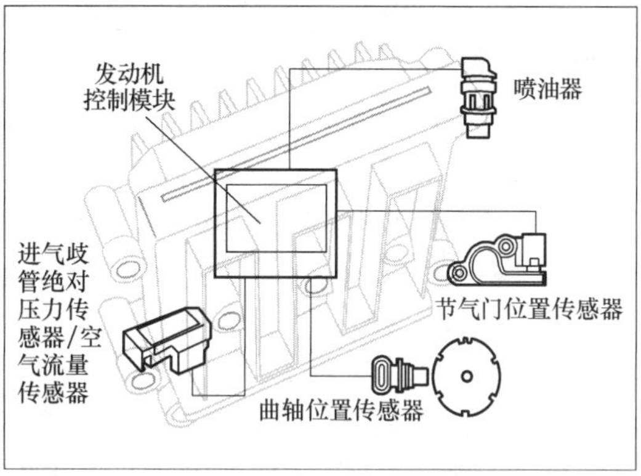

图 1-28　催化转化器保护模式

(5) 加速模式　当节气门迅速开启或者汽车加速时，作为对节气门位置传感器和进气歧管绝对压力信号改变的响应，TCU 将会实施更大的喷油脉宽。它能够为发动机提供多余的燃油，以避免在加速过程中由于混合气过稀而出现的提速缓慢现象。

(6) 减速模式　发动机减速时，系统通过降低混合气的浓度来减少碳氢化合物和一氧化碳的排放。TCU 计算出减速所需的喷油脉宽，甚至可能指令节气门返回怠速位置。

TCU 根据具体的减速类型做出响应：

小幅减速——动力总成控制模块通过缩短喷油器开启的时间来减少喷油量。

急减速（节气门关闭）——TCU 判定驾驶人的意图是使发动机返回怠速状态，甚至可能彻底切断燃油供应。达到理想的怠速水平后，供油和怠速控制系统将会起作用以保证最佳的怠速状态。

(7) 倒拖断油模式　倒拖或牵引工况指发动机在飞轮处提供的功率是负值的情况。在这种情况下，发动机的摩擦和泵气损失可用来使车辆减速。当发动机处于倒拖或牵引工况时，喷油被切断以减少燃油消耗和废气排放，更重要的是保护三元催化器。

一旦转速下降到怠速以上特定的恢复供油转速时，喷油系统重新供油。实际上，TCU 的程序中有一个恢复转速的范围。它们根据发动机温度、发动机转速动态变化等参数的变化而不同，并且通过计算防止转速下降到规定的最低阈值。

(8) 燃油切断模式　在出现下列情况时，TCU 可能会发出断油指令：汽车已经达到预定的最高车速；发动机转速已经达到预定的最高值；点火开关处于断开位置，没有工作电压或者点火基准脉冲，动力总成控制模块不能触发喷油器，进而不能喷油。这能够防止出现类似如柴油发动机的飞车现象。

燃油切断模式的控制因车型不同而有所区别。

选择性燃油切断模式——在某些特殊工况下，发动机管理系统可能激活选择性燃油切断模式。

发动机保护模式——选择性燃油切断模式下可能禁用 V8 发动机的四个喷油器，以降低发动机的燃油消耗，并保护发动机。

牵引控制——当驾驶人踩下制动踏板时，将会激活选择性燃油切断模式，两者共同作用以提高制动性能。

发动机转矩管理——燃油切断模式在变速器换档期间会减小输出转矩以提高换档时的平顺性。

发动机过热保护——当发动机冷却液液面较低时将会激活选择性燃油切断模式。此时系统将会为个别气缸供油，以降低发动机可能产生的热量。

（9）蓄电池电压校正模式　为补偿因蓄电池电压变化对燃油泵及喷油器造成的影响，TCU 按照程序设定的系数对喷油脉宽进行校正。当电压下降时，燃油泵转速降低导致燃油流量减少，为补偿这一情况，TCU 增加喷油脉宽，此控制应用于任何运行模式，如图 1-29 所示。

TCU 同时也可能通过提高怠速的方式来补偿电压偏低的影响。对于电子点火系统来说，TCU 通过增加闭合时间的方式来补偿过低的初级点火电流，以确保充足的点火能量。

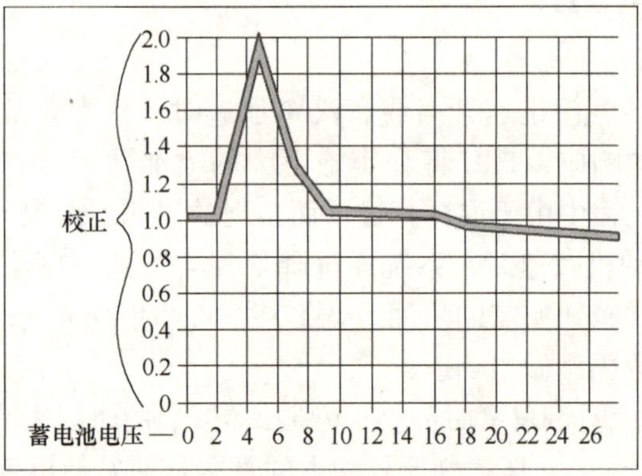

图 1-29　蓄电池电压校正模式

【维修提示】

（1）电子控制单元元件检查程序

电子控制单元工作原理如图 1-30 所示。

1）利用诊断仪器读取发动机电子控制单元故障记录。

2）检查 TCU 连接线是否完好，重点检查 TCU 电源供给（来自主继电器或蓄电池直接供给）、接地线路是否正常。

3）检查外部传感器工作是否正常，输出信号是否可信，其线路是否完好。

4）检查执行器工作是否正常，其线路是否完好。

5）最后更换 TCU 进行试验，如图 1-31 所示。

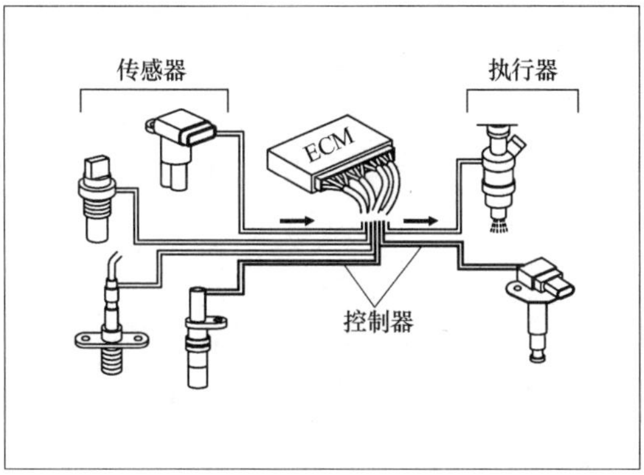

图 1-30　电子控制单元工作原理

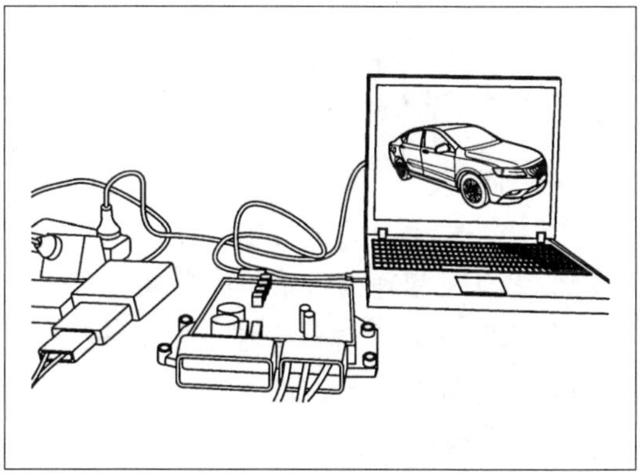

图 1-31　TCU 维修

(2) 注意事项

1) 不论发动机是否在运转，点火开关接通时，不要轻易断开电气设备。因为在断开这些设备时，由于线圈的自感作用，会产生很高的瞬时电压，最高可达近万伏，这么高的电压会使 TCU 及传感器严重受损或直接影响使用寿命。

2) 在拆卸电控系统各电线接头时，首先应关闭点火开关，并拆下蓄电池负极柱上的电缆线（搭铁线）。

3) 在拆电缆线之前，应读取故障码，否则，故障码几十秒后就会清除。

4) 安装蓄电池时特别注意正负极，切勿接错，否则将会严重损害计算机，如图 1-32 所示。

5) 计算机零部件不能受剧烈震动，安装时要小心。

6) 在安装或取下可编程只读存储器时，操作人员应先自身搭铁，否则，身上的静电会损坏计算机电路，如图 1-33 所示。

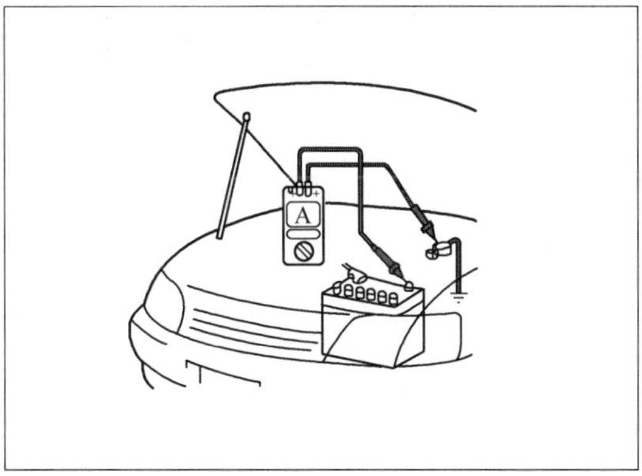

图 1-32　蓄电池正负极不能接错

图 1-33　避免内部放电

7) 无线电扬声器不能装在靠近计算机的地方，否则扬声器的磁铁会损坏计算机中的电路和零部件。

8) 计算机自身硬件故障很少，需检查时应用专用仪器，一般不允许在修理作业时拆修。

【课后练习题】

一、问答题

1. 发动机管理系统有哪些优点?

2. 发动机管理的子系统有哪些?

3. CPU 通常采用哪几种存储元件?

4. 发动机常见的工作模式有哪些?

二、选择题

1. 下列描述正确的是（　　）。

A. 控制单元利用输入信号计算输出信号

B. 传感器将输出信号传递至发动机的执行元件

C. 执行元件将输出信号传递至发动机

D. 发动机管理系统将输出信号传递至执行元件

2. 下列描述正确的是（　　）。

A. 电子节气门的控制是根据混合气成分计算节气门位置的

B. 发动机控制单元在完成其他功能的同时，还根据加速踏板的位置计算节气门的位置

C. 节气门执行元件将当前节气门的开启度信号传递给发动机控制单元

3. 下列描述正确的是（　　）。

A. 发动机管理系统利用凸轮轴霍尔传感器测量发动机转速

B. 发动机管理系统利用曲轴位置传感器测量发动机转速

C. 发动机管理系统还根据发动机转速优化喷射正时

D. 可以根据曲轴的位置准确地计算出凸轮轴位置

4. 下列描述正确的是（　　）。

A. 节气门开度越大，进入气缸的空气越多

B. 节气门是发动机控制系统的传感器和执行元件

C. 进入气缸的空气越多，喷油量越大

D. 根据喷油量的多少，发动机管理系统确定所需的节气门开启度

5. 下列描述正确的是（　　）。

A. 氧传感器是保证发动机运转的必要部件

B. 氧传感器是保证三元催化转化器工作的必要部件

C. 氧传感器测量排气中的残留氧气含量

D. 如果排气中没有残留氧气，则燃油喷射时间被延长

E. 如果排气中没有足够的残留氧气，则燃油喷射时间被缩短

6. 下列哪些是执行元件（　　）。

A. 空气流量传感器　　B. 节气门　　C. 喷油器

D. 氧传感器　　E. 二次空气切换阀　　F. 加速踏板

G. 点火线圈

第 2 章

CHAPTER 2

发动机管理系统的诊断与维修

【任务导入】

作为控制发动机正常工作的发动机控制系统，由若干子系统组成，而子系统下又由若干部件组成，而一旦其中某个系统部件出现故障，就会导致发动机工作不稳定，甚至不工作，所以本章介绍发动机控制系统各子系统的组成、信号传递及控制策略，进而分析如何对发动机管理系统的各子系统进行诊断分析。

【学习目标】

1. 了解汽油发动机管理系统的诊断程序。
2. 掌握发动机管理系统各子系统的诊断方法以及制订部件的测试方案。
3. 掌握发动机管理系统各子系统是如何保证发动机正常工作的。

2.1 进气系统的诊断与维修

2.1.1 进气量测量方式

扫一扫

进气系统

发动机管理系统中常采用两种方式进行进气量测量。

1. 速度密度式

速度密度式如进气歧管绝对压力传感器（MAP），如图 2-1 所示。

进气歧管绝对压力传感器简称 MAP 传感器，MAP 根据发动机的负荷状态测出进气歧管内绝对压力（真空度）的变化，并转换成电信号，与转速信号一起输送到发动机电控单元（ECM），作为确定喷油器基本喷油量的依据。

进气压力传感器内部包含一个进气压力感应元件和一个热敏电阻，发动机在工作时进气压力感应元件能产生进气压力信号，负温度系数的热敏电阻能产生进气温度信号。

进气压力感应元件测量因发动机负荷和转速变化而导致的进气歧管压力变化，它将这些变化转换为电压输出。发动机减速滑行时节气门关闭将产生一个相对较低的进气歧管绝对压

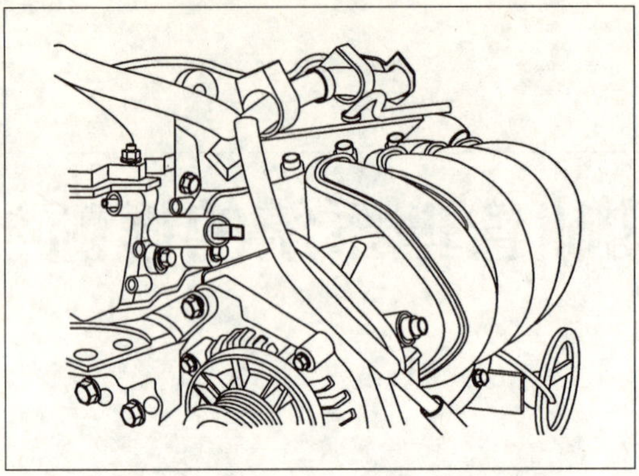

图 2-1 进气歧管绝对压力传感器

扫一扫

进气压力传感器

力输出。进气歧管绝对压力与真空度相反，当歧管压力高时，真空度低。

MAP 传感器还用于测量大气压力。此测量是作为 MAP 传感器计算中的一部分来完成的。在起动开关接通且发动机未运行的情况下，发动机控制模块将进气歧管压力读作大气压，并相应调节空燃比。这种对海拔的补偿，使系统可在保持低排放的同时保持操纵性能。

电控节气阀体总成的节气门开度大小由 ECM 根据驾驶人控制的节气门踏板控制输入信号，以及其他各种传感器的输入信号，计算出车辆在该时刻和该状态下所需要的发动机输出功率并据此控制发动机的燃料供给（喷射）量，根据反馈信号修正控制参数，保证发动机工作在最佳控制状态。

带涡轮增压系统的增压压力感应元件测量因涡轮增压后循环的进气气压变化。它将这些变化转换为电压输出。当压力高时，真空度低。

2. 质量流量式

质量流量式如空气流量传感器（MAF），如图 2-2 所示。MAF 一般安装在进气道上，这种直接测量质量流量的传感器精确度更高。

空气流量传感器直接监测单位时间内吸入发动机气缸的空气质量，并转换成电信号输入发动机控制模块（ECM），作为决定喷油量和点火正时的基本信号之一。

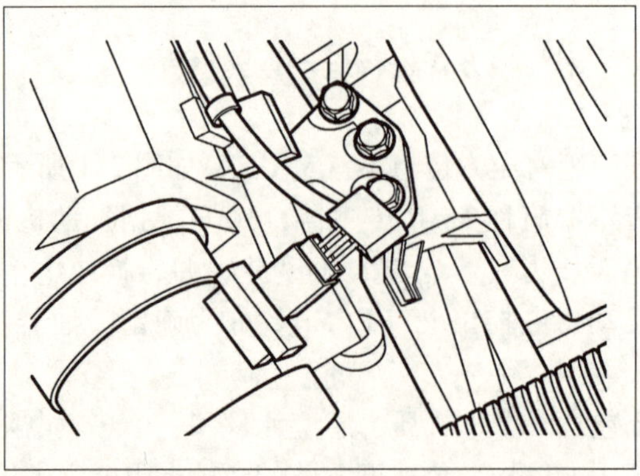

图 2-2 空气流量传感器

常用的测量空气流量的传感器按其内部结构和检测原理可分为五种类型：卡门涡旋式、翼片式、热线式、热膜式和双向热膜式。

热线式、热膜式和双向热膜式空气流量传感器（图 2-3）作为发动机负荷传感器，一般安装在空气滤清器和节气门之间的进气道上，用于检测发动机进气的空气质量，以确定发动机负荷。这三种类型的传感器结构随配置车型年款的不同可能会有很大差异，但都具有共同的优点：可以准确测量空气质量、响应快、无海拔变化的误差、无进气温度变化的误差、无机械工作部件。

（1）热线式空气流量传感器　在进气管道中放置热线式发热电阻，当空气流过热线时，发热电阻的热量被空气吸收使其变冷。热线周围通过的空气质量流量越大，被带走的热量越多。如图 2-4 和图 2-5 所示。

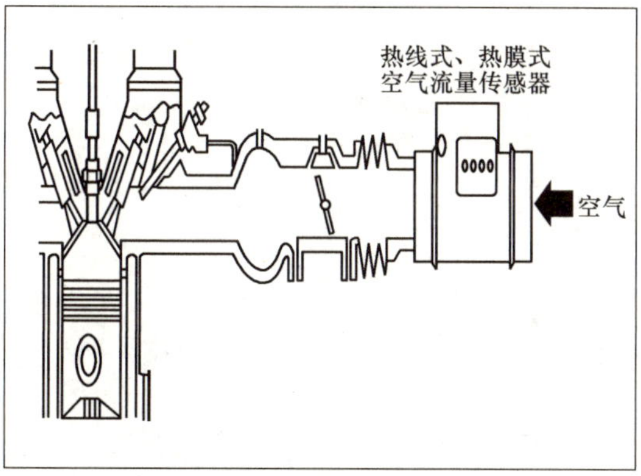

图 2-3　热线式、热膜式空气流量传感器

图 2-4　热线式空气流量传感器

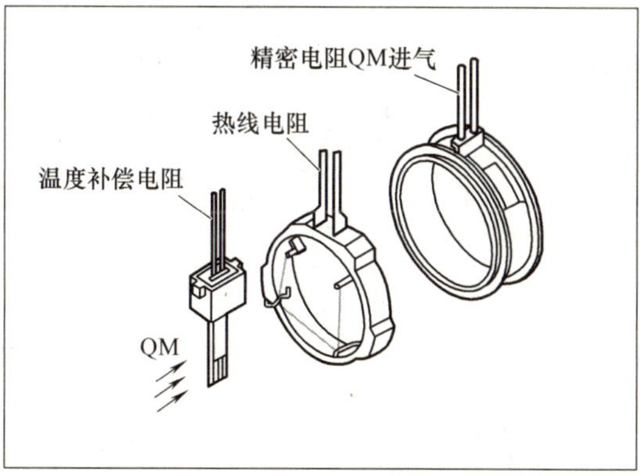

图 2-5　热线式空气流量传感器组成

扫一扫

热线式传感器

（2）热膜式空气流量传感器　热膜式空气流量传感器（图 2-6）的发热体不是热线而是热膜，它是由发热金属铂固定在薄的树脂膜上构成的。这种结构可使发热体不直接承受空气流动所产生的作用力，增加了发热体的强度，提高了空气流量传感器的可靠性。

（3）双向热膜式空气流量传感器　双向热膜式空气流量传感器（图 2-7）在测量室处的温度变化与空气的质量流量有关，由于加热体两侧都有温度补偿电阻，两侧的温差还与空气流动的方向有关，所以双向热膜式空气流量传感器不仅可测量空气质量流量的大小，还可识别气体流动的方向。

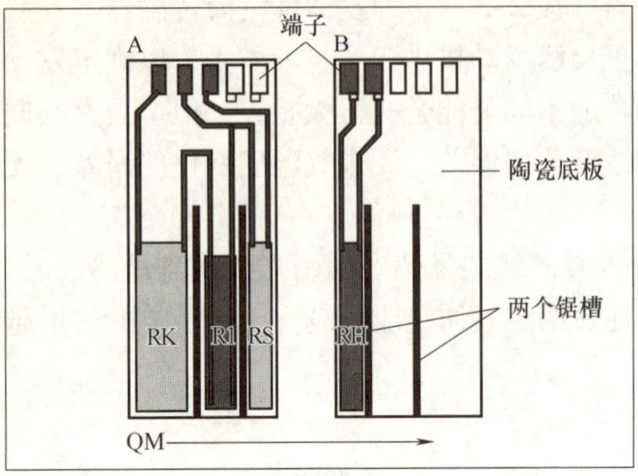

图 2-6　热膜式空气流量传感器的组成

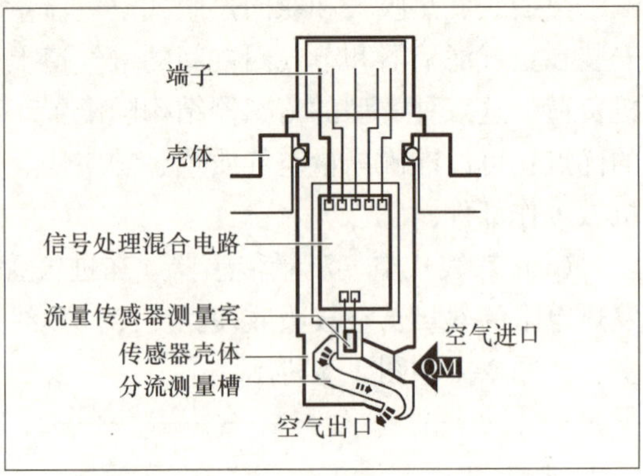

图 2-7　双向热膜式空气流量传感器

2.1.2　进气计量的策略

1. 进气歧管绝对压力和温度传感器

（1）结构组成　进气歧管绝对压力和温度传感器安装在进气歧管上，如图 2-8～图 2-10 所示。

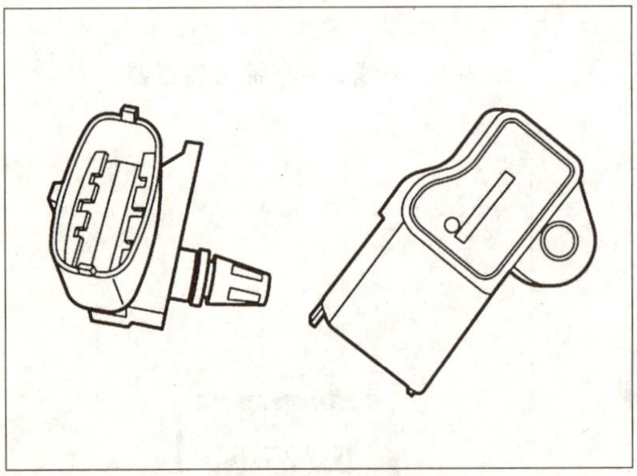

图 2-8　进气歧管绝对压力和温度传感器外形图

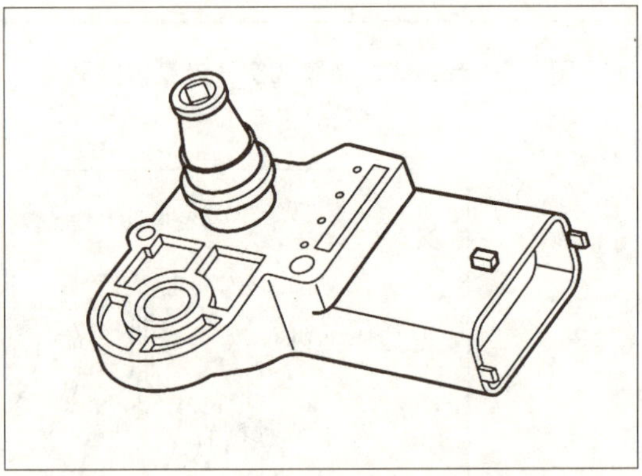

图 2-9　进气歧管绝对压力传感器

（2）工作原理　进气歧管绝对压力传感元件由一片硅芯片组成。在硅芯片上蚀刻出一片压力膜片。压力膜片上有四个压电电阻，这四个压电电阻作为应变元件组成一个惠斯顿电桥。硅芯片上除了这个压力膜片，还集成了信号处理电路。

硅芯片和一个金属壳体组成一个封闭的参考空间，参考空间内的气体被抽空，因此绝对压力接近于零。硅芯片的活性面上接受着一个接近于零的压力，它的背面上接受着通过一根接管引入的、待测的进气歧管绝对压力。

硅芯片的厚度只有几微米（μm），所以进气歧管绝对压力的改变会使硅芯片发生机械变形，四个压电电阻跟着变形，其电阻值改变。通过硅芯片的信号处理电路处理后，形成与

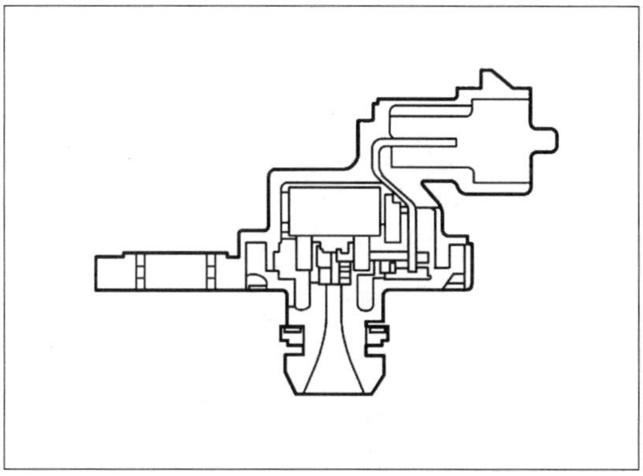

图 2-10　进气歧管绝对压力和温度传感器剖面图

扫一扫

温度传感器

压力呈线性关系的电压信号，压力传感器的传递函数为

$$U_A = (C_1 p_{abs} + C_0) U_S$$

式中　U_A——信号输出电压（V）；

U_S——电源电压（V）；

p_{abs}——绝对压力（kPa）；

C_0——−9.4/95；

C_1——0.85/95（1/kPa）。

由上式看出，在大气压力下，压力传感器的信号输出电压接近电源电压。如果电源电压为 5V，则节气门全开时压力传感器的信号输出电压等于 4V 左右。进气温度传感元件是一个负温度系数（NTC）的电阻，电阻随进气温度变化，此传感器输送给控制器一个表示进气温度变化的电压，测试范围是 −40～125℃。它在 20℃时额定电阻为 2.5kΩ±5%。温度与电阻值的对应关系如图 2-11 所示。

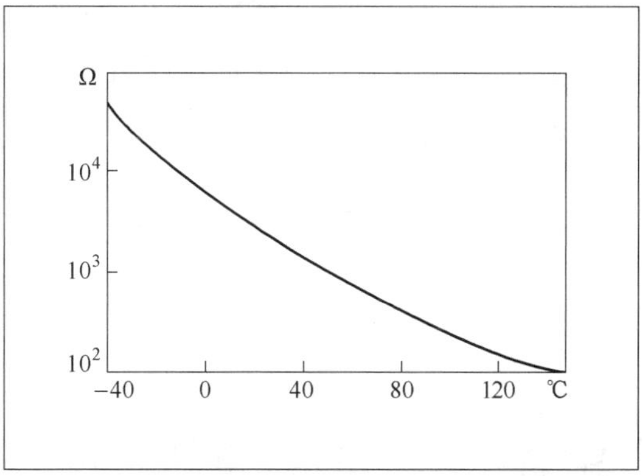

图 2-11　进气温度传感器 NTC 电阻特征曲线

2. 空气流量传感器

热线、热膜空气流量传感器是利用传感器与进气之间的热传递现象进行空气流量测量的，这些传感器内部都有一个发热电阻，当气体流动时，热线或热膜被流经传感器的空气冷却，冷却的程度与空气流量成正比，如图 2-12 所示。

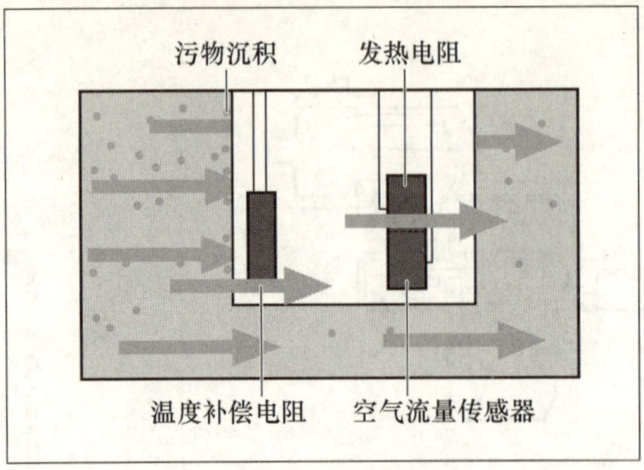

图 2-12　结构组成

为了保证发热电阻的温度恒定，即当空气流量较少时，只要较小的加热电流；当空气流量增加时，需要增大加热电流。空气流量传感器通过这种原理监测进气的质量，甚至能监测到进气湿度的变化，如图 2-13 所示。

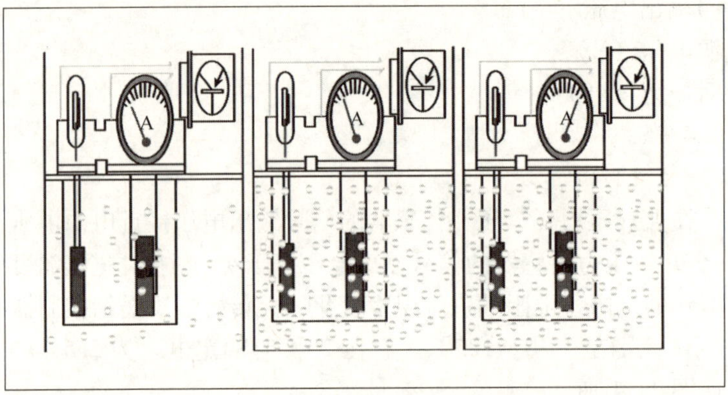

图 2-13　工作原理

热线、热膜式传感器的内部在细节上可能有所不同，但其内部基本电路原理都是相近的，如图 2-14 所示。发热元件电阻 R_2 和温度补偿电阻 R_T 分别连接在惠斯顿电桥电路的两个管上。

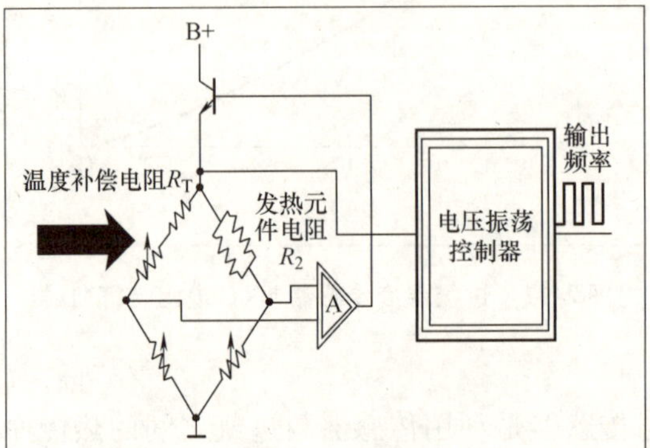

图 2-14　内部电路

当发热元件的温度高于进气温度时，电桥才能达到平衡，并由具有电流放大作用的控制电路 A 控制加热电流，以此保持发热元件与补偿电阻温度之差恒定。检测加热电流的强弱就可以测量进气流量，经电压振荡控制器后以频率信号输出（某些 MAF 的加热电流信号可以直接以模拟电压信号输出）。

当发动机怠速或进气为热空气时，因为怠速时节气门关闭或接近全闭，所以空气流量较小，又因空气温度高密度小，空气的质量较少，因此发热元件受到冷却的程度较低，保持电桥平衡需要的电流小，从而信号频率降低（或信号电压降低）。空气流量传感器变化曲线如图 2-15 所示。

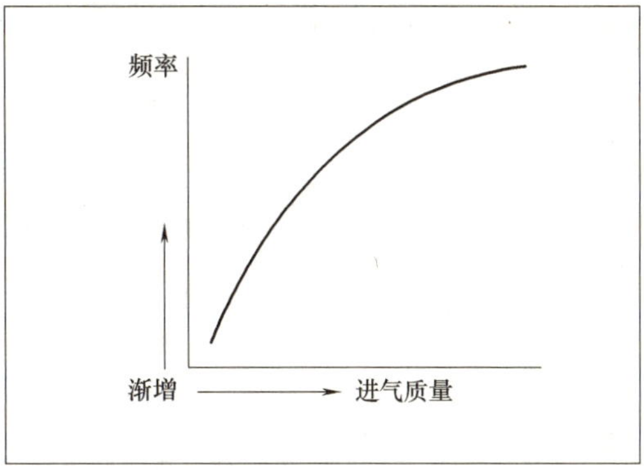

图 2-15　变化曲线

当发动机负荷增大或者进气为冷空气时，因为节气门开度增加空气流量较大，又因冷空气密度大，空气的质量较多，所以发热元件受到冷却的程度较高，保持电桥平衡需要的电流大，从而信号频率增加（或信号电压升高）。

空气流量传感器的工作过程如图 2-16 和图 2-17 所示。

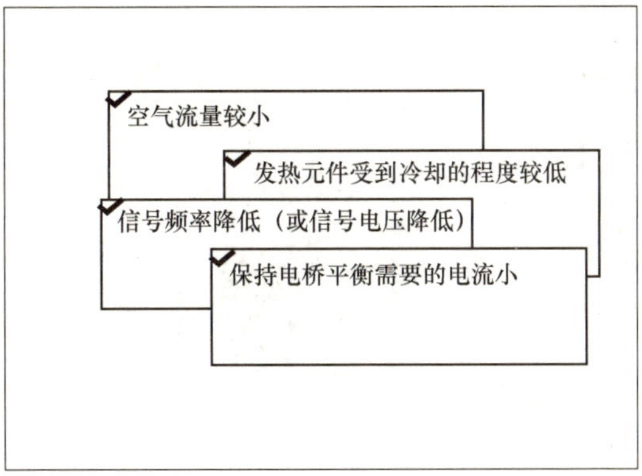

图 2-16　工作过程 1

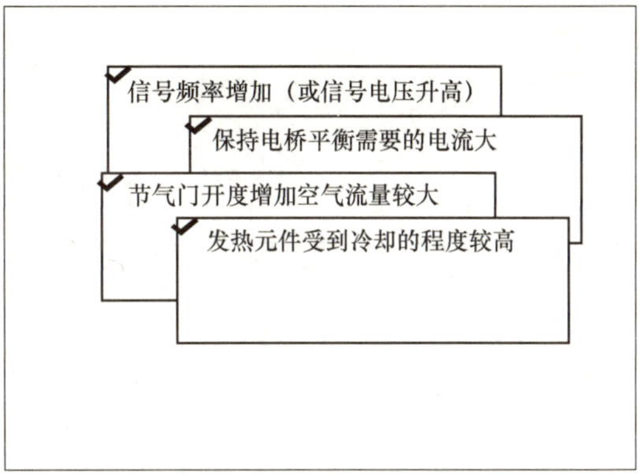

图 2-17　工作过程 2

2.1.3　进气计量传感器的检测与维修

1. 进气歧管绝对压力和温度传感器的检修

（1）故障诊断　进气歧管绝对压力和温度传感器出现故障会引起发动机熄火、怠速不良等现象。导致故障发生的原因有：①使用过程有不正常高压或反向大电流；②维修过程使真空元件受损。

因此在**维修时要特别注意：维修过程中禁止用高压气体向真空元件冲击；发现故障准备更换该传感器前要注意检查发电机输出电压和电流是否正常。**

（2）检修方法　该传感器与发动机 ECM 的连接如图 2-18 所示：1#端子接地；2#端子向 ECM 输出温度信号；3#端子接 ECM 的 5V 电源；4#端子向 ECM 输出压力信号。传感器检测分如下两步进行。

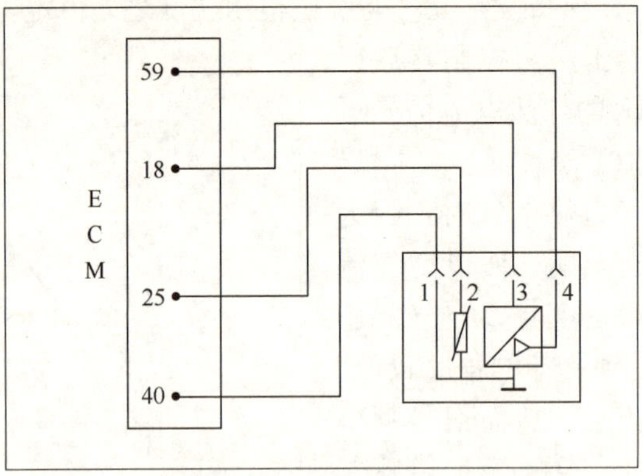

图 2-18　进气歧管绝对压力和温度传感器电路图

1）温度传感器部分。卸下插接器插头，把数字万用表拨到电阻档，两表笔分别接传感器 1#、2#端子，20℃时额定电阻为 2.5kΩ ±5%，其他对应的电阻数值可由图 2-11 特征曲线量出。测量时也可用模拟的方法，具体方法：用电吹风机向传感器送风（注意不可靠得太近），观察传感器电阻的变化，此时电阻应下降。图 2-19 为温度传感器检测方法。

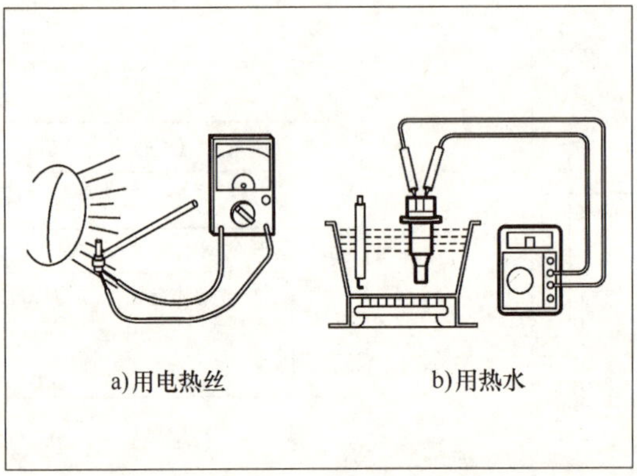

图 2-19　温度传感器检测方法

扫一扫

温度传感器检测方法

2）压力传感器部分。接上插接器插头，把数字万用表拨到直流电压档，黑表笔接地，红表笔分别与 3#、4#端子连接。怠速状态下，3#端子应有 5V 的参考电压，4#端子电压为 1.3V 左右；空载状态下，慢慢打开节气门，4#端子的电压变化不大；快速打开节气门，4#端子的电压可瞬间达到 4V 左右，然后下降到 1.5V 左右（以上数据在比亚迪 F0 轿车上测得）。图 2-20 为压力传感器检测方法。

为何在快速打开节气门时，4#端子的电压可瞬间达到 4V 呢？因为在这瞬间，节气门突然加大，进气量突然增加，而发动机转速还没有来得及变化（相当于发动机负荷突然加大），即进气歧管内气体的流速还没有改变，但进气量增加，因此气体的绝对压力上升，输出电压上升；而后发动机转速上升，气体的流速加快，因此进气歧管的绝对压力有明显下降，传感器输出电压随之明显下降。

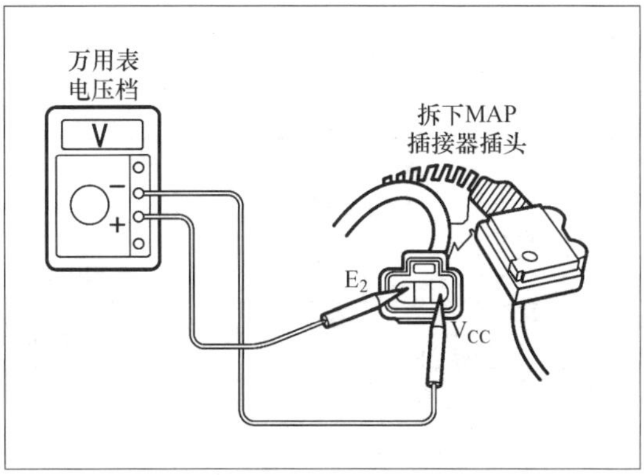

图 2-20　压力传感器检测方法

当急减速时，由于瞬间节气门突然关小，发动机转速却不变，因此绝对压力突然下降，压力传感器输出电压非常低（小于 1V）。

2. 空气流量传感器的检修

空气流量传感器是进气系统重要的传感器，当其出现故障时可能会出现如下现象：油耗大、车辆加速不良、起动困难、怠速抖动、排放不良等。

在出现上述相应故障现象时，首先应确认整个进气系统的完整性，确认是否发生气流阻塞、任何真空泄漏、结冰积雪等故障。同时需要检查传感器是否存在以下情况：传感器外观有损伤、插接器松动或安装不当、传感器元件被污染、热线或热膜有损伤。初步检测见图 2-21。

空气流量传感器同时还集成有一个进气温度（IAT）传感器，因此，电气插接器共有五个端子：空气流量信号、接地参考、点火电压、进气温度信号、进气温度。使用万用表的电阻档、电压档或频率档可以对空气流量传感器总成进行电气诊断（图 2-22）。

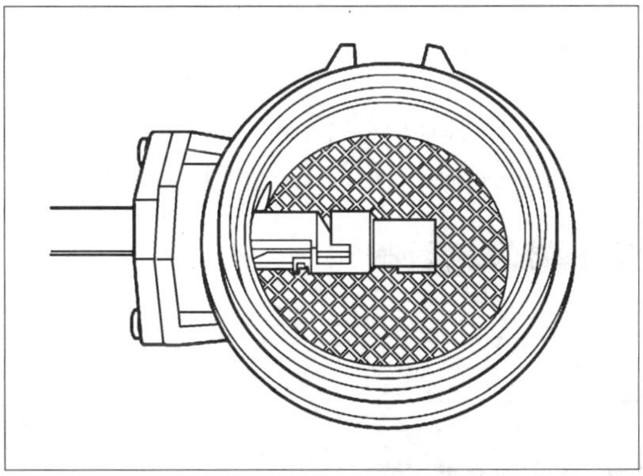

图 2-21　初步检测

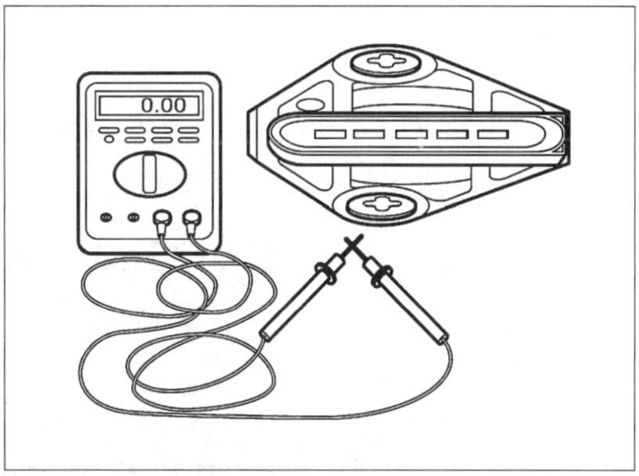

图 2-22　万用表测量诊断

波形诊断（电压信号波形）。由于空气流量传感器输出的信号分为模拟信号和数字信号两种类型，因此波形也会有差异，关闭所有附属电气设备，起动发动机，并使其怠速运转，怠速稳定后，检查怠速输出电压信号（图 2-23），并做加速和减速试验，应有类似图中的波形出现。与正常波形对比可以辅助诊断故障。

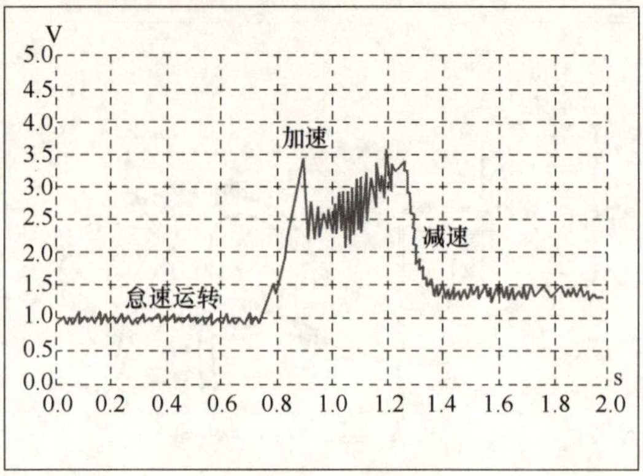

图 2-23　电压信号波形

波形诊断（频率信号波形）。数字式空气流量传感器，随着空气流量的增加，输出信号的频率也增加。不同车型对应的范围有所不同，诊断时与正常波形对比可以帮助确认故障（图 2-24）。

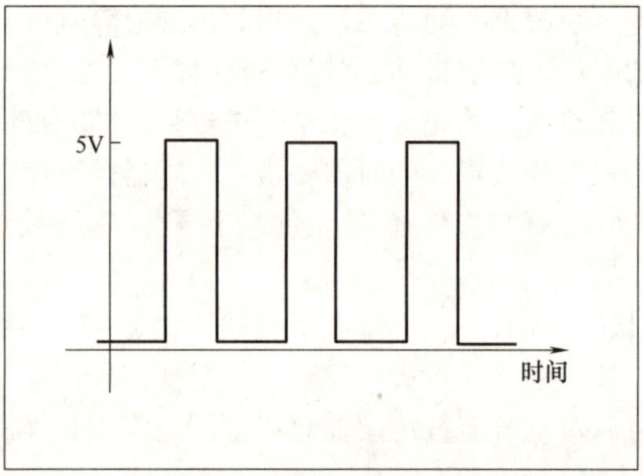

图 2-24　频率信号波形

故障诊断仪以克/秒（g/s）为单位显示空气流量值。发动机转速增加时，空气流量值应变化很快；但在给定的转速下，流量值应保持相对稳定。故障诊断仪显示结果如图 2-25 所示。

发动机转速	718	r/min
加速踏板位置	0	%
空气质量流量传感器	5.91	g/s
进气温度传感器	26	℃
节气门位置	10	%
发动机冷却液温度传感器	36	℃
发动机负荷	33.3	%
发动机转速	2012	r/min
加速踏板位置	11	%
空气质量流量传感器	15.58	g/s
进气温度传感器	26	℃
节气门位置	23	%
发动机冷却液温度传感器	40	℃
发动机负荷	24.3	%

图 2-25　故障诊断仪显示结果

可变信号发生器诊断步骤如图 2-26 所示。

1	连接故障诊断仪
2	点火开关置于OFF位置
3	将J38522的红色引线连接到空气流量/进气温度传感器线束插接器的信号电路端子A，将蓄电池电源连接至B+，并使黑色引线搭铁
4	设置J38522信号开关为5V，频率开关为5K，占空比开关为正常
5	发动机怠速时，观察故障诊断仪上的空气流量传感器(MAF)参数
6	若故障诊断仪上的空气流量传感器数据为34g/s左右，则MAF线路及ECM正常；如果差值很大，则进一步检测

图 2-26　可变信号发生器诊断步骤

2.1.4　怠速控制系统

1. 怠速控制系统的功能

怠速是指节气门关闭，加速踏板完全松开，发动机对外无功率输出并保持最低转速稳定运转的工况。在汽车使用中，发动机怠速运转的时间占很大的比例，怠速转速的高低直接影响燃油消耗和排放。怠速转速过高，燃油消耗增加，但怠速转速过低，又会增加排放污染。此外，怠速转速过低，发动机冷车运转、空调打开、电器负荷增大、自动变速器挂入档位、动力转向系统起作用时，由于运行条件较差或负载增加，容易导致发动机运转不稳甚至熄火。

随着电控技术在汽车上的广泛应用，怠速控制（ISC）已成为发动机管理系统的基本控制内容之一。怠速控制的目的是在保证发动机排放要求且运转稳定的前提下，尽量使发动机的怠速转速保持最低，以降低怠速时的燃油消耗量。

在除怠速以外的其他工况下，驾驶人可通过加速踏板控制节气门的开度，从而改变发动机的进气量，以调节发动机的转速和输出功率。而在加速踏板完全松开的怠速工况下，驾驶人则无法控制发动机进气量。

电控汽油喷射发动机在怠速工况时，空气通过节气门缝隙或旁通空气道进入发动机，并由进气歧管绝对压力传感器对进气量进行检测，电控燃油喷射系统（EFI）则根据各传感器信号控制喷油量，保证发动机的怠速运转。怠速控制系统的功能是根据发动机工作温度和负荷，由 ECM 自动控制怠速工况下的空气供给量，维持发动机稳定的怠速运转。

2. 怠速控制系统的组成

怠速控制系统主要由传感器、ECM 和执行元件三部分组成，如图 2-27 所示。传感器的功用是检测发动机的运行工况和负载设备的工作状况，ECM 则根据各种传感器的输入信号确定一个怠速运转的目标转速，并与实际转速进行比较，根据比较结果控制执行元件工作，调节进气量，使发动机的怠速转速达到所确定的目标转速。

在怠速以外的其他工况下，若系统对发动机实施怠速控制，则会与驾驶人通过加速踏板对进气量的调节发生干涉，因此，在怠速控制系统中，ECM 需要根据节气门位置信号和车速信号确认怠速工况，只有在节气门全关、车速为零时才进行怠速控制。

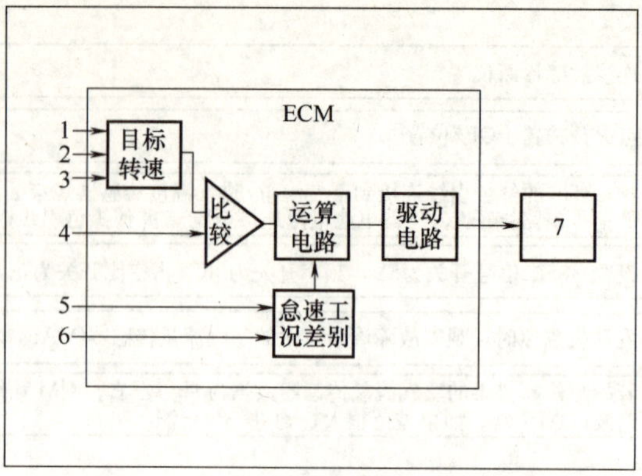

图 2-27　怠速控制系统的组成和工作过程

1—冷却液温度信号　2—A/C 开关信号　3—空档位置开关信号　4—转速信号
5—节气门位置信号　6—车速信号　7—执行元件

冷却液温度传感器。冷却液温度传感器是给 ECM 提供信号的，ECM 根据信号（冷却液温度高低）对喷油量进行修正。当发动机冷却液温度低时，怠速转速必须增加，喷射时间增加和点火正时提前，以改善可行车性和预热性。所以冷却液温度传感器是发动机怠速控制系统不可缺少的。

进气压力传感器。进气压力传感器将进气歧管进气压力传感为 PIM（进气歧管压力）信号，然后发动机 ECM 根据此 PIM 信号，确定基本喷射时间和基本点火提前角。

电子节气门发动机没有怠速电动机，它利用节气门开度进行控制。

3. 怠速控制的方法

怠速控制的实质就是对怠速工况下的进气量进行控制。在发动机管理系统中，使用步进电动机控制怠速进气量。如图 2-28 所示，由执行元件控制流经怠速空气道的空气量。目前应用较多的是步进电动机控制的旁通空气式怠速控制系统。图 2-29 为步进电动机的结构。

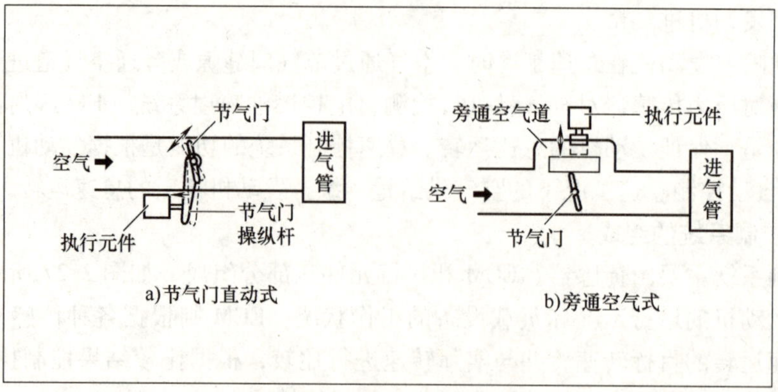

图 2-28　怠速进气量控制方法

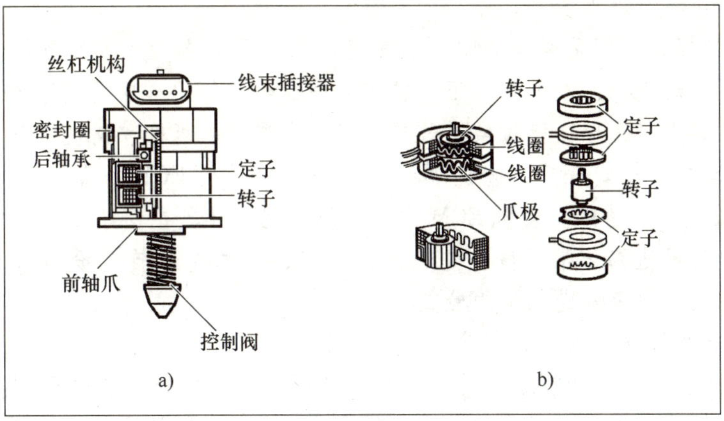

图 2-29　步进电动机的结构

4. 怠速控制系统的故障

怠速控制系统一旦发生故障，发动机就会出现怠速不稳、怠速熄火及无怠速等故障现象。

1）机械故障。节气门积炭和节气门卡滞等。节气门体卡滞往往是由积炭引起的。处理这类故障时，应先将沉积物清除，然后进行基本设定，系统就会恢复正常工作。

清洗节气门和进气系统积炭的方法有免拆清洗法和拆卸清洗法。

2）电气故障。怠速控制机构的电气故障有怠速开关故障、节气门电动机故障和电气线路故障。

【案　例】

(1) 故障现象　发动机冷车时能正常快怠速运转，但热车后仍保持快怠速，导致怠速转速过高。

(2) 故障原因

1）节气门卡滞或关闭不严。

2）怠速调整不当。

3）附加空气阀故障。

4）怠速控制阀卡滞或控制电路故障。

5）冷却液温度传感器故障。

6）空调开关、动力转向器压力开关故障。

7）曲轴箱强制通风阀故障。

8）进气系统中有漏气。

9）发电机充电电压过低。

(3) 故障诊断与排除　怠速转速不稳定是由怠速时进气量过大或发动机控制信号错误引起的。造成怠速转速过高的原因有进气温度传感器、冷却液温度传感器、节气门位置传感器、空气流量传感器/进气压力传感器故障，开关信号故障，怠速控制阀故障，节气门体故障，喷油器故障，真空漏气，发动机控制单元故障或匹配设定不当等。排除发动机怠速异常过高的故障时，应执行以下步骤。

1）检查怠速时节气门是否全关闭，节气门拉索是否卡滞。用手将节气门摇臂朝关闭的方向扳动，如果发动机怠速能下降至正常转速，则说明节气门卡滞关闭不严。

若节气门拉索卡滞，应更换拉索；若节气门轴卡滞，应拆卸、清洗节气门体。

2）按该发动机的规定程序，重新调整怠速，对发动机 ECM 重新设定。所谓对发动机 ECM 进行重新设定，即清除发动机 ECM 中的故障记忆，让其重新学习怠速。对于大多数电控发动机，当发动机达到正常温度，怠速阀全关时，基本怠速转速设为（500 ± 50）r/min。如调整、设定无效，则应做进一步的检查。

3）检查进气系统管接头、真空软管等处有无漏气。

4）进行故障自诊断。如有故障码，则按所显示的故障码查找故障原因。有条件的可进一步读取动态数据流，主要观察发动机的负荷信号、怠速控制阀开度或控制步数、发动机进气系统压力信号、冷却液温度信号、各开关信号等。

5）检查冷却液温度传感器。若拔掉冷却液温度传感器线束插接器后，发动机怠速转速恢复正常，则说明冷却液温度传感器有故障，向 ECM 输入过低的冷却液信号。值得注意的是：在拔掉冷却液温度传感器插接器后，发动机故障警告灯会亮起，此时 ECM 的失效保护功能起作用，自动将冷却液温度设定为 80℃。在重新插上冷却液温度传感器线束插接器后，ECM 仍会留下冷却液温度传感器的故障码。对此，可接上 ECM 检测仪将故障码清除，或在发动机熄火后拆下发动机 ECM 熔丝，持续约 30s，以清除 ECM 中的故障码。

6）用钳子将包上软布的曲轴箱强制通风阀软管夹紧。如果发动机转速随之下降，则说明曲轴箱强制通风阀在怠速时漏气，使发动机进气量过大，影响怠速，应更换曲轴箱强制通风阀。

7）检查附加空气阀。用钳子将包上软布的附加空气阀进气软管夹紧。如果发动机怠速转速能随之下降至正常转速，则说明附加空气阀在热车后不能关闭，应检查附加空气阀电源线路是否正常。如正常，则应更换附加空气阀。

8）检查怠速控制阀。在发动机熄火后拔下怠速控制阀线束插接器，待起动后再插上。如果发动机随之变化，说明怠速控制阀工作正常；否则，应检查控制线路或更换怠速控制阀。

9）在打开空调开关后或转动转向盘时，如果发动机转速没有进一步升高，说明怠速自动控制系统有故障，应检查空调开关、动力转向压力开关及怠速自动控制线路。

10）如果蓄电池电压长时间过低，发动机怠速转速也会偏高，所以应测量发电机充电电压，若低于 12V，应检修充电系统。

2.1.5 进气增压系统

扫一扫

增压是什么

1. 增压系统概述

增压系统基本分三类：机械增压、废气涡轮增压和复合增压。

（1）机械增压　机械增压器压缩机的驱动力来自发动机曲轴。一般都是利用传动带连接曲轴带轮，以曲轴运转的转矩带动增压器，以达到增压的目的，如图 2-30 所示。

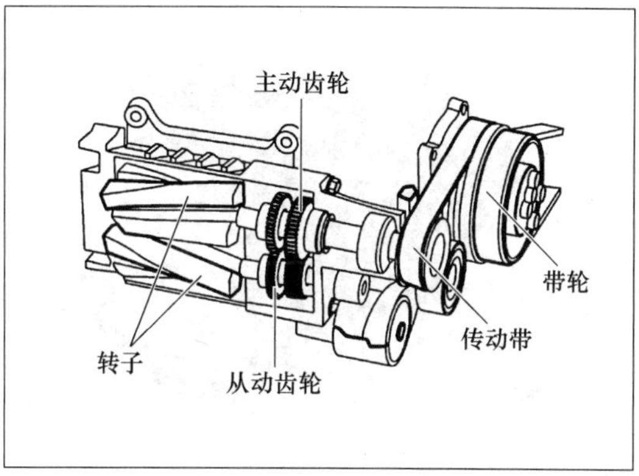

图 2-30　机械增压器构造

扫一扫

机械增压

（2）废气涡轮增压　由涡轮机和压气机两个主要部件，以及轴和轴承、润滑系统、冷却系统、密封件、隔热装置等组成。内燃机气缸排出的高温高速的燃气，经排气管供入涡轮增压器的涡轮机，推动涡轮旋转，涡轮再带动与它同轴的压气机叶轮旋转。压气机将吸入的空气压缩，提高了压力的空气流经内燃机进气管供入气缸，从而达到增压的目的，如图 2-31所示。

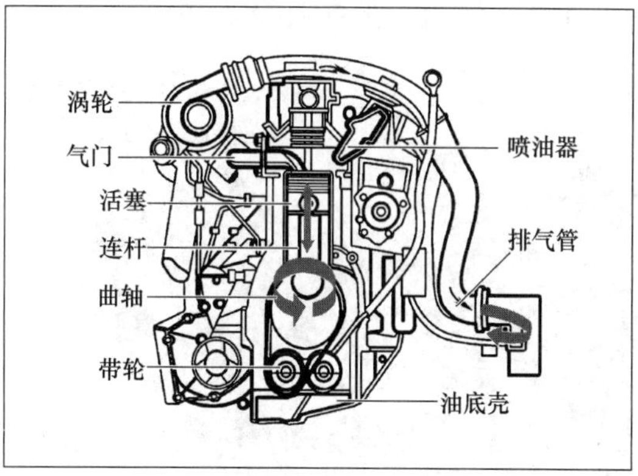

图 2-31　废气涡轮增压发动机内部运动示意图

（3）复合增压　即废气涡轮增压和机械增压并用，机械增压有助于低转速时的转矩输出，但是高转速时功率输出有限；而废气涡轮增压在高转速时拥有强大的功率输出，但低转速时则力不从心。这样就能同时解决低速转矩和高速功率输出的问题，如图 2-32 所示。

2. 进气增压系统的组成及工作原理

（1）机械增压　机械增压在低转速下便可获得增压。增压的动力输出也与曲轴转速成一定的比例，即机械增压发动机的动力输出随着转速的提高也随之增强。

由于机械增压器是直接由曲轴带动的，发动机运转时，增压器也就开始工作了。所以在低转速时，发动机的转矩输出表现也十分出色，而且空气压缩量是按照发动机转速线性上升的，没有涡轮增压发动机介入那一刻的唐突，也没有涡轮增压发动机的低速迟滞。但是在发动机高速运转时，机械增压器对发动机动力的损耗也是很大的，动力提升不太明显。

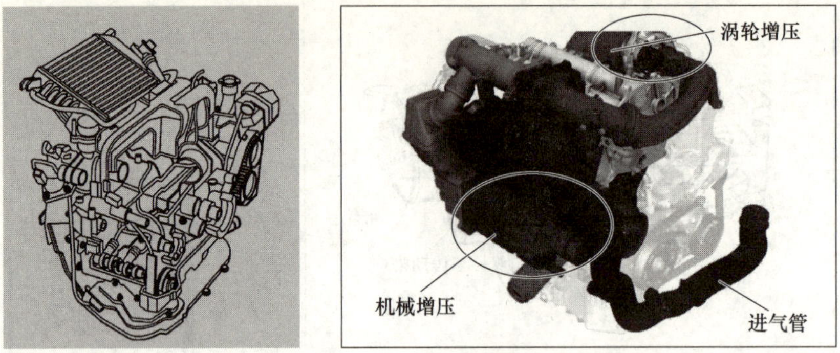

图 2-32　复合增压

机械增压器由于利用发动机带动机械增压器内部机构，其整体结构简单，工作温度为 70～100℃，而依靠废气驱动的涡轮增压器的工作环境温度则要高出很多（400～900℃）。因此，机械增压系统对于冷却系统、润滑系统的要求与发动机基本相同，机件保养程序也大同小异。

相对于涡轮增压，机械增压的原理则有所不同。机械增压主要是通过曲轴的动力带动一个机械式的空气压缩机旋转来压缩空气的。与涡轮增压不同的是，机械增压工作过程中会对发动机输出的动力造成一定程度的损耗，如图 2-33 所示。

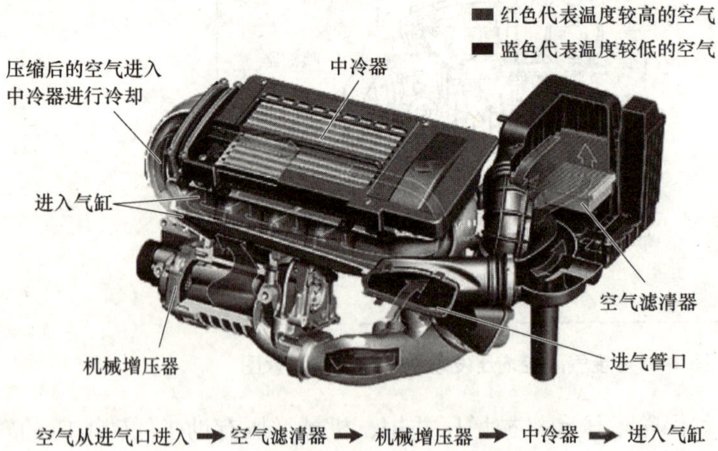

图 2-33　机械增压发动机进气示意图

扫一扫

机械增压发动机进气示意彩图

机械增压的优点是体积小，不需要修改发动机本体，安装容易。

（2）废气涡轮增压　涡轮增压器主要由涡轮机和压缩机两部分组成，之间通过一根传动轴连接。涡轮的进气口与发动机排气歧管相连，排气口与排气管相连；压缩机的进气口与进气管相连，排气口则接在进气歧管上。废气涡轮增压器主要是通过发动机排出的废气冲击涡轮高速运转，从而带动同轴的压缩机高速转动，强制地将增压后的空气压送到气缸中。

废气涡轮增压系统由废气涡轮增压器和内燃机进、排气系统组成。内燃机由于受结构尺寸的限制，燃烧气体在气缸内不能充分膨胀至大气压力。因此，排气开始时气缸内的燃气压力远比大气压力高，这样，排气就具有一定能量，如图 2-34 所示。

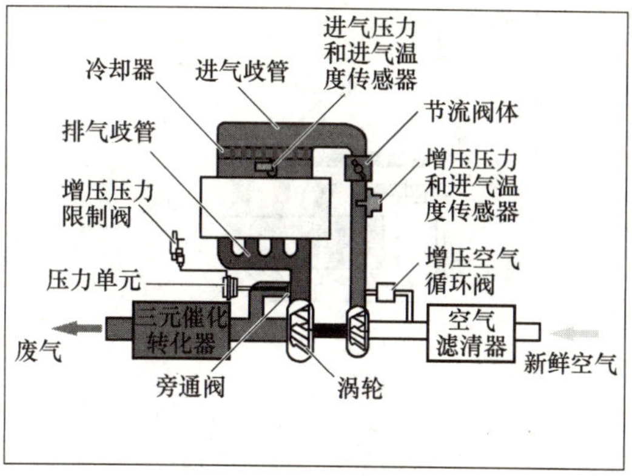

图 2-34　涡轮增压系统工作示意图

废气涡轮增压系统将排气能量有效地传给涡轮机，使涡轮机获得较高的效率，同时有利于内燃机气缸的扫气。根据排气管中压力状况和排气能量的利用方式，废气涡轮增压系统一般分为定压增压系统和脉冲增压系统两类（图 2-35）。

定压增压系统：内燃机所有气缸的排气都通入一根粗大的排气总管，然后再流入涡轮机。排气总管实际上起稳压作用，以使总管内的气体压力基本恒定。这样，涡轮在稳定气流下工作，故涡轮机效率较高。但采用这种系统时内燃机加速性能和低负荷性能较差，所以定压增压系统只适用于高增压、工况变化少的场合，如图 2-36 所示。

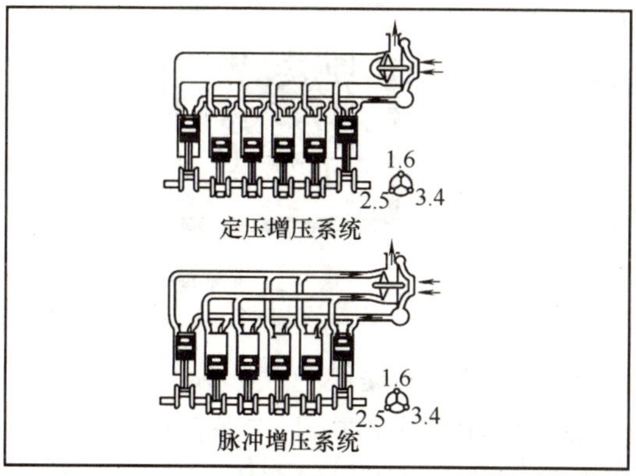

图 2-35　废气涡轮增压系统组成

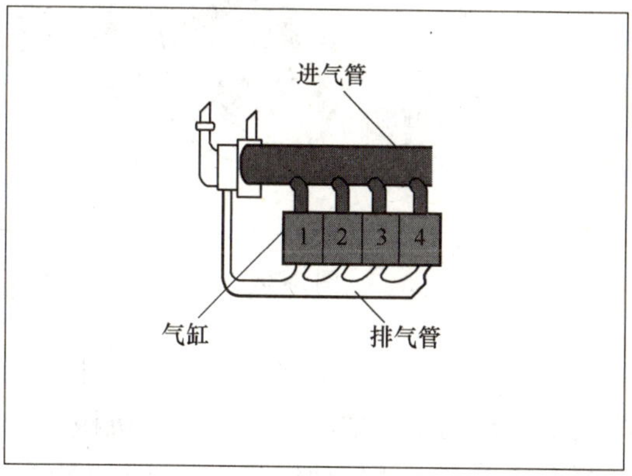

图 2-36　定压系统

脉冲增压系统：这种系统的特点是在排气管中造成尽可能大的压力脉动。为此，排气支管被做得细而且短，涡轮尽可能靠近内燃机气缸。排气互不干扰的几个气缸（通常是二缸或三缸）的排气支管连在一根排气管上，这样，每根排气管中就形成两个或三个连续的排气脉冲波，如图 2-37 所示。涡轮机的喷嘴环按排气管数目分组隔开，它们互不干扰。采用脉冲增压系统能充分利用排气能量，改善变工况性能；但涡轮是在脉动气流状态下工作的，故涡轮机效率较低。

为克服以上两种系统的缺点，已研制出脉冲转换系统和多脉冲系统，它们多用在气缸数不是三的倍数的柴油机上。

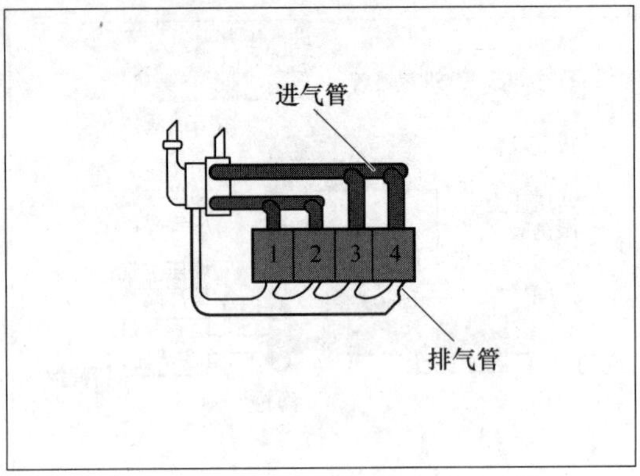

图 2-37　脉冲系统

涡轮增压主要是利用发动机废气的能量带动压缩机来实现对进气增压的，整个过程中基本不会消耗发动机的动力，拥有良好的加速持续性，但是在低速时涡轮不能及时介入，具有一定的滞后性，如图 2-38 所示。

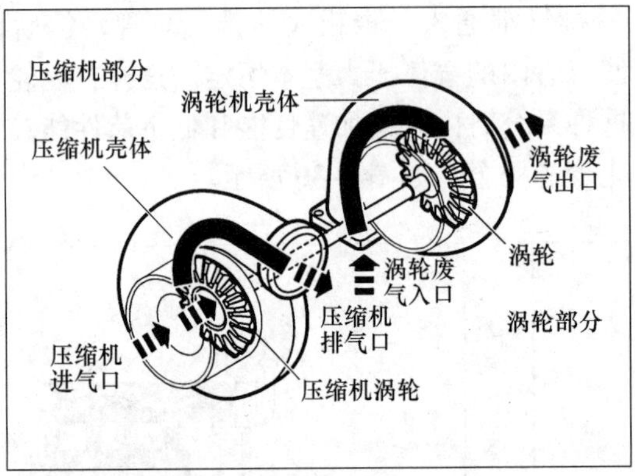

图 2-38　涡轮增压的工作原理

扫一扫

涡轮增压工作原理

（3）复合增压　发动机在较低转速下运行时，由机械增压器提供绝大部分的增压压力，发动机输出功率的增加主要来自于机械增压系统，此时涡轮增压器由于“涡轮迟滞”增压效果并不明显。待发动机转速上升到 1500r/min 左右时，涡轮增压器的增压效果开始增强，并与机械增压器共同为发动机功率的增加提供所需的增压压力。

随着转速的不断提高，涡轮增压器的增压效果也在不断增强，与此同时，机械增压器的增压效果开始逐渐减弱。当发动机转速超过 4000r/min 时，由涡轮增压器提供全部的增压压力，发动机输出功率的增加全部来自于涡轮增压系统，此时机械增压器已经停止工作，以防止消耗发动机功率。

复合增压系统很好地解决了机械增压系统燃油经济性较差和涡轮增压系统在低转速时容易产生“涡轮迟滞”现象的问题，如图 2-39 所示。

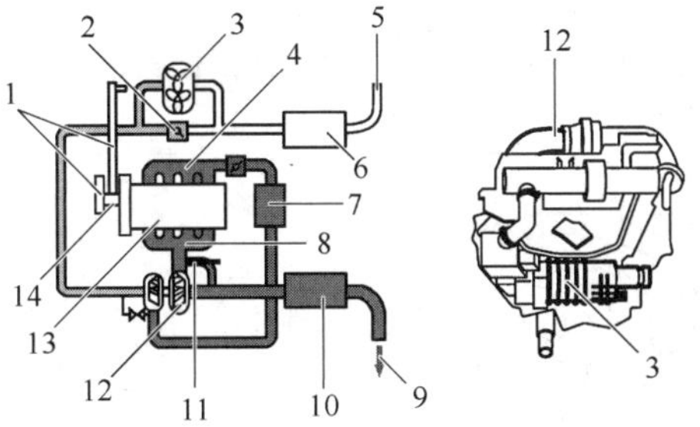

图 2-39　复合增压系统示意图

1—动力传递　2—节流阀　3—机械增压器　4—进气歧管　5—新鲜空气　6—空气滤清器　7—中冷器　8—排气歧管　9—废气排出　10—三元催化转化器　11—废气节流阀　12—涡轮增压器　13—发动机　14—曲轴

3. 涡轮增压系统的检测与维修

（1）检测　检查涡轮增压器的外部和安装情况。听一听是否有不正常的机械噪声。目测一下是否有漏气、堵塞、温度过高、节流或叶轮碰壳体的情况。在怠速或低功率时看起来似乎是少量的、不严重的系统漏气，在额定负荷时会严重地影响发动机的空燃比和涡轮增压器壳体中的气体压力。所以一旦这种漏气发生，在额定负荷时将会产生严重问题。

1）听一听是否有不正常的机械噪声并看一看振动情况。

2）听一听是否有高频噪声，这可能表明有空气或燃气泄漏。

3）听一听周期性噪声的程度，这可能表明在空气滤清器和管道中有节流。

4）检查螺母、螺栓、压板和垫片是否有漏装或松动现象。

5）检查发动机进排气管及其管道和固定件是否有松动或损坏。

6）检查润滑油进出管道是否有节流或损坏现象。

7）检查涡轮增压器壳体是否有裂纹或损坏。

8）检查外部润滑油或冷却介质是否有泄漏，检查涡轮增压器外表面是否有污物沉淀（如有则表明空气、润滑油、排气或冷却介质泄漏）。

9）检查是否有明显的热变色。

10）检查空气滤清器是否有明显的节流现象。

11）检查废气放气阀是否有自由运动或损坏。必须确保软管情况良好，接头紧实。按照设备的原始规范来检查校准和控制系统。

12）核实涡轮增压器的结构参数对该用途来说是否正确。

注意：上述问题被排除的本身往往不会清除作为故障指示物的残留物。这些残留物的存在常常会导致对涡轮增压器的判断不准确。当问题已经被排除而残留物仍旧存在时，会造成对涡轮增压器的错误判断。

例如，若在检测前已先把空气滤清器调换成新的，但是残留物（如发动机进气管中由于以前节流时残留的润滑油）仍存在，会使检测诊断人员错误地认为残留物不是节流造成的，而是其他原因造成的，从而得出不存在空气阻塞的结论，即使残留物证明可能发生过节流。

在完成故障诊断的其余部分之后，再排除任何安装上的问题。如果涡轮增压器的零件损坏了，则应当先更换零件，然后再进行校正，以防产生新的问题。

图 2-40 为涡轮增压器烧蚀。图 2-41 为发生不同程度损坏的涡轮增压器叶轮。

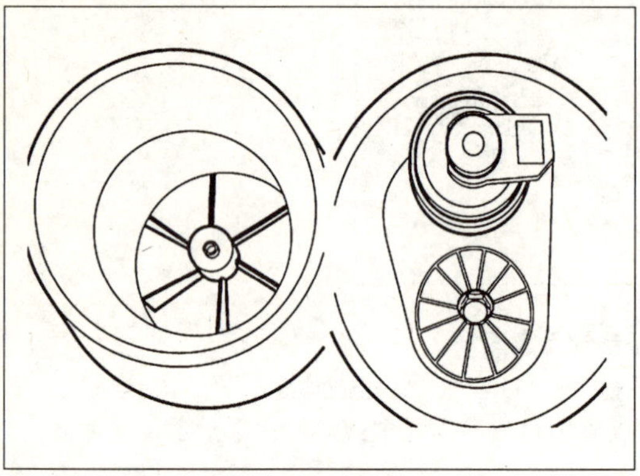

图 2-40　涡轮增压器烧蚀

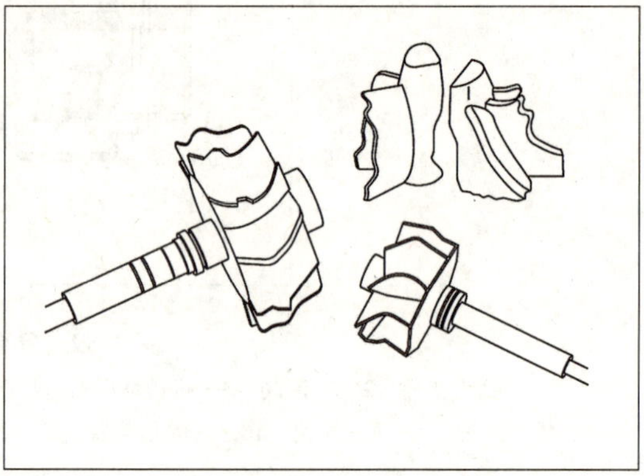

图 2-41　发生不同程度损坏的涡轮增压器叶轮

（2）常见故障及处理方法

【故障一】涡轮增压器漏油

现象一：机油消耗量大，但排气烟色正常，动力不降低。

原因：这种情况一般是机油渗漏造成的。

处理方法：

① 首先应检查发动机润滑系统外部油管（包括增压器进、回油管）是否漏油。

② 检查增压器废气排出口是否有机油。如有机油，可判定涡轮一端密封环损坏，应更换此密封环。

现象二：机油消耗量大，排气冒蓝烟，但动力不下降。

原因：增压器端漏油，机油通过发动机进气管进入燃烧室被烧掉。有以下两种可能：

① 增压器回油管不畅通，机油在转子总成的中间支承处积留过多，沿转子轴流入压气叶轮。

② 靠近压气叶轮一端的密封环或甩油环损坏后，机油由此进入叶轮室，然后随室内增压后的空气一同经进气管进入燃烧室。

处理方法：

① 打开压气机的出气口或发动机进气直管（橡胶软管），看管口、管壁是否粘有机油。如有，请检查增压器回油管是否畅通。如不畅通则是中间支承处积油过多引起的，应将回油管疏通后再装复。

② 如畅通，则是叶轮一端密封环或甩油环损坏所造成的，应解体增压器进行修复。

现象三：机油消耗量大，排气冒蓝烟或黑烟，且动力下降。

原因：

① 活塞与气缸之间的间隙过大，机油窜入燃烧室而被烧掉。

② 空气在被增压器吸入的过程中，空气流遇较大阻力（如空滤芯堵塞，进气胶管被吸

变形或压扁等)，压气机进气口处的压力较低，造成机油渗漏进入压气机内，随压缩空气一起进入燃烧室内烧掉。

处理方法：

① 检查进气直软管壁内有无机油、是否被压扁使气流受阻或空滤芯有堵塞现象。

② 如管口和管壁有机油，则应清洗或更换空滤芯。

【故障二】增压器异响

现象：排气冒黑烟，功率下降，且增压器有异响。

原因：

① 如有金属摩擦声，则是增压器转子轴承或止推轴承磨损过多，叶轮与增压器壳摩擦而产生的。

② 如不是金属摩擦声，而是气流声，则是由于增压器转子高速旋转产生的旋转声音，或是进、排气接口处由于连接不好产生的漏气现象。

处理方法：

① 前者应视磨损情况更换损坏的零件。

② 后者应认真区分，有针对性地解决。

【故障三】增压器轴承损坏

现象：增压器轴承损坏，发动机功率下降，机油消耗高，冒黑烟，严重时增压器不能工作。

原因：

① 润滑油压力和流量不足。

a. 增压器轴颈和止推轴承的润滑油供应不足。

b. 使转子轴颈和轴承间保持浮动的润滑油不足。

c. 增压器已高速运转，而润滑油未及时供给。

② 杂物或泥沙进入润滑系统。

③ 机油氧化变质。

a. 发动机过热，从活塞与气缸壁间窜过的燃气过多。

b. 冷却液漏入机油中。

c. 机油选用不当，以及没有按规定定期更换机油。

处理方法：

① 检查润滑油压力是否正常，机油量是否符合要求。

② 按规定要求定期更换润滑油，并保证润滑油清洁。

③ 严格按规定要求使用润滑油，不得混用。

④ 应避免发动机在高温情况下工作，保持发动机的正常工作温度。

出现以上现象，要拆开涡轮增压器进行清洗，并更换相应零件。当发现涡轮增压器漏油（图 2-42）时，必须检查增压器回油管和柴油机通风管是否阻塞，机油冷却器工作是否正常。当发现机油成油泥状时，应立即按照规定更换机油及机油滤清器。只有这样，才能排除增压器的故障，保证其在最佳状况下工作。

【故障四】增压器使用寿命缩短

原因及处理方法：

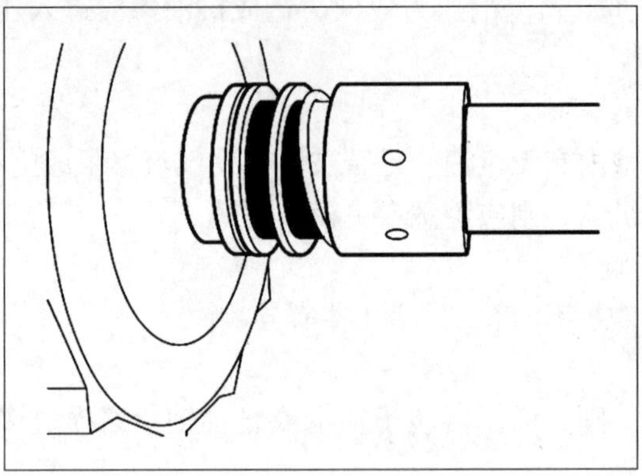

图 2-42　涡轮增压器轴承损坏漏油

① 安装不正确。按照要求，增压器安装时应先给浮动轴承加满机油，避免在发动机起动时机油不能及时供给浮动轴承，造成干磨而损坏浮动轴承。

② 起动不正确。增压系统发动机起动后必须怠速运转几分钟，以保证机油到达浮动轴承后增压器方可高速运转。

③ 停机不正确。停机前应怠速运转几分钟，使增压器转子逐渐减速、降温。当发动机突然停机时，机油供应停止，而转子在惯性作用下还要高速旋转，这时就会造成浮动轴承因温度高又缺少机油而磨损甚至烧蚀。

④ 机油选择不正确。配置增压系统的发动机其热负荷和机械负荷大大增加，要求润滑油有好的黏温特性、抗氧化性和耐磨性，必须要选用品质好的机油。

针对以上故障，在安装、使用增压器时应该严格按照使用说明书要求正确操作；定期检查、清洗空气滤清器，以保证进气畅通；定期清除压气机叶轮上的油泥，同时检查压气机叶轮固定螺钉和叶片使用情况，防止叶轮脱落造成大的事故；使用正规厂家出的符合使用标准的机油，按照操作规程操作发动机的起动和停机，避免发动机长时间怠速运转。

2.1.6　可变配气系统

1. 发动机可变气门正时技术概述

发动机可变气门正时，简称 VVT（Variable Valve Timing）。随着发动机转速的提高，短促的进排气时间往往会引起发动机进气不足、排气不净等现象，因此可变气门正时系统出现，它根据汽车的运行状况，随时改变配气相位，改变气门升程和气门开启的持续时间（气门升程就像门开启的角度，气门正时就像门开启的时间，进气歧管就像各个闸道的栏杆）。发动机可变气门正时结构组成如图 2-43 所示。

发动机上的气门可变驱动机构可以通过两种形式实现：一种是通过凸轮轴或者凸轮的变换来改变配气相位和气门升程；另一种就是工作时凸轮轴和凸轮不变动，而气门挺杆（摇臂或拉杆）依靠机械力或者液压力的作用而改变，从而改变配气相位和气门升程。

发动机进排气过程中，会出现一个进气门和排气门同时开启的时刻，在配气相位上称为重叠阶段或气门重叠角。在高转速下，为了达到更好的进气量、提高发动机的功率，就要求气门重叠角更大（进气门提前打开或者排气门晚关）；但在低转速或者怠速时，过大的重叠角则会导致废气过多地进入进气歧管，使缸内气流混乱，从而导致低速转矩较低，由此低速时需要减小重叠角（进气门延时打开），此时燃烧会更充分更稳定。由此孕育出可变气门正时技术。图 2-44 为可变正时机构。

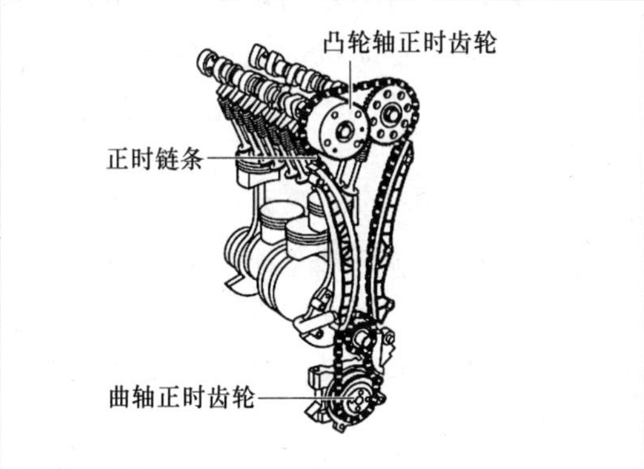

图 2-43　发动机可变气门正时结构组成

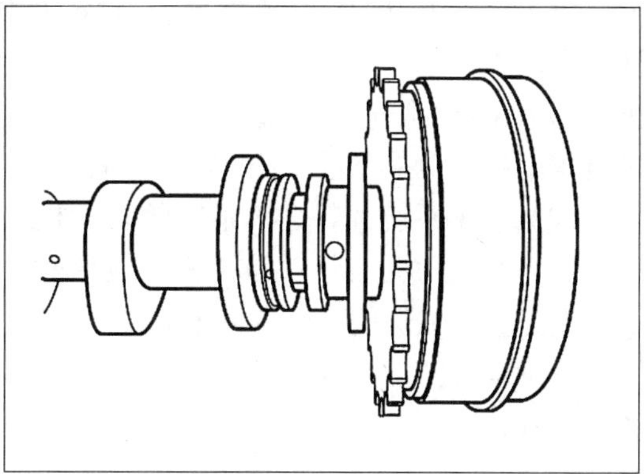

图 2-44　可变正时机构

从原理上可以看出，可变气门正时只是增加或减少了气门的开启时间，并没有改变单位时间的进气量，因此对于发动机的动力性的帮助并不显著，但是如果气门开启角度大小（气门升程）可以随时间改变，就可以显著提升发动机在各个转速的动力性能。

2. 发动机可变气门正时系统的分类及特性

（1）VVT 系统的分类　一般发动机 VVT 系统主要有进气 VVT 系统、排气 VVT 系统、进/排气 VVT 系统等形式，随设计要求而定，具体如表 2-1 所示。

表 2-1　VVT 系统分类及特点

VVI 配置	相位调节示意图	对发动机性能的影响			
		功率/转矩	怠速	燃油经济性	排放
进气 VVT	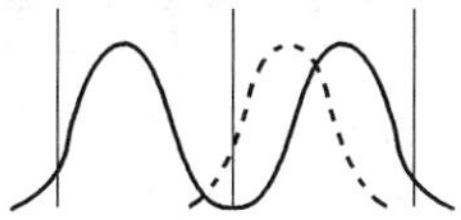	●	●	●	●
排气 VVT	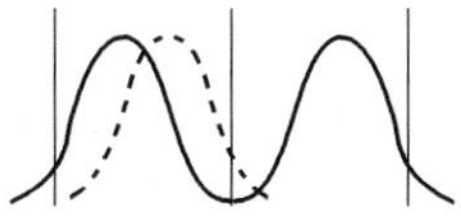		●	●	●
排/排气 VVT（等相位调节）	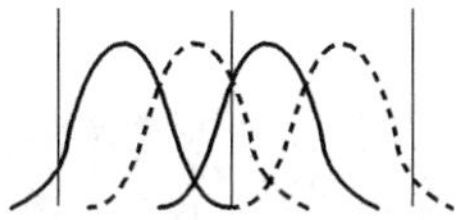			●	●
进/排气 VVT（相位连续调节）	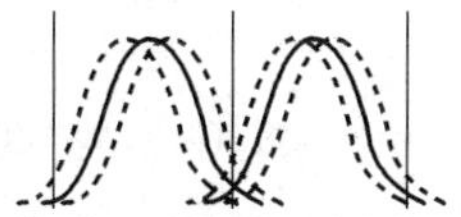	●	●	●	●

VVT 对发动机动力性、油耗、排放都有很大的影响。为实现发动机动力性、燃油经济性、排放的最优化，技术上 VVT 主要控制下述两项内容：①气门重叠角控制；②进气门正时控制。

由表 2-1 可以看出，进气 VVT 的效果很显著，对于较低级别的发动机，为兼顾发动机性能和成本，一般采用进气 VVT 配置，而为了更大限度地提高发动机性能，在高级别发动机上则采用进/排气 VVT 配置。此外，随着燃油经济性和排放性能的不断强化，小排量发动机也越来越多地采用进/排气 VVT 配置。

（2）VVT 系统的特性　不同的发动机工况（转速、负荷、温度等）要求不同的配气相位。因为当发动机工况（如转速）改变时，由于进气流速和强制排气时期的废气流速也随之改变，因此在气门晚关期间利用气流惯性增加进气和促进排气的效果将会不同。VVT 系统会随发动机工况不同而调整其特性以满足发动机不同性能需求，具体如表 2-2、表 2-3、图 2-45 所示。

表 2-2　进气 VVT 系统调整特性

发动机工况	配气相位	作　用	效　果
停机，起动怠速	进气门提前角最小	起动性好，怠速稳定、燃油经济性好	低速转矩提高 5%～10% 高速功率提高 5%～8% 碳氢排放最大降低 25% 燃油经济性提高 1%～3%
低负荷	进气门提前角略提前	保证发动机运转平稳	
中等负荷	进气门提前角比较大	提高燃油经济性，控制排放	
中低转速，高负荷	进气门提前角最大	增大转矩	
高速，高负荷	进气门提前角略提前	增大功率及转矩	
低温	进气门提前角最小	高速、怠速稳定，燃油经济性好	

表 2-3　进/排气 VVT 系统调整特性

发动机工况	配气相位	作　用
停机，冷起动，怠速	最小重叠角	改善燃烧稳定性 冷起动时通过改善怠速稳定性，降低怠速转速 通过降低怠速转速改善燃油经济性
中、低负荷	排气相位完全提前 进气相位小幅提前	进气门关闭时刻提前，气门重叠角仍保持较小 负荷增加相应增加气门重叠角，增加稀释效应 减少泵气损失
中低转速，高负荷	排气相位滞后 进气相位滞后	进气门关闭时刻提前，提高进气效率 提高中速段转矩 废气稀释量调节到最大
高转速，高负荷	排气相位滞后 进气相位滞后	为提高进气效率，推迟进气门晚关角

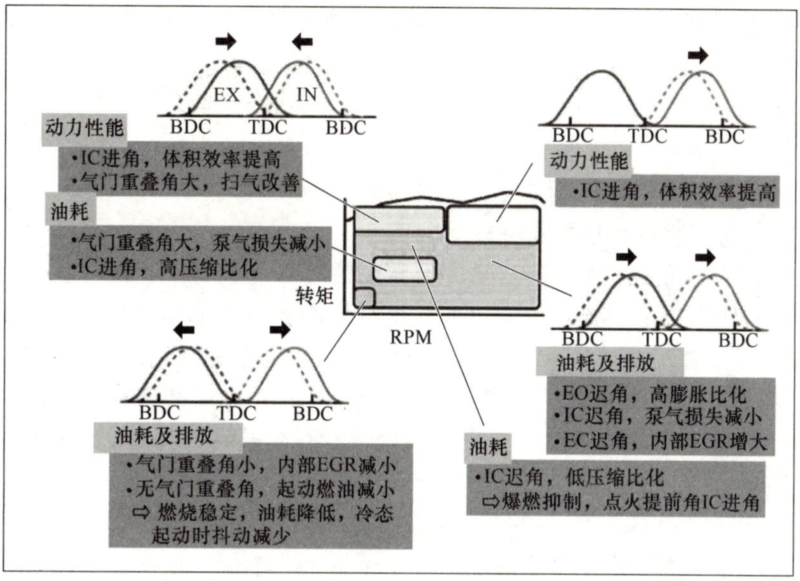

图 2-45　进/排气 VVT 系统调整特性与发动机性能示意图

扫一扫

奥迪可变气门
升程系统 1

扫一扫

奥迪可变气门
升程系统 2

3. 发动机可变气门正时系统的检测与维修

检测与维修步骤如下。

1）使用汽车解码器读取发动机故障码。

2）检查气门正时，如发现异常应修理气门正时。

3）在发动机暖机后，使用汽车解码器的动态测试功能操作油压控制阀（OCV），当 OCV 阀为“OFF”时，发动机转速应正常；当 OCV 阀为“ON”时，发动机怠速不稳定甚至熄火。如果有异常，则进行下一步。

4）调取 ECM 插接器中 OCV + 与 OCV - 两端子的输出波形，并与标准波形进行对比，如果波形正常，应检查或更换 ECM；如果波形异常，则进行下一步。

5）检查凸轮轴正时齿轮总成，如果凸轮轴正时齿轮总成异常，应进行更换；如果凸轮轴正时齿轮总成正常，则进行下一步。

6）检查 OCV 阀总成，如果发现异常，应进行更换；如果 OCV 阀正常，则进行下一步。

7）拆下发电机，检查机油滤清器，如发现异常应进行更换。

提示：如果有异物进入系统某部分的机油中，同样也会输出故障码，但在短时间内能恢复正常，因为发动机运转时异物会被机油滤清器过滤排除，所以 VVT 系统能恢复正常。

【维修提示】

1）在拆装时用力要均匀，切勿将各种软管扯坏。

2）必要时使用密封胶，以防止各接口处漏气。

3）空气流量计是精密元件，要注意防振和碰撞。

4）MAP 有一个取样管，如果堵塞该取样管则传感器不能正常工作，所以不能随意清洗此传感器；在拆下后要妥善保管，不能让灰尘或异物堵塞管孔；在冬天，取样管孔内如果有水也会造成结冰堵塞，影响发动机正常起动和工作；MAP 内部有密封腔室，所以在拆装过程中不能敲击、摔落，否则会造成传感器开裂、密封失效或内部集成电路损坏。

5）拆卸发动机机油加注口盖及拔下机油尺、曲轴箱强制通风管等可能会引起发动机油气溢漏。

6）在管道的每一连接处，在任何时候都要保持永久密封，以防止潮湿和灰尘进入，尤其在滤清器与发动机的进口处之间的管道不得有任何泄漏和细微的小孔，否则会使大量的灰尘进入发动机，而导致发动机故障。

2.2 喷油系统的诊断与维修

2.2.1 喷油系统概述

燃油供给系统把燃油从油箱运送到燃油管，并定时定量地喷射到发动机内与进入的空气均匀混合。在发动机技术发展的过程中，燃油供给系统经历了许多阶段并有很多类型，按燃油喷射的控制方式可分为两类：机械喷射和电子喷射。现在大部分发动机的燃油供给系统都采用电子喷射方式，如图 2-46 所示。

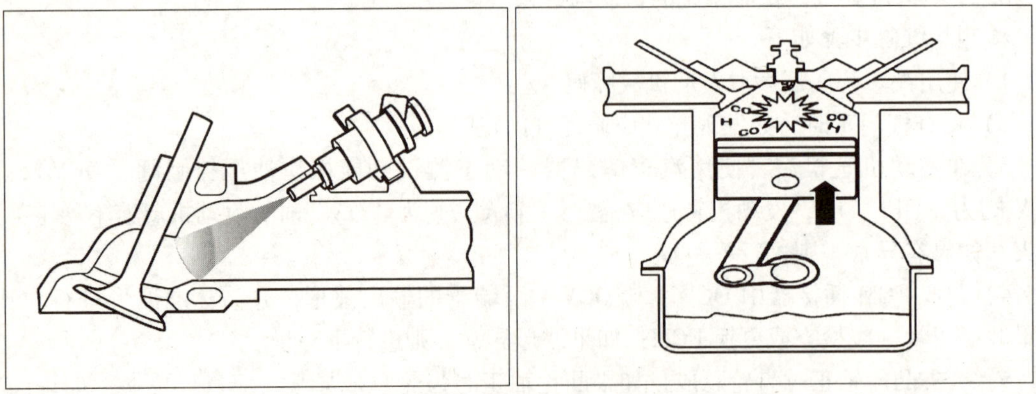

图 2-46　喷油系统示意图

扫一扫　　扫一扫　　扫一扫

喷油系统　　电控燃油喷射系统　　直接燃油喷射技术

燃油喷射从喷射位置上可分为缸外喷射和缸内直接喷射（SIDI），缸外喷射可以喷射到节气门体处或进气门入口处。燃油喷射从喷油器数量上又可分为单点喷射和多点喷射，如图 2-47所示。目前大部分发动机都采用多点喷射。

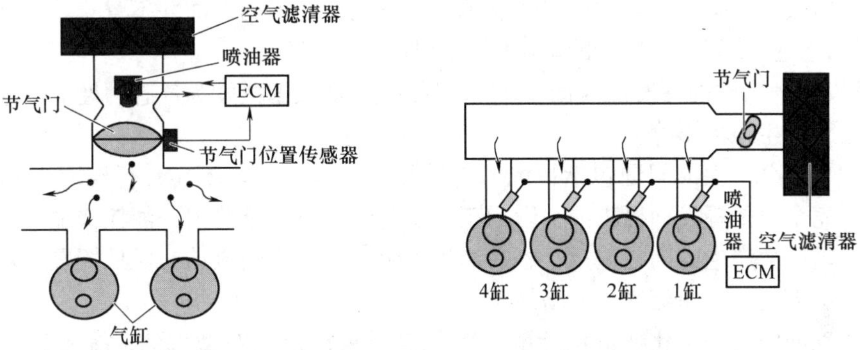

a) 单点喷射　　b) 多点喷射

图 2-47　单点喷射与多点喷射

多点喷射的发动机有多个喷油器，按照喷油器喷油次序的控制不同可分为同时喷射、分组喷射和顺序喷射，如图 2-48 所示。目前新采用的发动机的燃油供给系统都采用多点喷射。

从石油中提炼出来的液态汽油是点燃式发动机的燃料，也是燃油供给系统的运送对象。汽油性能与发动机的动力、排放、经济、稳定等性能息息相关，所以在学习燃油供给系统前先要了解汽油的各项性能。

1）热值。汽油的基本成分是碳和氢，其中碳占的体积比约为 85%，氢占的体积比约为 15%。热值是指 1kg 燃料完全燃烧后所产生的热量，汽油热值约为 44000kJ/kg，热值越高汽油的能量就越高。

扫一扫　　扫一扫

顺序燃油喷射　　分组燃油喷射

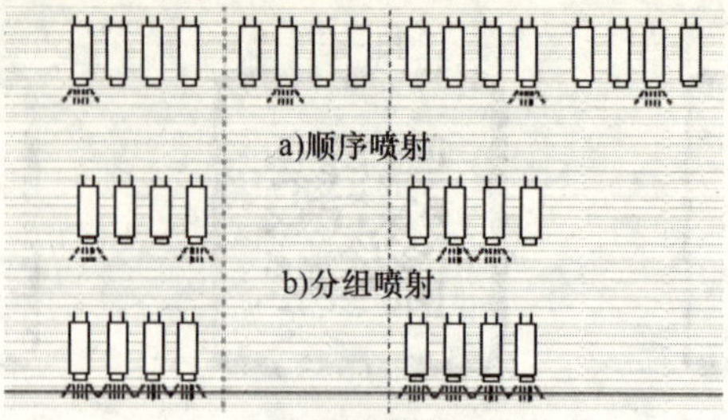

图 2-48　多点喷射类型

2）抗爆性。汽油最常见的性能指标是抗爆指数，它是用来衡量燃油抵抗发动机爆燃燃烧性能的参数，因为有些爆燃会降低发动机功率、损伤发动机并导致发动机过热。抗爆指数通常以辛烷值表示，辛烷值越大抗爆性能越好。较高辛烷值的汽油并不意味着能够使发动机的性能变好，只要使用厂家推荐的辛烷值汽油即可。

3）挥发性。汽油的挥发性（图 2-49）是指汽油从液态蒸发为气态的性能，这一性能对发动机的运行产生很多影响。

挥发性不好会产生的问题包括：沉积物增加；混合气形成不良；低温时发动机起动困难；燃烧不完全，稀释发动机机油，影响正常润滑；混合气不均匀，油耗增加。

挥发性过好会产生的问题包括：容易产生气阻，阻碍汽油流动；更易挥发，炭罐负荷容易过载，污染大气；油箱蒸气压力增加。

在普通汽油中按一定比例混配乙醇或其他燃料可形成的新型汽油，按照我国的国家标准，乙醇汽油一般是用 90% 的普通汽油与 10% 的燃料乙醇调和而成的。乙醇汽油的含氧成分醇能够减少工作过程中生成一氧化碳的量，降低汽车尾气排放，同时这种汽油的热值和其他性能也会发生变化。含氧燃料体积混合比如图 2-50 所示。

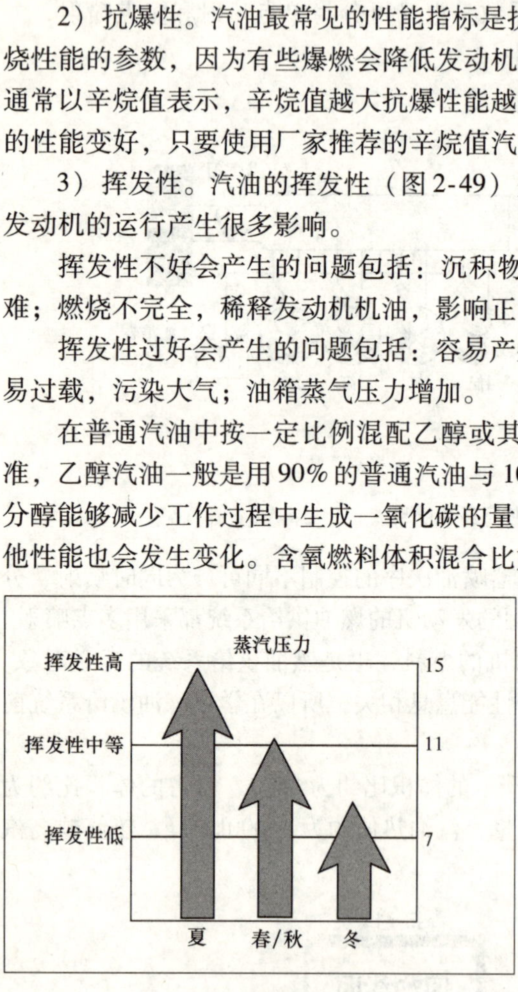

图 2-49　汽油的挥发性

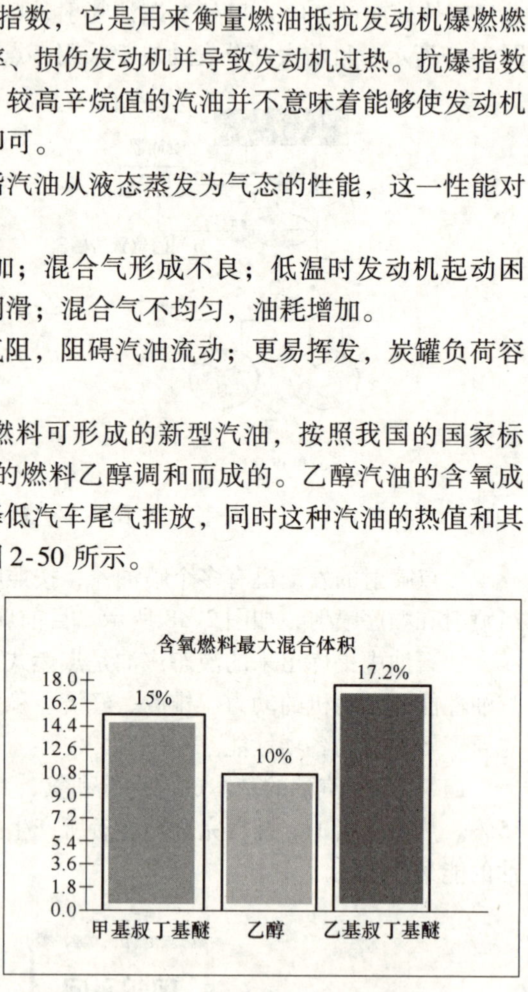

图 2-50　含氧燃料体积混合比

2.2.2　喷油系统的组成

燃油供给系统需要储存、泵送、喷射燃油，所以系统有如下组成部件：油箱、油泵、滤芯、管路、压力调节器、喷油器，如图 2-51 所示。下面主要介绍多点顺序缸外喷射型燃油供给系统的组成部件及特点。

1. 油箱

油箱用来储存发动机运转所需的燃油，并且能够保证内部的燃油蒸气不会泄漏。油箱主要组成部分如下：燃油加注口盖、通风软管、加注导管、油箱体、翻车防漏阀，如图 2-52 所示。

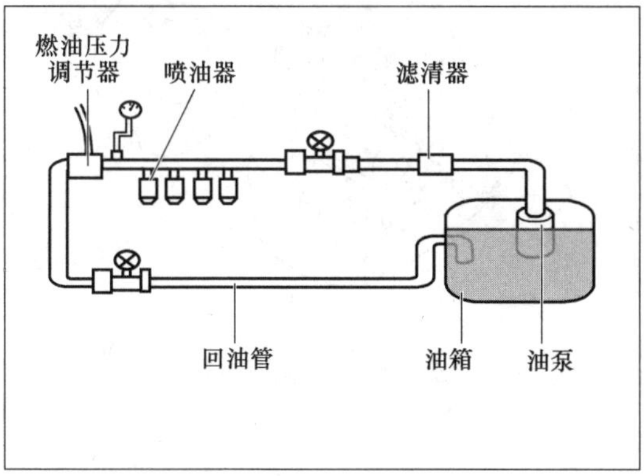

图 2-51 喷油系统组成

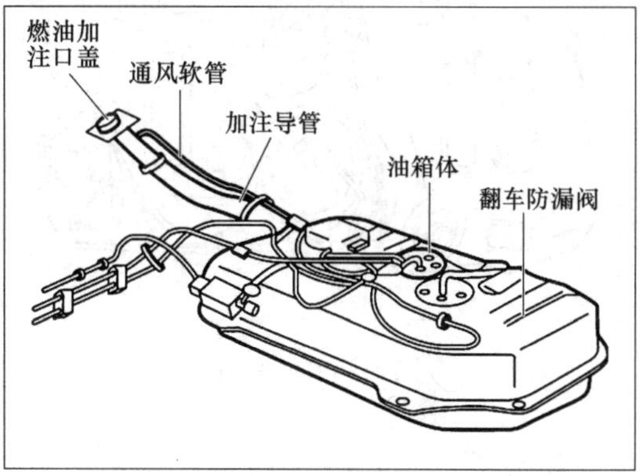

图 2-52 油箱组成

通风软管的作用是在加油时让油箱内的空气排出，以便油箱加满燃油。

加注口盖（图 2-53）主要是密封住燃油蒸气，为防止油箱内压力过大或形成真空，加注口盖内有两个单向阀，在油箱压力过大或过小时均会使油箱与大气相通以保护油箱。因排放标准的需要，加注口盖上增加了一个防丢失绳索，另外在安装到位时会听到“咔嗒”声，这表明加注口盖正确扭紧并且完全密封。

为安全的需要，油箱上还装配了翻车防漏阀（图 2-54），用于在翻车时防止燃油从燃油箱内流出。当油箱加满油时，也能防止油从此处流出。

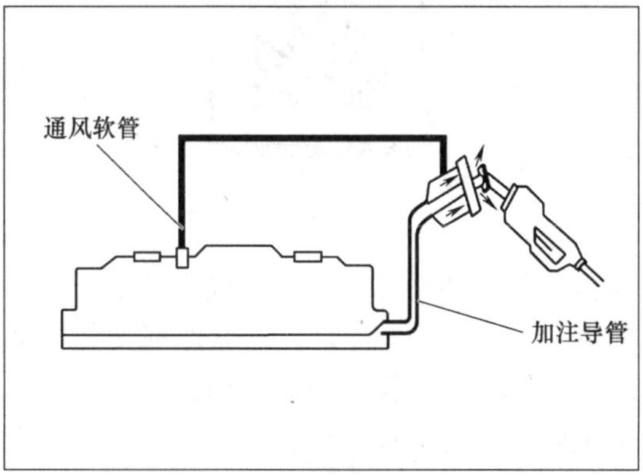

图 2-53 加注口盖

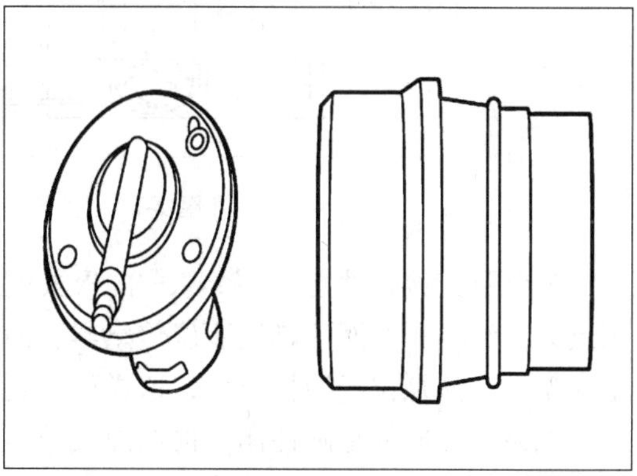

图 2-54 翻车防漏阀

燃油箱（图 2-55）可以由金属或塑料制成，其箱体必须具有防腐蚀性，并且在高压下不会泄漏。塑料燃油箱一般采用高分子聚乙烯吹塑成型，它的优点如下：重量轻；不怕盐碱等的侵蚀；安全性更高；造型随意，容量更大。

油箱一般安装在车后部的底盘下，由于考虑到后驱传动轴、排气管和车身离地间隙等因素，有些车型的油箱设计成了两个部分，也称马鞍形油箱，如图 2-56 所示。

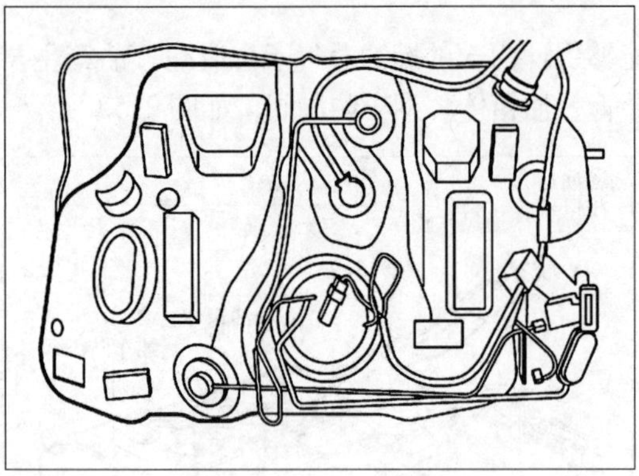

图 2-55　燃油箱

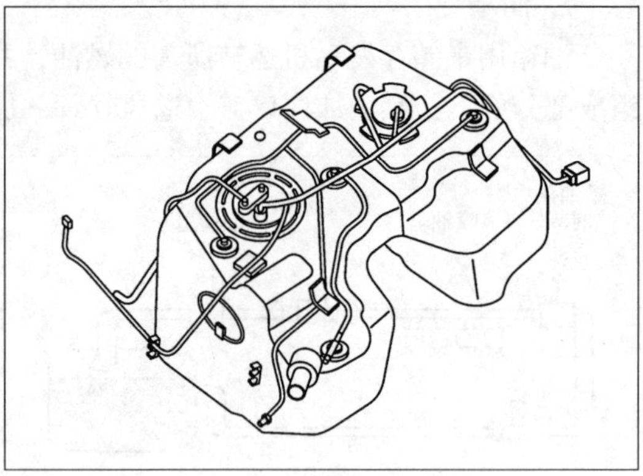

图 2-56　马鞍形油箱

2. 油泵

油泵（图 2-57）向发动机泵送燃油，让系统油压维持在正常范围，并能在熄火后保持一定的油压便于下次起动。现在大多数油泵位于油箱内部，浸在燃油中工作，这样可以保证油泵得到充分的冷却和润滑。

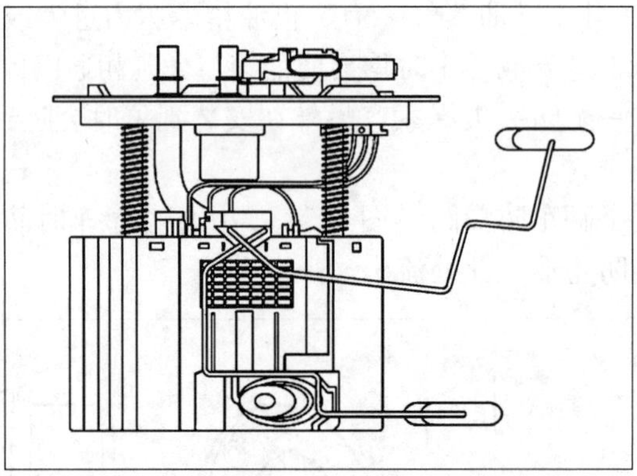

图 2-57　油泵

扫一扫

油泵

油泵及其他附件常以一个总成的形式安装在油箱内部，油泵总成主要组成部件如下：油泵支架、油杯、滤网、燃油液位传感器、油泵，如图 2-60 所示。以上所有部件都安装在油泵支架上，油泵位于油杯内部，这样可以隔离噪声、定位油泵、保持较高的内部液位。

油泵的外形都是圆柱体，根据油泵的内部结构主要可分为三种类型：滚柱式油泵、内齿轮式油泵和涡轮式油泵。在此只介绍常见的后两种油泵。

1）内齿轮式油泵。内齿轮式油泵（图 2-59）由一个内驱动齿轮和一个偏心安装的齿环组成，齿环由内驱动齿轮带动而旋转，齿环比内驱动齿轮多一个齿。随着相互啮合齿的转动，在它们之间形成了变化的油腔，这样就实现了吸油和泵油的动作。

2）涡轮式油泵（图 2-60）。在涡轮式油泵中，叶轮将燃油加速、甩到油道内，产生稳定的压力。涡轮式油泵产生的油压约为 400kPa，但是其压力没有波动，噪声小，很适合那些噪声要求很高的车辆使用。

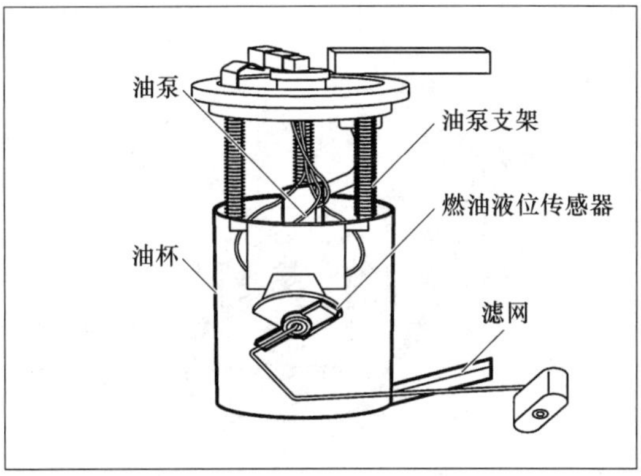

图 2-58　油泵总成组成

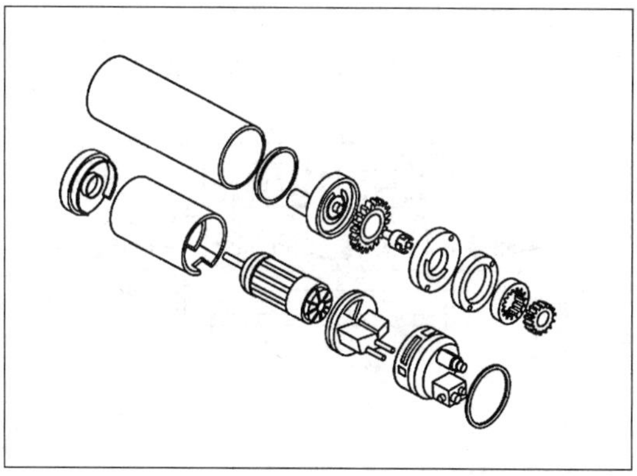

图 2-59　内齿轮式油泵分解图

3. 滤芯

为防止燃油中的污染物堵塞管路、损坏压力调节器和喷油器，在油泵的下游装有燃油滤芯。滤芯布置在系统管路中，可以安装在油箱内部或油箱外部的油管上。它通常是有两个管接头的金属圆柱体，内部结构如图 2-61 所示。

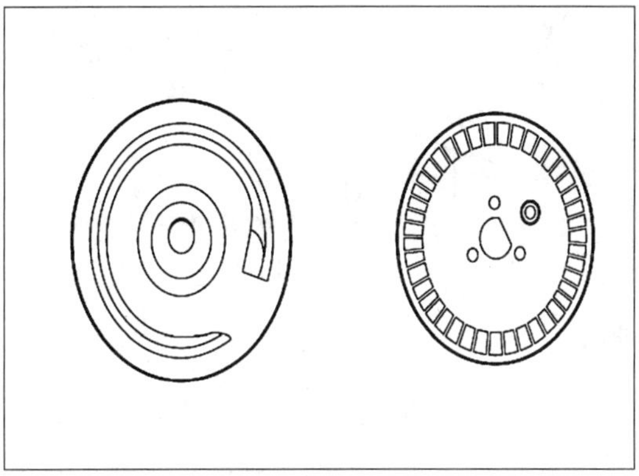

图 2-60　涡轮式油泵

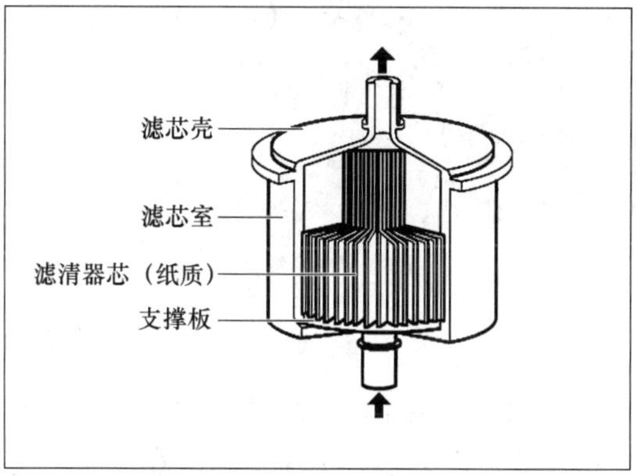

图 2-61　燃油滤芯

如图 2-62 所示，来自油箱的燃油从滤芯外围经过过滤后，燃油直接流向发动机。燃油在经过滤芯时，能过滤掉微米级的颗粒，长时间使用后会造成滤芯堵塞，影响发动机的正常运行。

4. 管路

燃油管路（图 2-63）把燃油从油泵运送到喷油器，管路上有如下部件：油管、定位卡、油轨、油压测试口、脉动阻尼器、快速管接头。

油管由钢或尼龙等材料制成，用定位卡固定在底盘和车身上，耐热橡胶软管或波形塑料套管用于保护油管承受磨损、高温或振动。

油轨（图 2-64）由钢或铸铝等材料制成，一般固定在进气歧管上，尽可能隔离热源。油轨将燃油均匀地、等压地输送给各缸喷油器，喷油器通过固定夹安装在油轨上。油轨的空腔容量比发动机工作循环的喷油量要大很多，这样可以衰减系统油压的波动。大多数油轨上设有油压测试口，可泄放油压或接上油压表测量系统实时油压。

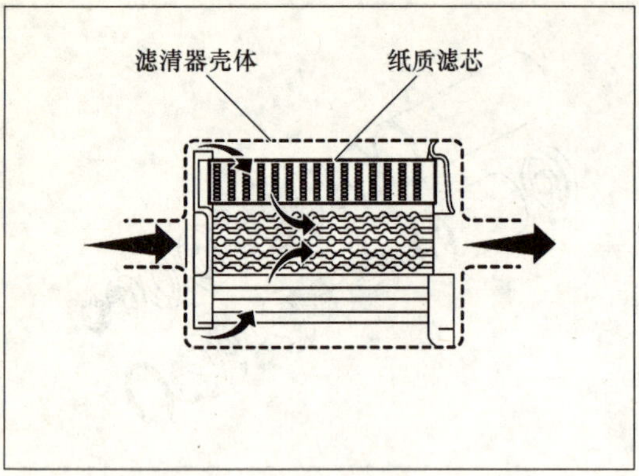

图 2-62 燃油滤芯工作过程

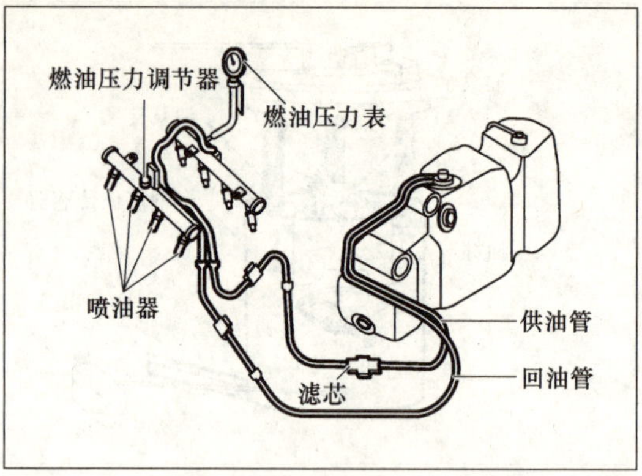

图 2-63 燃油管路

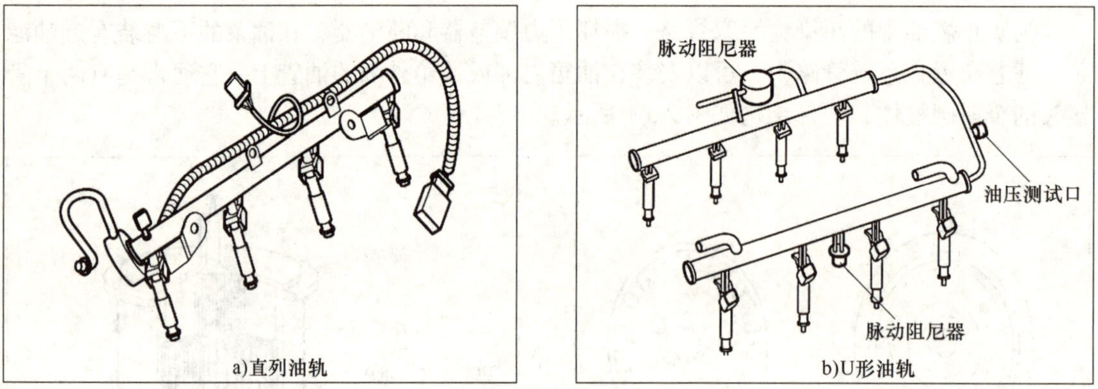

图 2-64 油轨

老款汽车由于燃油泵泵油和喷油器喷射周期易引起油压脉动，这种脉动会形成谐振，影响喷油精度。为衰减油压脉动，在油路中常设有脉动阻尼器。油管上的脉动阻尼器常制成扁状圆形的空腔以减少油路中的压力波动和噪声。

油轨上的脉动阻尼器内部有膜片和弹簧，在管路油压上升时膜片向上压缩弹簧储存压力，在管路油压下降时弹簧伸展，通过膜片把压力释放出来，这种减振作用可减小油压波动，如图 2-65 所示。

尼龙管坚固，能够承受燃油系统很大压力，并耐受燃油添加剂等的腐蚀以及温度的变化（但车辆也不能过久地暴露在高温下）。在油轨、油箱和滤芯的接口处，尼龙油管设计有特殊的快速接头，以方便诊断维修，如图 2-66 所示。

由于管路（图 2-67）要经底盘和车身最后引入发动机舱，油管如果定位不正确，可能会造成如弯折、异响、磨损等故障。弯折或变形的油管会形成堵塞，如果在回油管路上有堵塞，喷油油压会偏高；如果在供油管路上有堵塞，会造成喷油油压偏低或气阻等现象。

5. 燃油压力调节器

在有回油管的燃油供给系统中，由于进气歧管内真空度是随发动机工况变化而变化的，即使喷油信号的持续时间和喷油压力保持不变，工况变化时喷油量也会发生少量的变化，为了得到精确的喷油量，在油轨末端安装一个由真空控制的燃油压力调节器（图 2-68），燃油压力调节器能使系统燃油压力与进气歧管绝对压力的压差保持不变。

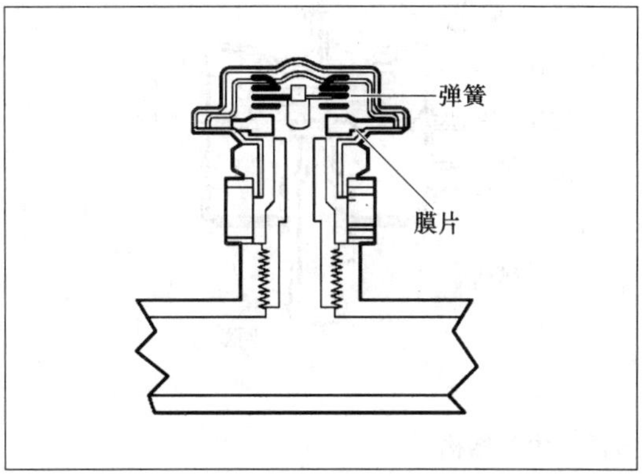

图 2-65 脉动阻尼器

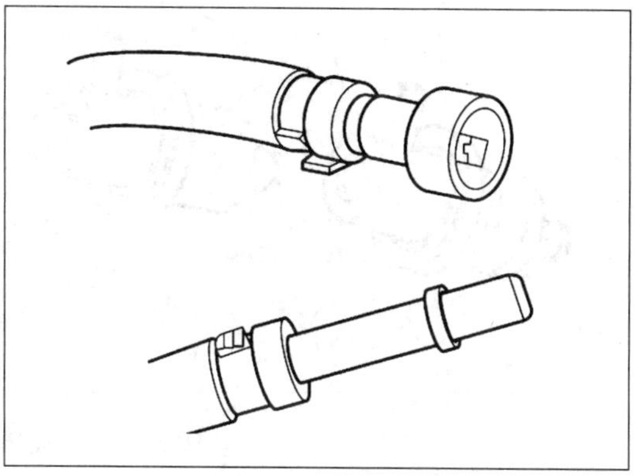

图 2-66 尼龙油管

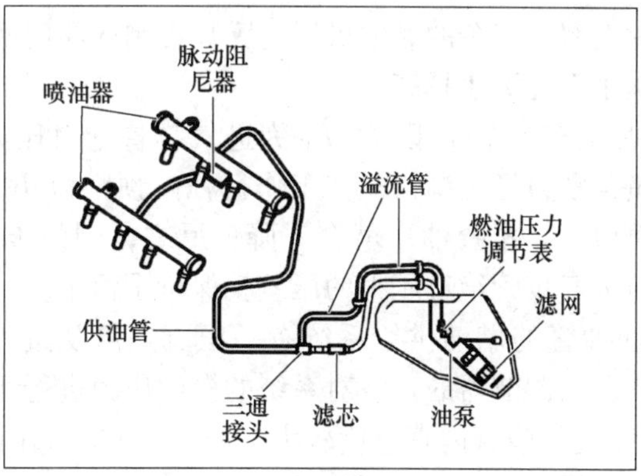

图 2-67 燃油供给管路系统

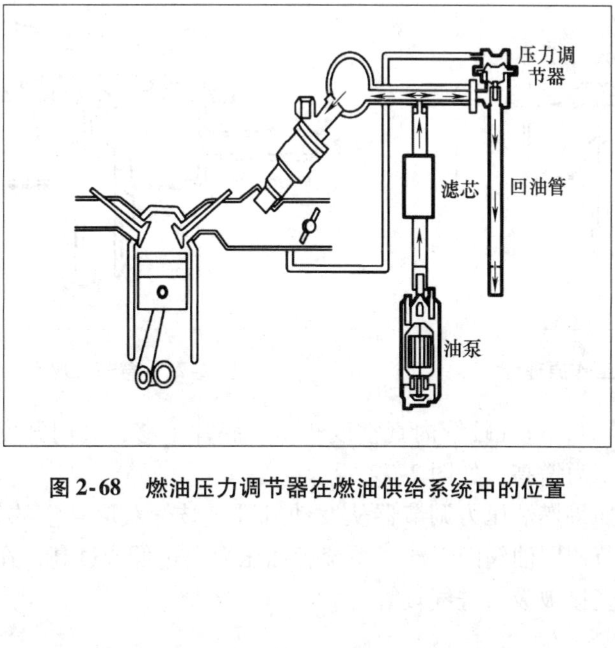

图 2-68 燃油压力调节器在燃油供给系统中的位置

扫一扫

燃油压力调节器

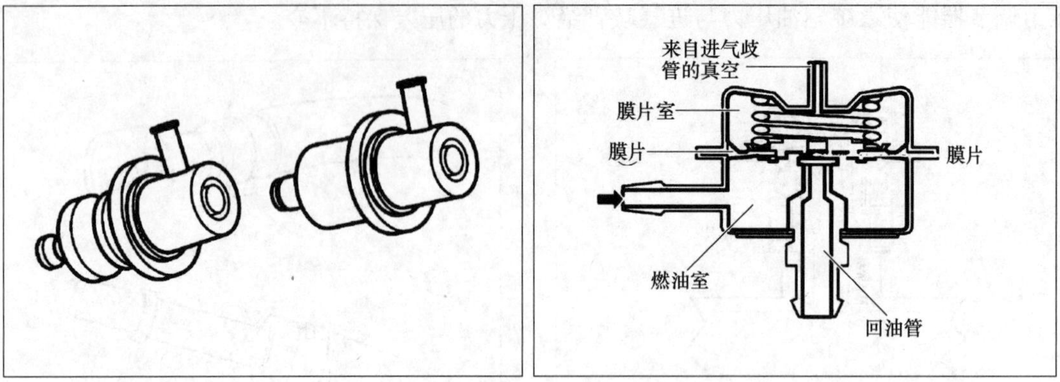

图 2-69　燃油压力调节器的内部结构

(1) 内部结构及工作原理　燃油压力调节器的内部结构如图 2-69 所示。有回油管系统的燃油压力调节器内部通过一个膜片把真空和燃油隔离开，已调校弹簧的预紧力和从进气歧管引入的压力作用于膜片上部。多余的燃油可通过膜片控制的阀门回流到油箱，回流量越大系统油压越低，回流量越小系统油压越高。

如图 2-70 所示，膜片上有三个作用力：F_1 为进气歧管绝对压力；F_2 为弹簧力；F_3 为系统燃油压力。因为弹簧预紧力经过调校，在工作行程内预紧力几乎不变化，如果 F_3 大于 F_1 与 F_2 的合力，阀门被顶开，系统油压就会下降；反之，阀门被关闭，系统油压就会升高。所以系统燃油压力与进气歧管绝对压力的压差就保持了恒定。

(2) 调节过程　有回油管的燃油供给系统有一根真空管从进气歧管连接到调节器上，发动机在不同的工况下，引入调节器的真空对系统的燃油压力进行调节。

1) 怠速。怠速时由于进气歧管内真空度较大，膜片上移，阀门开度增加，流回油箱的燃油更多，系统燃油压力降低，如图 2-71 所示。

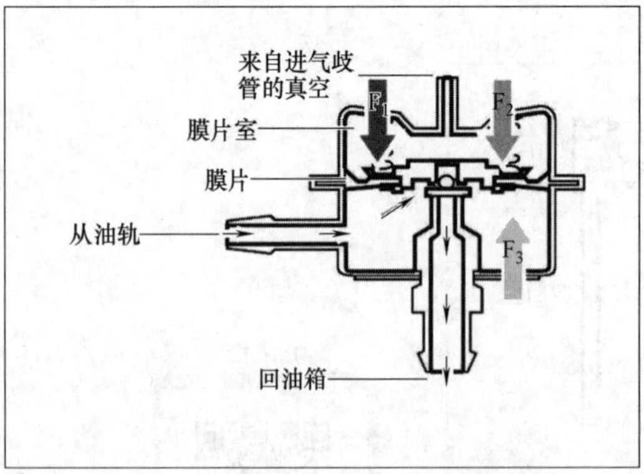

图 2-70　燃油压力调节器的工作原理

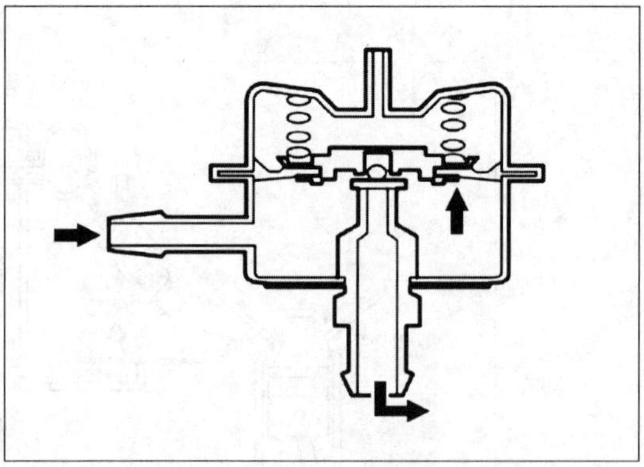

图 2-71　怠速工况

2) 大负荷。加速或全负荷时，进气歧管内真空度较低，膜片下移，阀门开度减小，流回油箱的燃油减少，系统燃油压力增高，如图 2-72 所示。

压力调节器可能的故障：如果燃油压力调节器从发动机进气歧管获取真空的软管脱落，系统燃油压力会过高；如果调节器回油阀门卡滞，系统燃油压力会过低或过高；在特殊情况下，如果膜片破裂，燃油可能直接被吸入进气歧管。

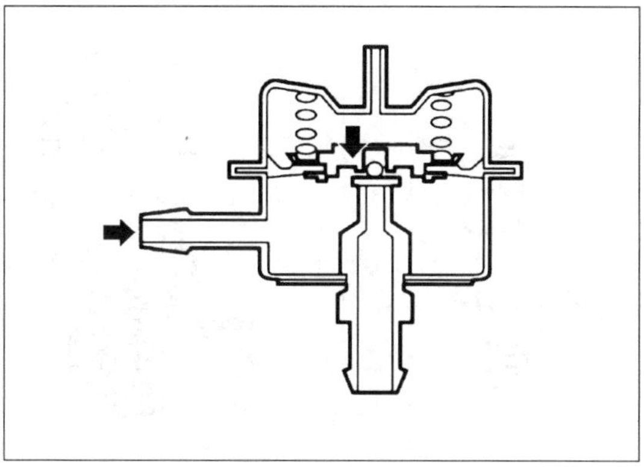

图 2-72　大负荷工况

无回油管燃油供给系统也有一个安装在油箱内部的燃油压力调节器，由于没有引入发动机真空，所以泵出的燃油经压力调节器后压力稳定在 380～410kPa。

无回油管系统由于油压恒定，ECM 通过 MAP 监测进气歧管压力来修正喷油时间以保证精确的喷油量。

6. 喷油器

喷油器（图 2-73）安装在进气歧管上，根据 ECM 指令在规定的时间内开启，将油轨内有一定压力的燃油喷射到进气歧管内进气门的入口处，并形成良好的雾化效果。

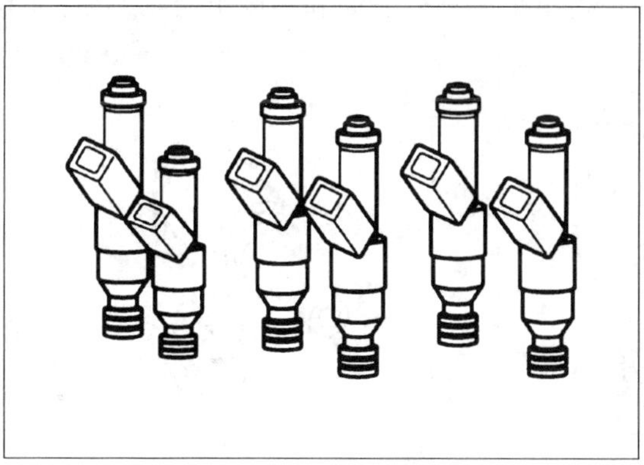

图 2-73　喷油器

扫一扫

喷油器

喷油器数量因系统或气缸的数量不同而异，既可以由一个喷油器向所有气缸注油，也可以每个缸各有一个喷油器。顺序多点喷射系统采用电磁式喷油器，每缸一个喷油器。

（1）喷油器的分类　喷油器因分类方式不同可分成多种类型，因系统不同也可分为多种类型，常见的有博世（BOSCH）系统喷油器和 MULTEC 系统喷油器。

1）按烟罩分，以喷射口处是否有罩筒可分为有烟罩型和无烟罩型。有烟罩型能减少喷口处积炭形成，常见于 BOSCH 系统中，如图 2-74 所示。

2）按进油方式分，以燃油进入位置可把喷油器分为上部给油型和底部给油型（图 2-75）。上部给油型喷油器由于燃油经过电磁线圈，对喷油器有一定的冷却作用，而且结构简单。

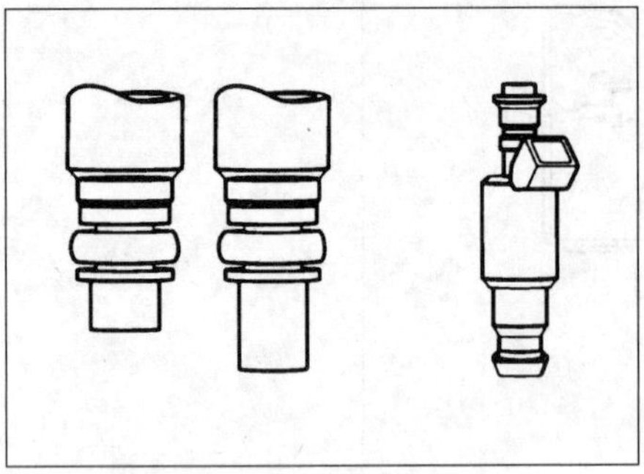

图 2-74　喷油器按烟罩分类

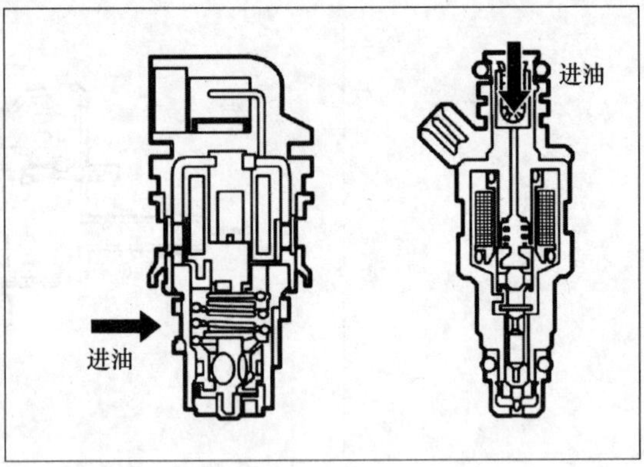

图 2-75　喷油器按进油方式分类

3）按喷阀分，以喷油器喷阀的不同可分成常见的针阀型和球阀型（图 2-76）。球阀被加工成镜面般的光洁，以取得良好的密封性，导流板提供喷雾式控制，燃油的沉积不会给其造成影响。针阀对燃油有良好的导流性，改善了燃油雾化，回位时轴针能自动对中在座上形成密封。

4）按喷孔分，喷柱的数量是与喷孔对应的，以喷孔的数量可把喷油器分为单孔型、两孔型、四孔型或六孔型，如图 2-77 所示。

喷柱数量越多燃油雾化也越好，在两气门的发动机内，多个喷孔能向两个进气门同时喷油，让油气混合得更加均匀。燃油喷射出来的喷柱方向和锥度也会影响燃油的雾化。

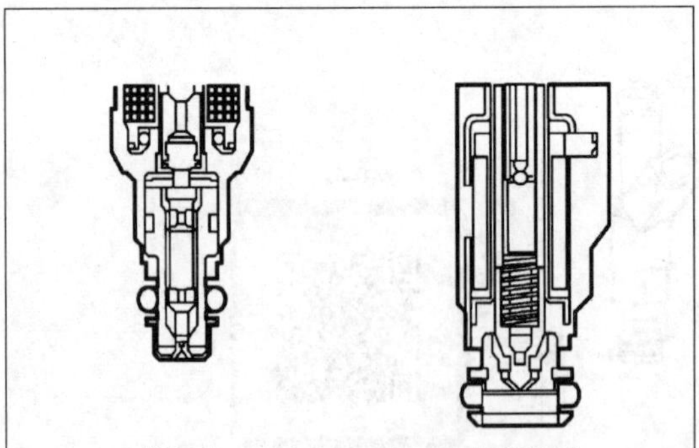

图 2-76　喷油器按喷阀分类

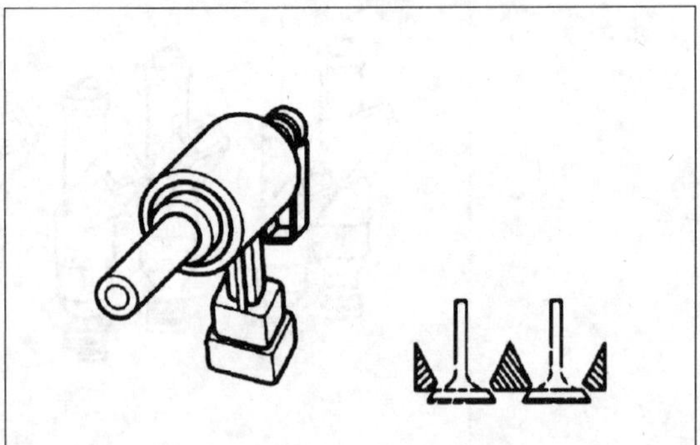

图 2-77　喷油器按喷孔分

5）按电阻分，喷油器以电阻值不同可分为高阻值型和低阻值型。喷油器线圈绕组的电阻和温度有关，温度越高，其电阻值越大。在室温环境下高阻值型喷油器电阻一般在 12 ~ 16Ω，低阻值型喷油器电阻一般在 1 ~ 3Ω。高电阻型喷油器与低电阻型喷油器的控制方式也不同。

6）按 ECM 控制的方式不同分，喷油器控制可分为三种类型。ECM 对喷油器的电磁线圈通电，形成磁场力。当磁场力上升到足以克服回位弹簧的弹力、喷阀的重力和摩擦力的合力时，喷阀开始升起，喷油过程开始，如图 2-79 所示。当喷油器断电时，回位弹簧的弹力使喷阀重新密封。

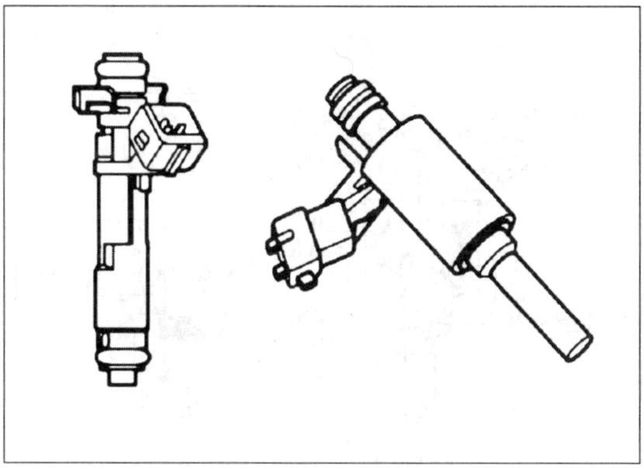

图 2-78　喷油器按电阻分

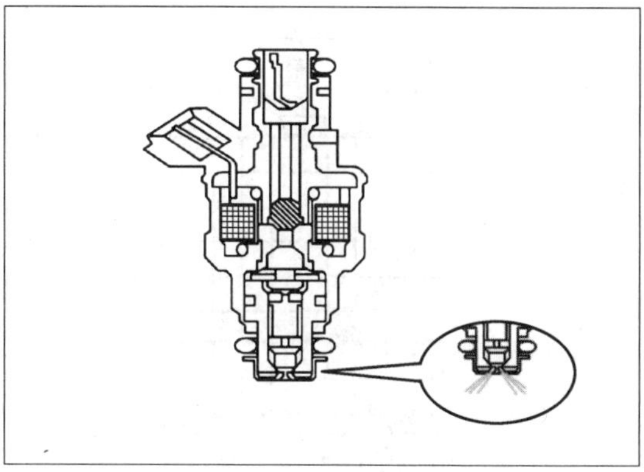

图 2-79　喷油器

① 饱和开关型。ECM 内配置饱和开关驱动器，喷油器线圈建立和取消磁场的时间将更长。饱和开关驱动电路通常适用于具有高电阻的喷油器，如 12～16Ω。此电路电阻能够限制最大电流，没有单独的限流功能。饱和开关喷油器电压波形如图 2-80 所示。

② 峰值保持型。峰值保持喷油器驱动电路适用于低阻值喷油器，通常为 1～3Ω。此种类型的喷油器内部有防止喷油器线圈过热的限流装置，喷油器工作时的驱动电流大，缩短了无效喷射时间，然后将电流保持在足以保证喷油器正常开启的水平上。峰值保持型控制常用于节气门体式单点喷射。峰值保持喷油器电压波形如图 2-81 所示。

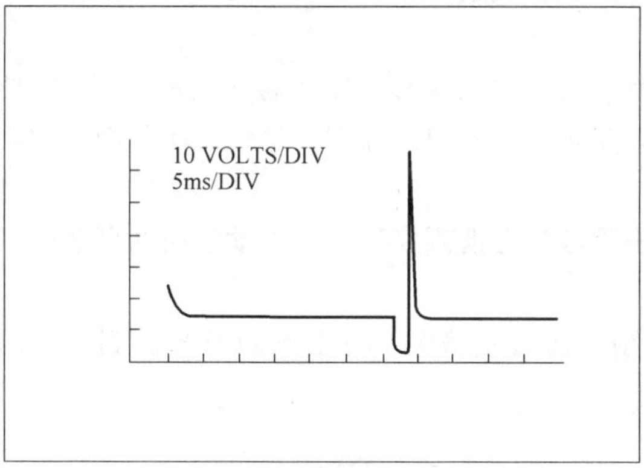

图 2-80　饱和开关喷油器电压波形

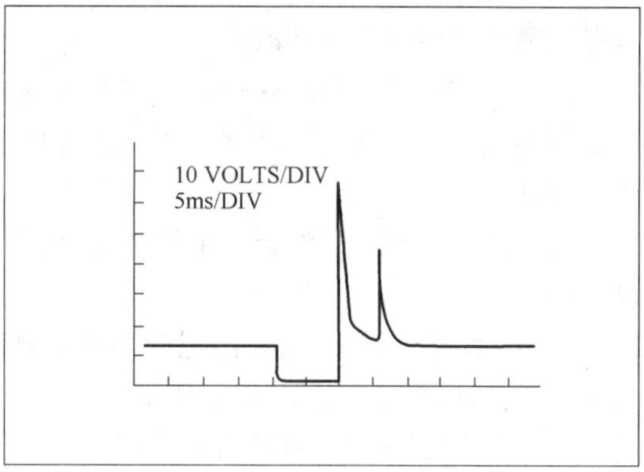

图 2-81　峰值保持喷油器电压波形

③ 高压驱动型。ECM 内部有 DC/DC 变压器将 12V 电压转换成 65V，在开启瞬间 ECM 通过 65V 电压来驱动喷油器，随后，喷油器将利用 12V 脉冲电压来维持开启的状态，如图 2-82所示。

（2）喷油器内部结构　喷油器由于类型不同，内部结构也有不少差异，如图 2-83 是典型的针阀和球阀喷油器的内部结构。

（3）喷油器标签　不同类型的喷油器喷射截面和升程不同，所以校准后的标准流量也不同。更换喷油器时，务必更换与原喷油器相同的部件。从喷油器的标签上可以了解更多喷油器的信息。

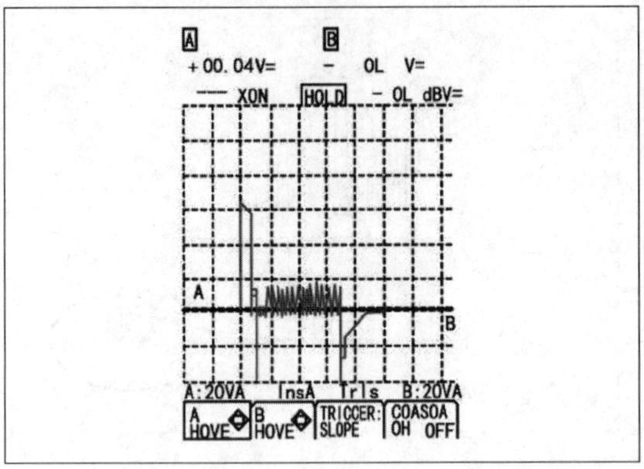

图 2-82　高压驱动型喷油器电压波形

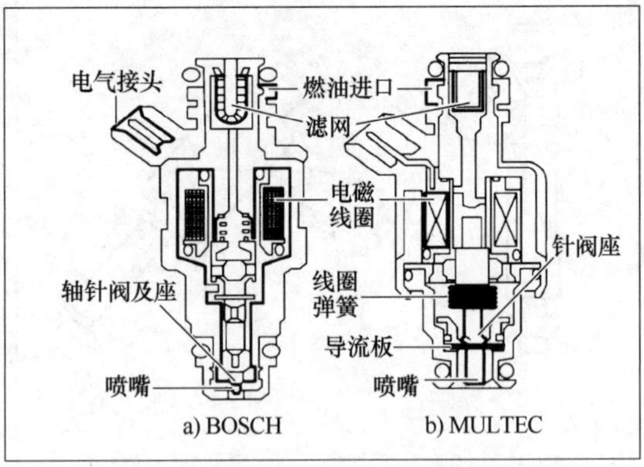

图 2-83　针阀和球阀喷油器的内部结构

（4）喷油量控制　ECM 根据不同的输入传感器信号调整喷油器的通电时间，因而也就调整了注入每缸的燃油量。喷油器的开启时间主要受下列因素影响：发动机温度、节气门位置、进气歧管绝对压力或空气质量流量、发动机负荷、进气温度、发动机转速、氧传感器、系统电压。

（5）喷油器故障现象及原因　喷油器如果发生故障，发动机可能会出现如下现象：熄火、难起动或不能起动、冒黑烟、混合气过浓或过稀、发动机抖动、油耗增加。

常见的喷油器故障原因有：内部滤网堵塞、喷孔积炭过多或堵塞、喷孔密封失效、喷阀卡滞、喷油器线圈及内部故障。

汽油中的胶质易聚积在喷孔周围和阀座表面，形成堵塞或影响喷柱的雾化效果，所以要定期添加燃油添加剂。喷油器属于电器部件，切勿将喷油器浸入任何种类的清洗剂中，这会造成损坏。

重要注意事项：喷油器只能整体维修；若发现喷油器泄漏燃油，则发动机机油可能受到燃油的污染。

（6）喷油器密封　喷油器把燃油从油轨喷射到进气歧管中，它上部的 O 形密封圈是防止压力燃油泄漏的，它下部的 O 形密封圈是防止空气被吸入进气歧管的（图 2-84）。另外这些密封圈还能起隔振、隔热、定位的作用。为保证密封，这两个密封圈每次拆装都需更换，安装时要用干净的机油润滑新的 O 形密封圈。

（7）喷油器安装　喷油器安装在油轨上，采用固定夹进行定位，如图 2-85 所示，正确的定位能保证喷油器定向喷射雾化良好的燃油，在维修拆装时固定喷油器的卡夹每次都要更换。

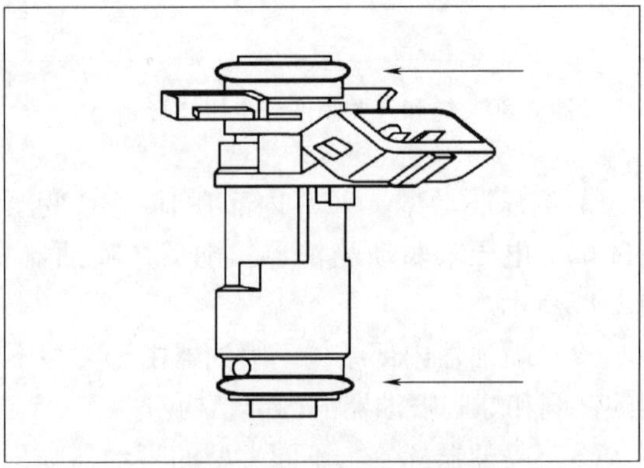

图 2-84　喷油器密封圈

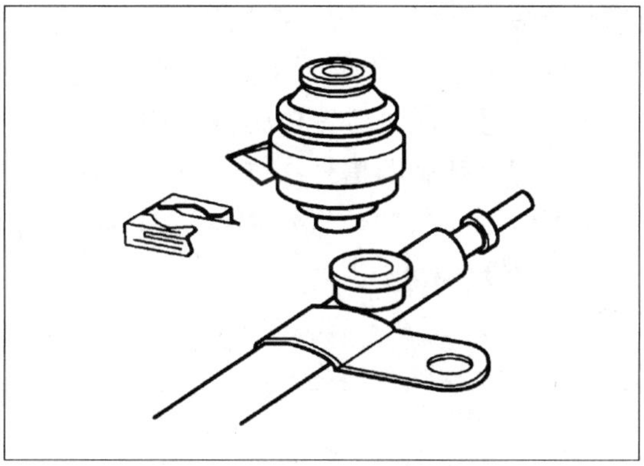

图 2-85　喷油器的安装

扫一扫

喷油器结构、折装与检查

（8）喷油器的常规诊断　在喷油器出现故障时可针对它的电气和机械部分进行诊断，常规的诊断方法有：

1）用手触摸喷油器，若感觉到有轻微的脉动可判断喷油器在工作。

2）用数字式万用表在一定的温度下测量喷油器的电阻以确定电气故障。

3）用示波器测量喷油波形，分析喷油脉宽和电压曲线，以确定控制是否正常。

2.2.3　喷油系统控制策略

扫一扫

喷油系统控制方式

（1）起动时喷油控制　当起动机驱动发动机起动时，发动机转速很低，且波动较大，导致空气流量传感器误差较大。因此，当 ECM 根据曲轴位置传感器、点火开关和节气门位置传感器信号判断发动机处于起动工况时，将运行起动程序。ECM 根据空气流量传感器的信号确定基本喷油量，根据进气温度传感器和蓄电池电压确定喷油修正量，对喷油量进行开环控制。控制原理如图 2-86 所示。

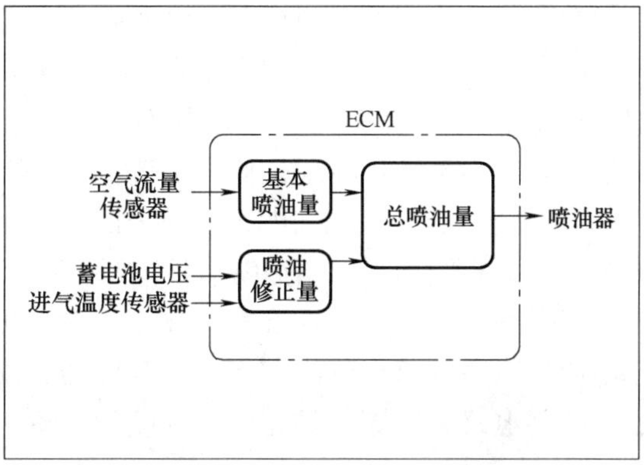

图 2-86　起动时喷油量控制原理图

（2）起动后喷油量控制　在起动后正常运转工况下，ECM 主要根据空气流量传感器（AFS）信号和曲轴位置传感器（CPS）信号得到的发动机转速计算出基本喷油量，并经过进气温度、大气压力、蓄电池电压、发动机冷却液温度、怠速工况、加速工况以及全负荷工况等参数修正后，得出喷油脉宽，向喷油器发送喷油指令控制喷油。

喷油器的实际喷油量由基本喷油量、喷油修正量和喷油增量三部分组成。

基本喷油量由空气流量传感器（AFS）信号、曲轴位置传感器（CPS）信号以及目标空燃比（A/F）计算确定。喷油修正量由进气温度传感器信号、进气歧管绝对压力传感器信号和蓄电池电压 UBAT 信号计算确定。喷油增量由节气门位置传感器（TPS）信号、冷却液温度传感器（CTS）信号和点火开关（IGN）信号计算确定。

起动后喷油量控制原理如图 2-87 所示。

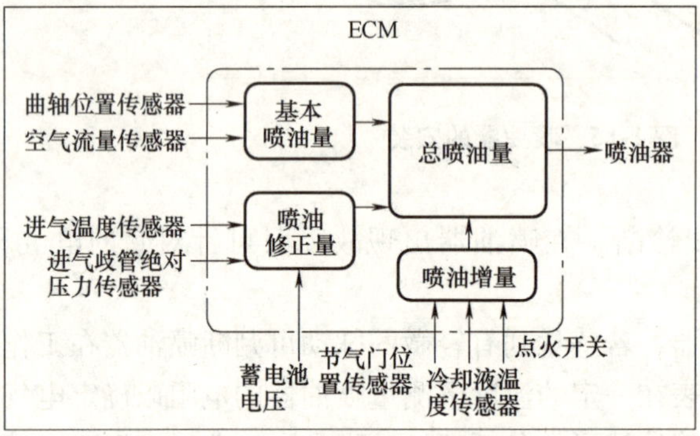

图 2-87　起动后喷油量控制原理图

（3）断油控制　发动机断油控制系统根据断油条件的不同，可分为超速断油控制、减速断油控制和清除溢流控制等。

超速断油是指当发动机超过允许的极限转速时，ECM 立即控制喷油器中断燃油喷射。

减速断油是指发动机在高速运转中突然减速时，ECM 自动控制喷油器中断燃油喷射。

清除溢流是指当加速踏板踩到底，同时又接通点火开关起动发动机时，ECM 自动控制喷油器中断燃油喷射，以便排除气缸内的燃油蒸气，使火花塞干燥以便能够跳火。

（4）空燃比反馈控制　为降低发动机有害气体的排放量，汽车上装备了三元催化转化器。但三元催化转化器只有在混合气浓度处于理想空燃比附近时才能使一氧化碳、碳氢化合物的氧化反应和氮氧化合物的还原反应同时进行，才能最大限度地降低有害气体的排放量。

为将混合气浓度控制在理想空燃比 14.7:1，在发动机的排气管中安装了氧传感器，计算机通过氧传感器的反馈信号对喷油量进行控制，从而控制混合气的浓度。

（5）喷油正时控制　喷油正时控制就是控制喷油器何时开始喷油。发动机燃油喷射系统按喷油器安装部位分为单点喷射系统和多点燃油喷射系统两类。

单点喷射系统只有一或两个喷油器，安装在节气门体上，发动机一旦工作就连续喷油。多点燃油喷射系统每个气缸配有一个喷油器，安装在燃油分配管上。喷油器的控制电路决定着喷油正时，即喷油时刻与喷油顺序。

扫一扫

喷油量控制

2.2.4　喷油系统相关部件检修

（1）电动燃油泵的检修　电动燃油泵的结构如图 2-88 所示，检修步骤如下。

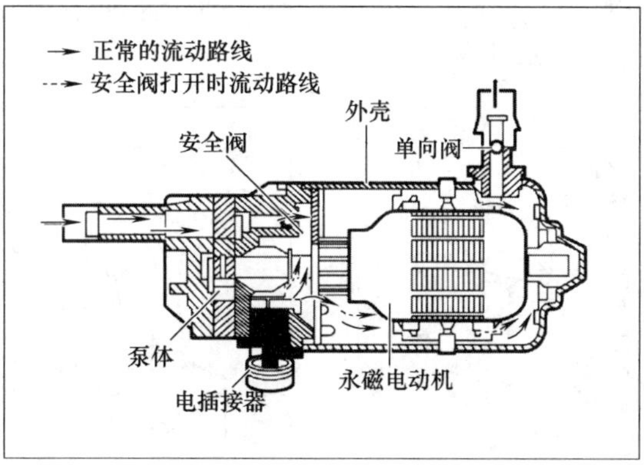

图 2-88　电动燃油泵的结构图

1）脱开电动燃油泵导线插接器，将电动燃油泵从车上拆下。

2）用欧姆表测量电动燃油泵两个接线端子之间的电阻（即泵内电动机线圈的电阻）。其电阻值在 20℃时应为 0.2～0.3Ω。如果不符合要求，应更换电动燃油泵。

3）将电动燃油泵与蓄电池连接（注意极性），并远离蓄电池。为防止烧坏燃油泵电动机线圈，每次接通时间不超过 10s。若泵内电动机不转动，则应更换有关组件。

（2）燃油压力调节器的检修　检查燃油压力，按以下标准基本确定燃油压力调节器的工作状况。

1）蓄电池电压应不低于 11V。

2）拆下蓄电池负极接头。

3）拆下输油管与总输油管的连接螺栓，安装燃油压力表，螺栓拧紧力矩为 42N·m。

4）用跨接线连接检查插接器的 +B 和 FP 端子。

5）安装蓄电池的负极接头。

6）点火开关置于 ON 位置。

7）读取燃油压力值。其标准油压应为 265～304kPa。如果油压过高，应更换燃油压力调节器；如果油压过低，可检查各部件、软管及接头有无渗漏现象及检查电动燃油泵、燃油滤清器、燃油压力调节器等有无问题。

8）点火开关置于 OFF 位置，拆下跨接线。起动发动机，读取燃油压力值。怠速时标准燃油压力应为 196～235kPa。拆下燃油压力调节器上的真空软管，塞住管口。此种情况下，怠速时标准燃油压力应为 265～304kPa。若压力不符合要求，则应检查真空软管和燃油压力调节器。

9）将发动机熄火，检查燃油压力表的剩余压力 5min 内应不低于 147kPa。否则，应检查电动燃油泵、燃油压力调节器和喷油器。

10）点火开关置于 OFF 位置，拆下蓄电池负极接头，再拆下燃油压力表，用两个新密封垫圈和接头螺栓把输油管安装在总输油管上。装好蓄电池负极接头。

（3）喷油器的检测

1）检查喷油器的工作情况。发动机怠速运行时，用手接触喷油器，应有振动感。喷油系统分解如图 2-89 所示。

2）检测喷油器线圈的电阻。断开点火开关，拔下喷油器的插头，用万用表电阻档测量喷油器线圈的电阻值，如图 2-90 所示。

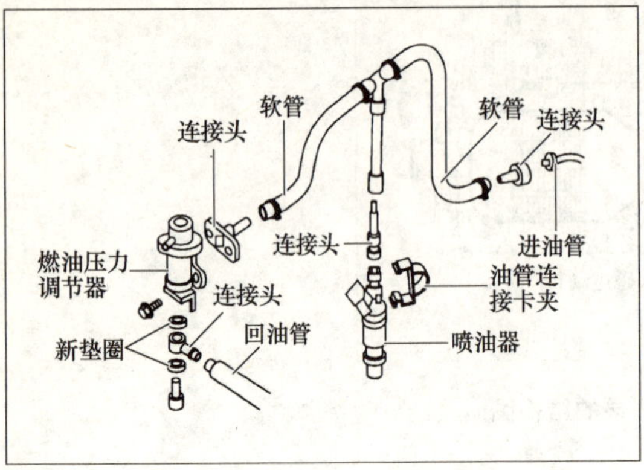

图 2-89　喷油系统分解图

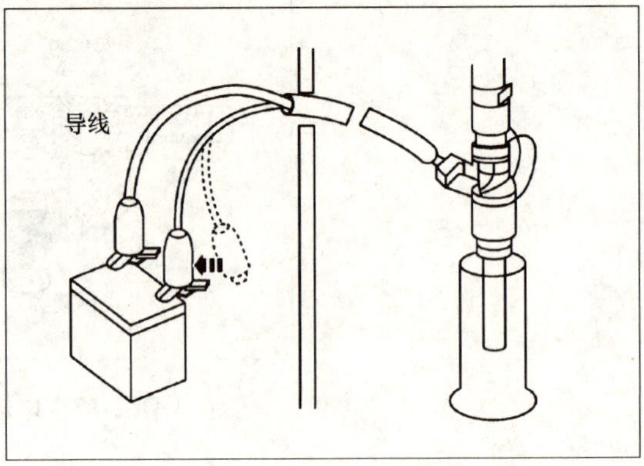

图 2-90　喷油器线圈电阻的检测

3）检测喷油质量。喷油器的喷油质量（图 2-91）可按以下三种方法进行检测。

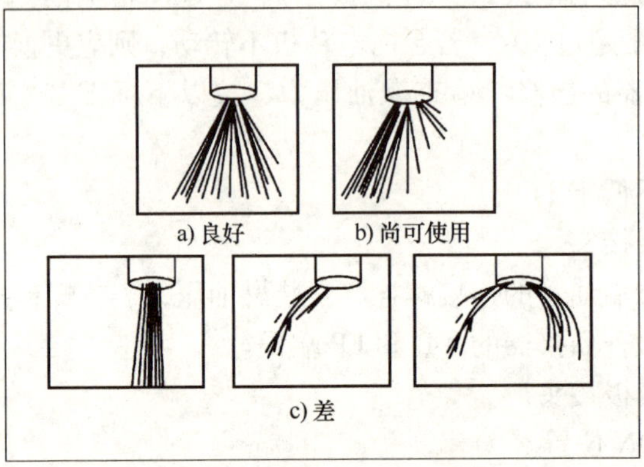

图 2-91　喷油器喷油质量

① 方法一：断开点火开关，拆下蓄电池搭铁线；将进油管与分油管拆开，装上专用的软管连接头和检查用的软管，连接头和油管旋紧；把喷油器、压力调节器和油管用连接头和连接卡夹连接好。

② 方法二：将各喷油器拆下全部放置在超声波喷油器清洗机上，直接观察喷油状况和喷油量。

③ 方法三：有的气动式或电动式燃油喷射清洗机有专门检测单个喷油器喷油情况的油管、接头或喷油脉冲发生器。将单个喷油器安装在清洗机的出油管上，喷油器插接器上接上喷油脉冲发生器的控制线插头，调节清洗机输出油压，观察喷油状况和是否有漏油。

4）检查喷油控制信号。脱开喷油器插接器，接通点火开关，检查插接器线束端电源线的电压，应为蓄电池电压。若无电压，应检查点火开关至喷油器电源线之间的线路是否正常。

将一个 330Ω 电阻串联一个发光二极管作试灯。断开点火开关；拔出喷油器插接器，在线束插接器上接上发光二极管试灯。发动机运行时观察发光二极管，信号正常时发光二极管闪烁。如不闪烁说明没有喷油脉冲控制信号，应检查喷油器至 ECM 的线路、传感器及 ECM 本身。

2.2.5　喷油系统的典型故障案例

（1）故障名称　喷油器 EV（型号）。

（2）故障现象　怠速不良、加速不良、不能起动（起动困难）等。

（3）故障原因　一般是由于缺少保养导致喷油器内部出现胶质堆积而失效的。

功能：喷油器根据 ECM 的指令，在规定的时间内喷射燃油，借此向发动机提供燃油并使其雾化。

原理：ECM 对喷油器的线圈通电，形成磁场力。当磁场力上升到足以克服回位弹簧的压力、针阀的重力和摩擦力的合力时，针阀开始升起，喷油过程开始。当喷油脉冲截止时，回位弹簧的压力使针阀重新关上。

安装位置：靠近进气门一端的进气歧管上。

（4）诊断排除　维修注意事项如下。

1）喷油器有很多种类，外形相同、能够装得上的喷油器未必是合适的喷油器，维修时采用的喷油器的零件号必须跟原来的喷油器一致，不允许换错。

2）为了便于安装，推荐在与燃油分配管相连接的上部 O 形圈表面涂上无硅的洁净机油。注意不要让机油污染喷油器内部及喷孔。

3）拆卸和重新安装喷油器时，必须更换 O 形圈，此时不得损伤喷油器的密封面。

4）若喷油器有两条卡槽，在安装卡夹时应注意不要卡错，可参照原件的安装位置。

5）严禁随意拆卸滤网清洗或更换滤网。

6）拆卸后应保证喷油器座的清洁，避免异物进入气缸。

简易测量方法：（卸下接头）把数字万用表拨到电阻档两表笔分别接喷油器两端子，20℃时额定电阻为 11～17Ω。

建议：每 20000km 利用专用的清洗分析仪对喷油器进行彻底的清洗。

2.3　点火系统的诊断与维修

2.3.1　点火系统概述

发动机 ECM 根据传感器的信号确定点火正时。点火正时一旦确定，发动机 ECM 按照顺序将信号传给点火器，从而将高压电流分配给各气缸。这样，提供高精度的点火正时控制就成为可能。

内燃机有两种引燃方式：压燃式（柴油机）和点燃式（汽油机）。对汽油发动机而言，高温高压的混合气在气缸内采用火花点燃。汽油发动机的点火系统利用蓄电池电压建立起高压点火能量，并通过火花塞在相应的曲轴转角时点燃混合气。在点火系统的发展过程中出现了多种点火类型，但根据有无分电器可分为有分电器式点火系统和无分电器式点火系统。图 2-92是点火系统的位置。

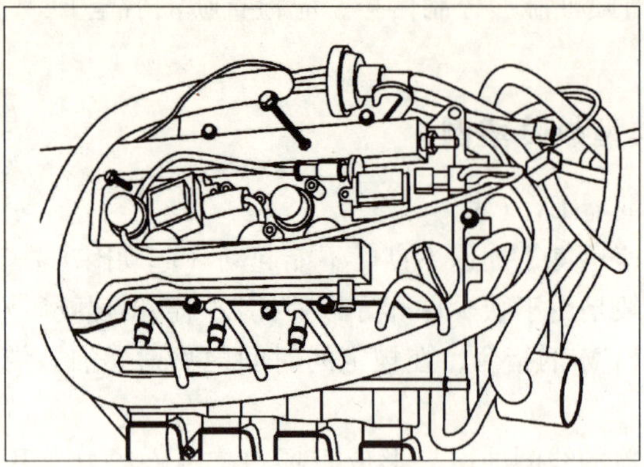

图 2-92　点火系统的位置

传统点火系统的分电器与曲轴间采用机械传动，利用转动的分电器可以实现：闭合初级线圈，建立起磁场；驱动凸轮断开初级线圈回路，在次级线圈产生高压；把点火能量分配给对应气缸的火花塞；调整点火提前角。

发动机大多数都采用无分电器的点火系统，并完全集成到发动机管理系统中，它具有如图 2-93 所示的优点。无分电器点火系统有 CSI 式分组点火控制系统、COP 式独立点火控制系统和 CNP 式独立点火控制系统。

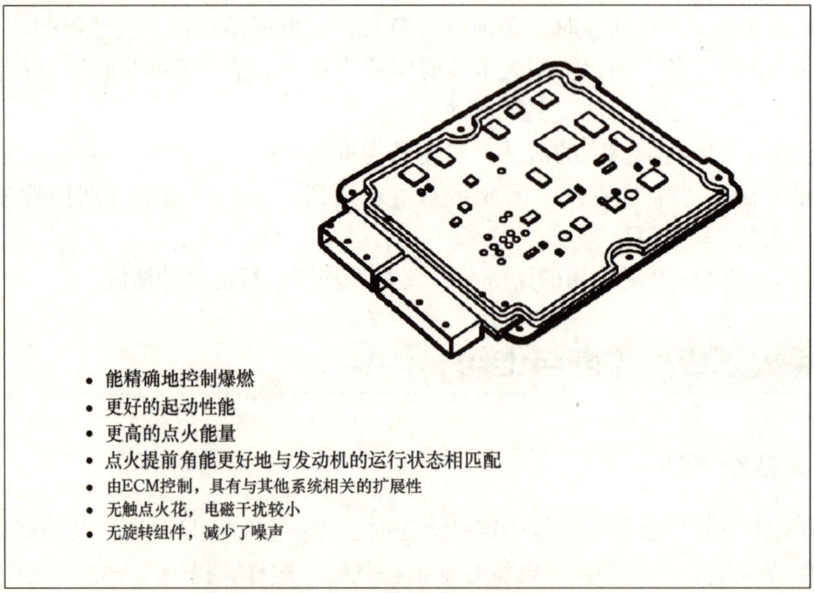

图 2-93　无分电器点火系统的优点

1. 点火系统的组成

点火系统主要由三部分组成：点火触发子系统、初级点火子系统和次级点火子系统。

（1）点火触发子系统　点火触发子系统中的控制模块利用传感器监测发动机的曲轴转角、转速、负荷和燃烧状态等信息，计算出点火提前角并触发点火，如图 2-94 所示。

（2）初级点火子系统　初级点火子系统利用蓄电池的低压电能，在点火线圈中建立起高强度的磁场，并在触发子系统的作用下通过电磁感应，把这些磁能转化成次级点火子系统中的电能，如图 2-95 所示。

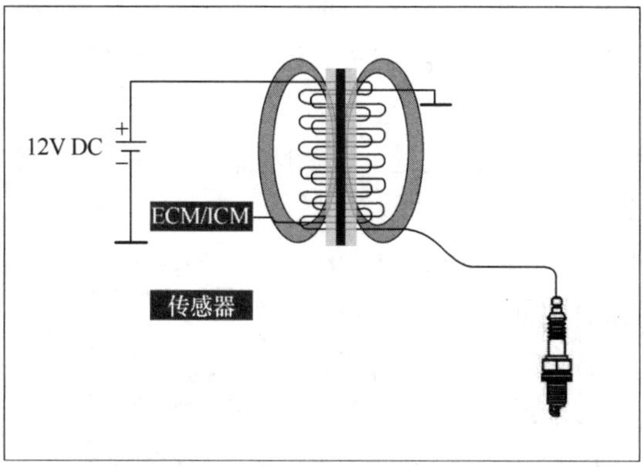

图 2-94　点火触发子系统

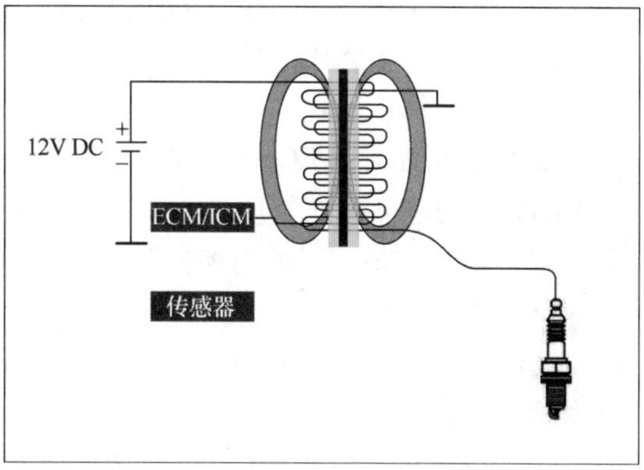

图 2-95　初级点火子系统

（3）次级点火子系统　次级点火子系统从点火线圈中获取高压电能后，通过缸线、火花塞把点火电压引入气缸，击穿电极间隙，产生的火花引燃混合气，如图 2-96 所示。

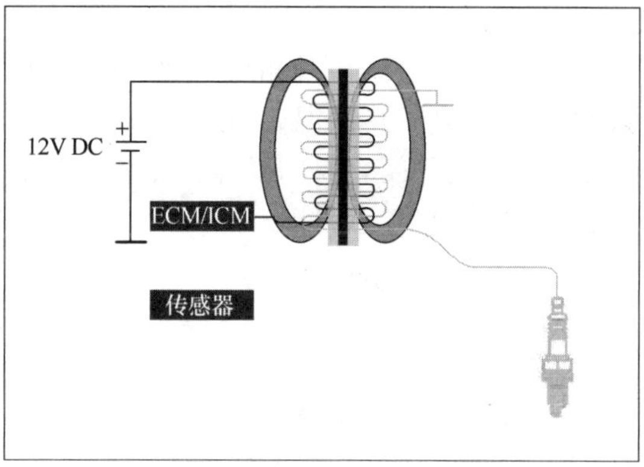

图 2-96　次级点火子系统

2. 点火系统控制策略（点火提前角）

（1）点火正时控制　点火正时控制一般情况下包括起动点火控制和起动后点火控制。

起动点火控制：是在预定的曲轴转角进行点火而不考虑发动机的运行情况（初始点火正时角）。

起动后点火控制：是由初始点火正时角、基本点火提前角和各种修正进行控制的。基本点火提前角根据发动机负荷和转速而计算出。

基本点火提前角是储存在发动机 ECM 的内存中，根据发动机的转速，适时地对比修正，确定最终的点火正时提前角。

修正点火提前角，有下列因素。

1）温度。温度过高点火时间推迟。

2）爆燃。爆燃过大时点火时间推迟。

3）发动机转速。转速越高，提前角越大。

4）节气门开度。节气门开度越大，提前角越大。

5）其他修正。

① 空燃比例反馈修正：发动机的转速是随着燃料喷油量的变化而相应变化的。为了保持怠速稳定，在空燃比例反馈中，要使点火时间提前角与进入的空气量相匹配。在车辆行驶中不执行这种修正方式。

② 废气再循环（EGR）校正：当废气再循环并且接触开关处于关闭状态时，要提前点火时间以便与进入的空气质量和发动机转速相一致，最终改善其行车性。

（2）最大和最小提前角控制　实际点火正时等于初始点火正时角、基本点火提前角和修正点火提前角之和，如果实际点火正时有误，将影响发动机的性能。发动机 ECM 控制实际点火角（点火正时），可防止此故障发生，基本点火提前角和修正点火提前角之和大于或小于核定值。

扫一扫

点火正时控制

（3）点火正时检查　点火正时调整或检查设定的点火正时角称为标准点火正时。

固定点火提前角的数值储存在发动机 ECM 中，它在点火正时的调整时输出，它与正常驾驶中所常有的修正无关。

可用点火正时枪检查点火提前角，根据角度的大小进行修正（各发动机修正的部位和方法有所不同）。

点火触发子系统控制在曲轴上止点前一定的角度触发点火（即点火提前角），以保证在上止点后 15°～20°达到最大缸内压力，并让混合气有足够的燃烧时间，如图 2-97 所示。ECM 根据发动机的运转状态控制精确的闭合时间及点火正时，从而保证发动机良好的排放性能、燃油经济性能、动力性能、怠速稳定性能。

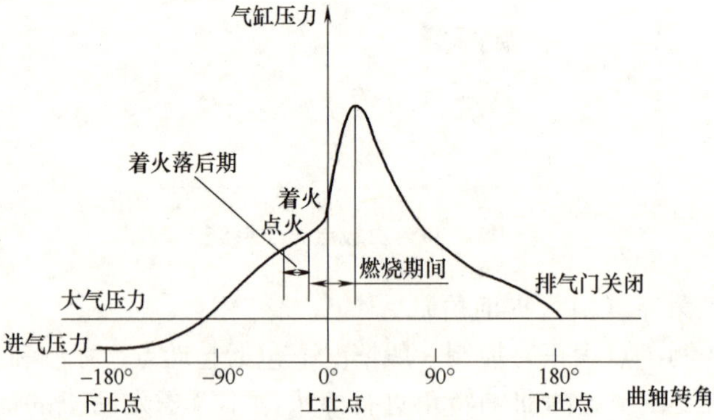

图 2-97　点火及缸压变化

点火提前角由三部分共同组成：初始点火提前角、基本点火提前角、修正点火提前角。

1）初始点火提前角。初始点火提前角在发动机制造完成后就已确定，它与发动机的压缩比、燃烧室形状、使用的汽油标号等因素有关。在发动机起动时因没有稳定的输入信号，一般采用初始点火提前角点火。

2）基本点火提前角。因为做功冲程的时间和气缸内混合气燃烧量限定了燃烧时间的长短，所以基本点火提前角由发动机的转速和负荷决定。ECM 根据曲轴位置传感器 CKP、CMP、TPS、MAF 等传感器计算基本点火提前角，如图 2-98 所示。

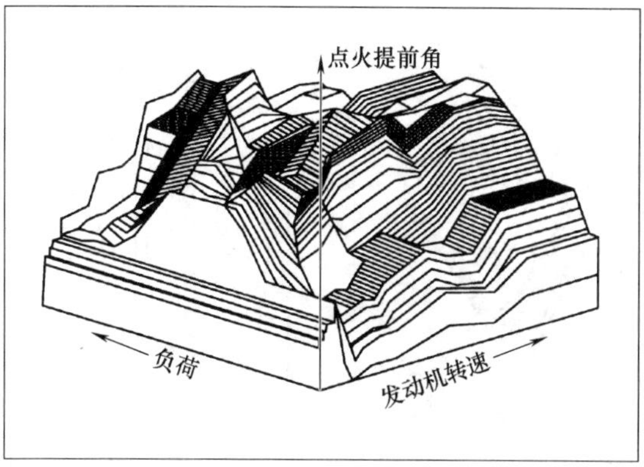

图 2-98　ECM 中存储的点火提前角

3）修正点火提前角。发动机在运行时，爆燃传感器 KS、冷却液温渡传感器 ECT、进气温度传感器 IAT 等实时向 ECM 反馈发动机运行状态，ECM 根据这些信号修正点火提前角，以调整发动机始终处于最佳的运行状态。

扫一扫　　扫一扫

点火控制系统　　计算机控制点火过程

2.3.2　点火系统相关部件检修

1. 点火触发子系统

点火触发子系统的主要组成部件有：曲轴位置传感器（CKP）、爆燃传感器（KS）、发动机控制模块（ECM）、点火控制模块（ICM）（若配置），如图 2-99 所示。

（1）曲轴位置传感器　曲轴位置传感器英文简称 CKP，它用以监测曲轴的转速和转角，其信号输入 ECM 以确保发动机最佳的点火和喷油时间；ECM 还可以利用此信号分析发动机运行中的缺火故障。在点火系统中，ECM 根据 CKP 信号计算曲轴的转角位置，确定基本的点火触发信号，如图 2-100 所示。

1）结构类型。曲轴位置传感器根据其工作原理可分三种类型，如图 2-101 所示。在发动机管理系统中一般只有一个 CKP，有些发动机上有两个 CKP，其中一个传感器信号直接输入点火模块。一般汽车通常使用霍尔式曲轴位置传感器，这里主要以霍尔式为例进行介绍。

2）工作原理。霍尔式曲轴位置传感器（图 2-102）内部集成有一个霍尔效应元件，当霍尔元件在垂直电流方向的磁场作用下，在电流和磁场垂直的方向上形成电荷聚积的电势差，传感器内部的集成电路对微小的电势差进行处理后输出数字信号。

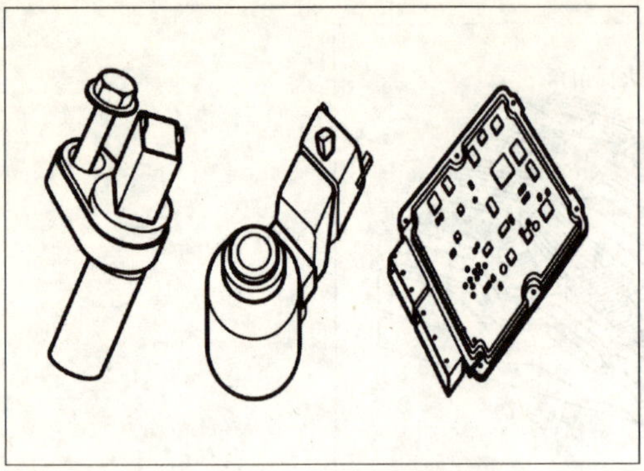

图 2-99　点火触发子系统

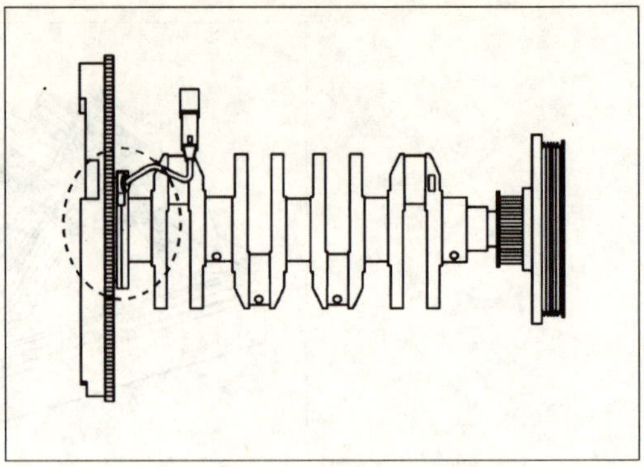

图 2-100　曲轴位置传感器

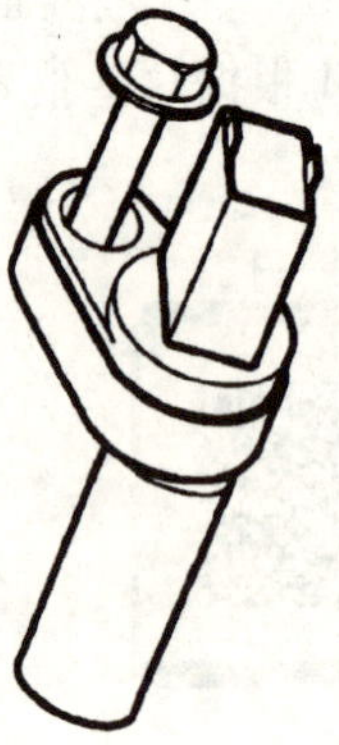

CKP类型	工作原理	输出信号特点	工作电源
磁电式	电磁感应	正弦交流	不需要
霍尔式	霍尔效应	方波直流	需要
各向异性磁阻式	各向异性磁阻（AMR）效应	方波直流	需要

图 2-101　曲轴位置传感器的分类

传感器正对着和曲轴一起转动的信号盘，当曲轴转动时信号盘上的齿改变霍尔元件上的磁场强度，所以传感器输出的数字信号就反映了曲轴的运转状态。

3）信号盘齿形。信号盘一般为铁制圆盘带数量不等的齿状凸起（或缺口），且均匀分布在信号盘基圆上，这些齿和缺口会改变传感器内霍尔元件上的磁场强度，信号盘上还设有缺齿以标记曲轴转角位置，如图 2-103 所示。

4）线路连接。霍尔式曲轴位置传感器一般有三根线束，每个线束端子的作用如下（图 2-104）：

1#：接电源，ECM 提供 5V 电源（有些车辆由主继电器提供 12V 电源）；

2#：接地：ECM 内部搭铁；

3#：输出数字信号到 ECM。

打开点火开关不着车诊断时，1#端子有工作电压，3#端子也有一个探测电压，监测信号电路状态。如图 2-104 所示。

5）常见故障。CKP 是发动机管理系统非常重要的一个传感器，当它出现信号异常时可能会出现发动机熄火、不能着车等严重故障。如图 2-105 所示。

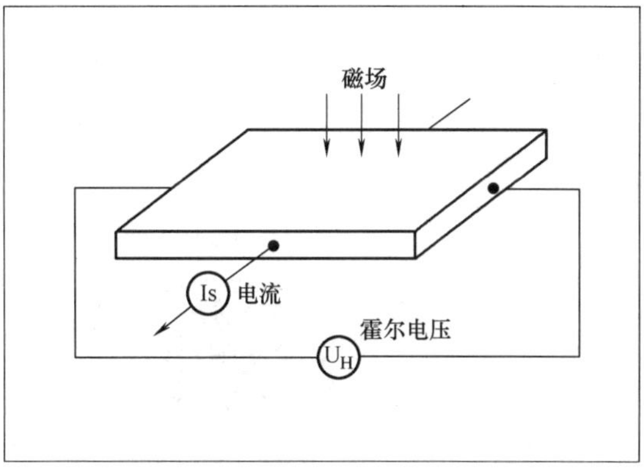

图 2-102　曲轴位置传感器的工作原理

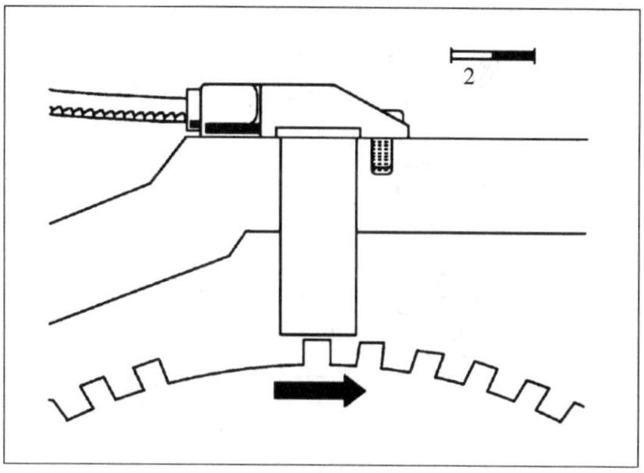

图 2-103　曲轴位置传感器信号盘齿形

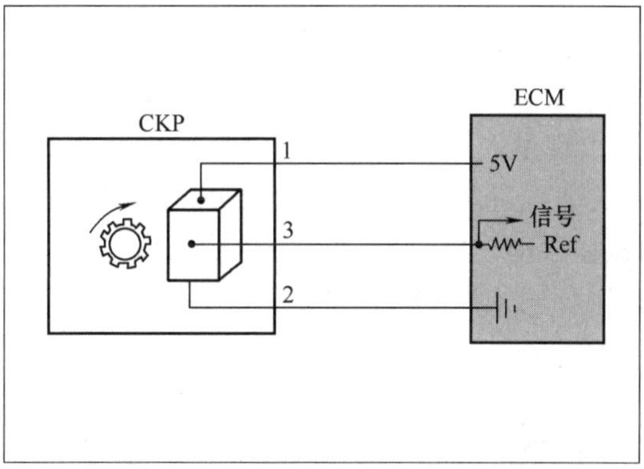

图 2-104　曲轴位置传感器的线路连接

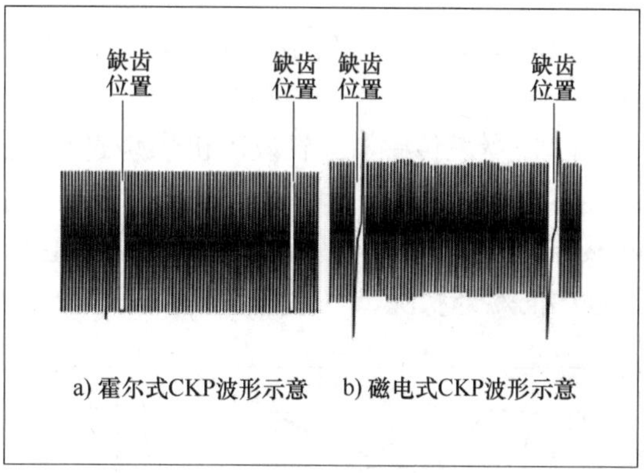

图 2-105　信号波形

与曲轴位置传感器相关的常见故障有：传感器电路故障，传感器内部故障，信号齿缺失，信号受到干扰、信号不良，信号盘偏斜、安装间隙不当，磁极信号盘受到损坏。

6）波形诊断。当信号齿靠近传感器时，霍尔元件上磁场增强，输出高电压信号；当信号齿离去时，霍尔元件上磁场强度减弱，传感器输出低电压信号。使用示波器测量波形并与标准波形对比，可以辅助分析出传感器及信号齿的故障状态。霍尔式和磁电式曲轴位置传感器信号波形如图 2-105 所示。磁电式 CKP 类似一个发电机、输出交流信号，电压随转速变化，在缺齿位置会出现电压尖峰。

曲轴位置偏差读入功能可用来计算由曲轴和曲轴位置传感器的微小偏差引起的基准偏差。偏差计算值可使 ECM 精确补偿基准偏差，从而使 ECM 能在更宽的发动机转速和负荷范围内监测缺火事件。完成读入程序后，ECM 储存曲轴位置偏差值，如果实际的曲轴位置偏差不在 ECM 储存的曲轴位置偏差补偿值范围内，则无法读出来。如图 2-106 所示。

当出现如下维修后，需要执行曲轴位置偏差学习：

① 更换发动机或更换 ECM；

② 更换曲轴平衡器或更换曲轴；

③ 更换曲轴位置传感器；

④ 任何影响曲轴与曲轴位置传感器相对关系的发动机修理。

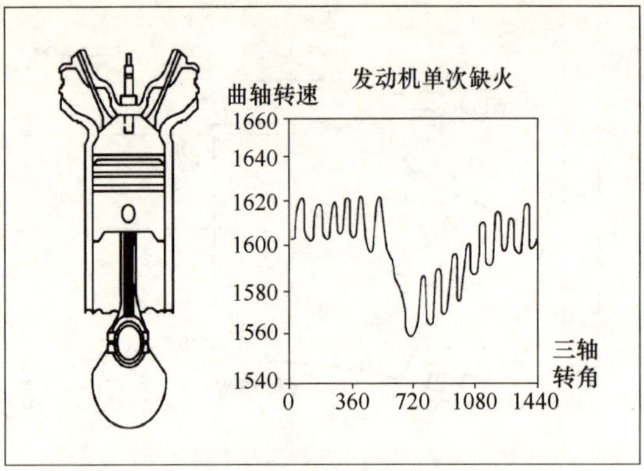

图 2-106　曲轴位置传感器工作特性

扫一扫

曲轴位置传感器

如果发动机冷却液温度不够高，应使发动机怠速运行，直到发动机冷却液达到正常温度。

（2）爆燃传感器　在发动机燃烧过程中经常出现爆燃现象，过强的爆燃发生时会对缸盖、活塞等机械部件产生严重冲击，而且会造成发动机过热、动力下降、油耗增加等现象。爆燃传感器 KS 安装于发动机缸体上监测缸体的机械振动，ECM 能通过它的输入信号分析出气缸内的燃烧状况，以此调整点火正时。如图 2-107 和图 2-108 所示。

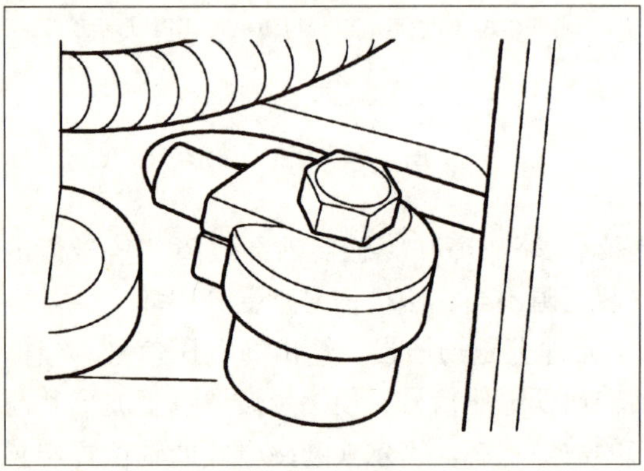

图 2-107　爆燃传感器的安装位置

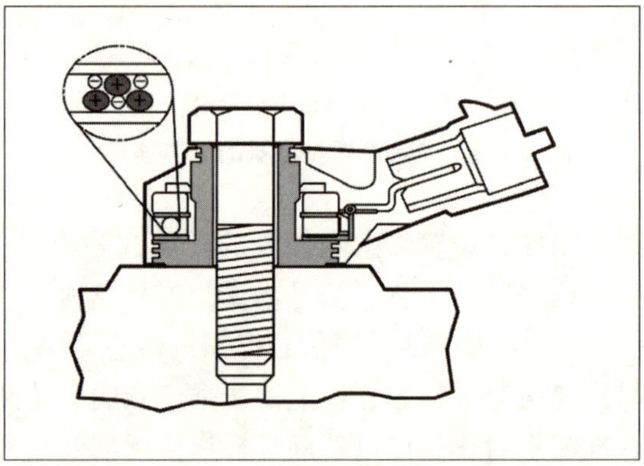

图 2-108　爆燃传感器剖面图

1）工作原理。爆燃传感器内部通常是压电晶体，在机械振动时会产生交流电压信号，信号的振幅和频率反映了缸体振动的状态，即间接监测气缸内是否发生了爆燃现象。新款 V 形发动机常配有两个爆燃传感器，直列四缸发动机常配一个爆燃传感器。

2）线路连接。爆燃传感器是一个无源传感器，传感器一般有三个端子，分别是信号端子、信号参考接地、屏蔽端子，如图 2-109 所示。屏蔽线可以有效防止信号干扰。

3）波形分析。爆燃传感器输出的是交流电压信号，电压信号的振幅和频率输入 ECM 后进行过滤和计算，再与模块内部数据进行对比，以确认是否发生了爆燃，并和曲轴位置信号关联起来以精确定位是哪一缸产生了爆燃，如图 2-110 所示。如果发生爆燃，则将对应缸的点火正时推迟一个固定的角度；如果不再发生爆燃，便以很小的幅度慢慢地增加点火提前角，直到恢复到标准的数值，从而实现点火提前角的闭环控制。

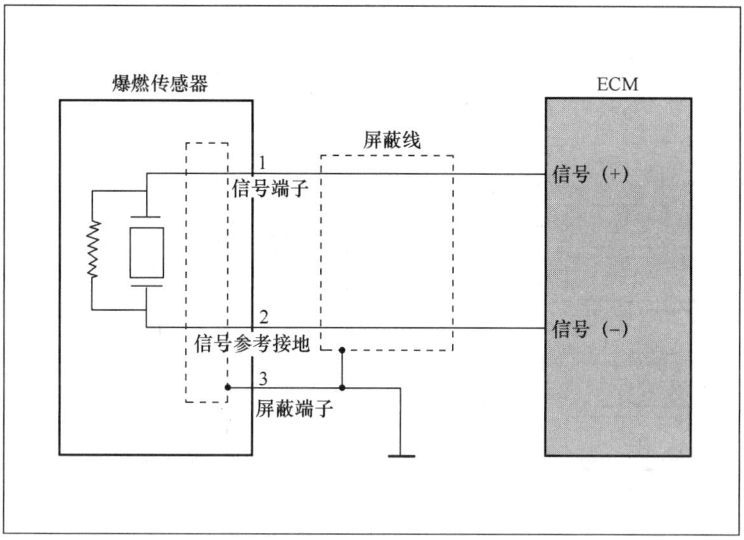

图 2-109　爆燃传感器的线路连接

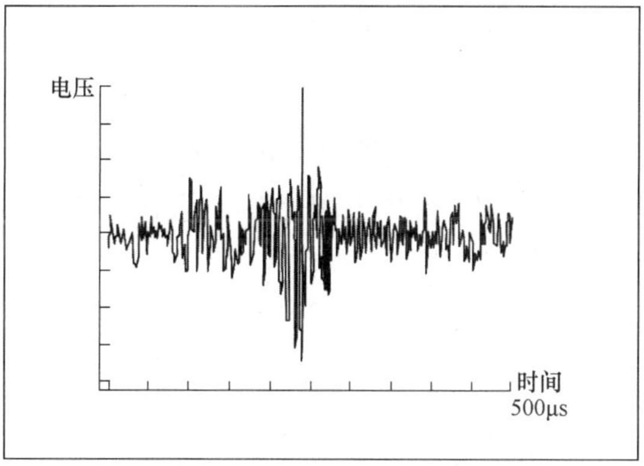

图 2-110　爆燃传感器的波形分析

4）注意事项。由于爆燃传感器内部有压电晶体，所以在安装此传感器时一定要紧固到标准扭矩，且不能使用螺纹密封胶和垫片等，过大或过小的紧固扭矩都有可能造成传感器输出信号异常。虽然爆燃传感器采用了严格的屏蔽措施，但在布置线路时仍要注意让它的线束远离其他信号线和网络线，以防意外的干扰。

扫一扫

爆燃的声音

扫一扫

爆燃传感器

（3）点火控制模块　ECM在点火系统中是核心控制模块，它通过输入的CKP、CMP、发动机负荷、修正及反馈传感器等信号，根据存储器内的脉谱图计算合适的点火提前角和初级线圈的闭合时间，并把触发信号输出到点火控制模块ICM或直接控制初级线圈回路。如图2-111所示。

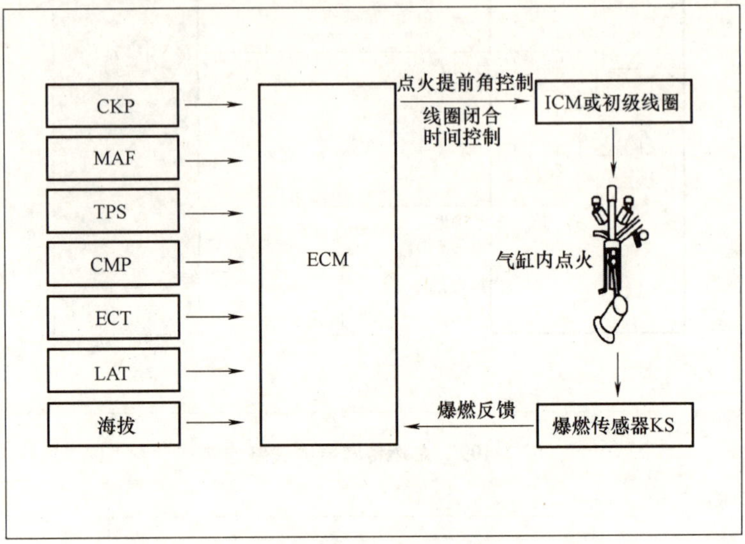

图2-111　控制原理图

在有些点火系统中还设计有点火控制模块（ICM），如图2-112和图2-113所示。正常运行时ECM把点火触发信号输入ICM，由ICM控制点火初级线圈回路的通断。有些独立点火控制系统的每个点火线圈内部都集成有点火控制模块。

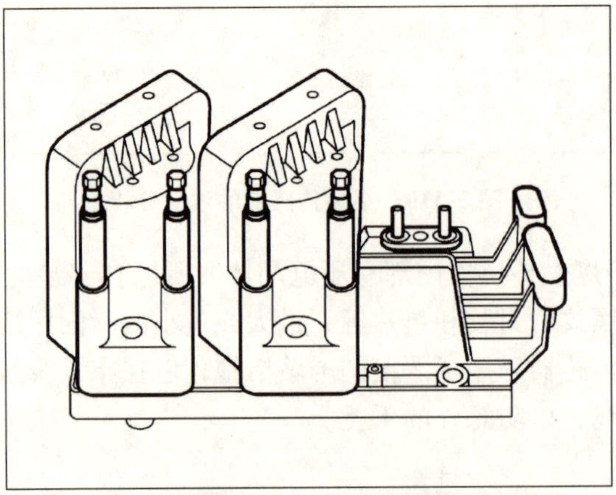

图2-112　点火控制模块

配置有ICM的点火系统，由于ECM间接控制初级点火线圈，而且ICM常与点火线圈集成为一体，所以只能测得由ECM输出到ICM的点火控制信号，不能直接反映初级点火线圈的电压变化。ECM输出的点火控制信号如图2-114所示，它是一个与曲轴位置相关的脉冲信号。

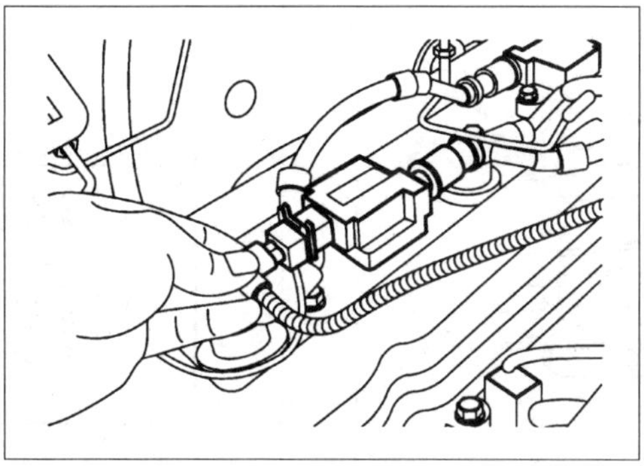

图 2-113　某车型点火控制模块

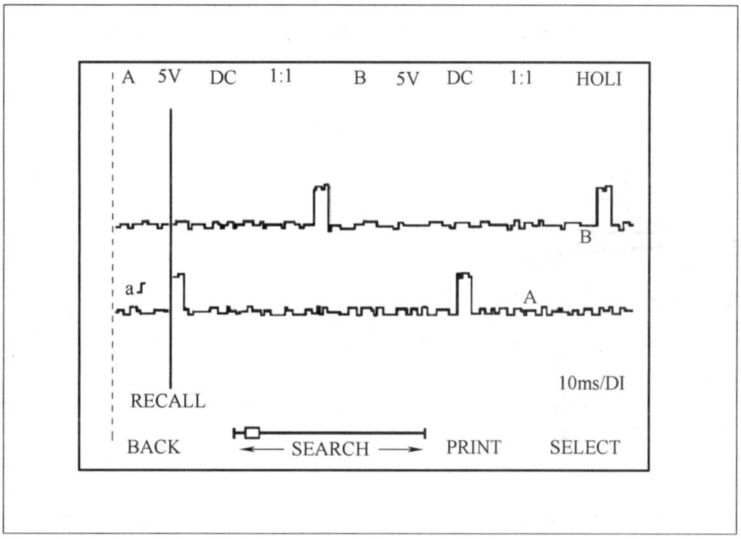

图 2-114　点火控制信号波形

2. 初级点火子系统

初级点火子系统将电能通过电磁感应原理转化成磁能并储存在点火线圈内，触发后再把磁能迅速转化成高压电能。初级点火子系统主要包括以下部件：初级线圈绕组、相关的接线和连接器，如图 2-115 ~ 图 2-117 所示。

（1）初级线圈　初级线圈绕组布置在点火线圈总成中，点火线圈总成类似于一个升压变压器，初级绕组的导线较粗、匝数少，为了增强磁场，点火线圈总成内部还设计有闭磁路结构的硅钢片。在初级线圈闭合和断开的过程中，由于电磁感应和线圈互感现象实现了升压过程。如图 2-118 所示。

初级线圈绕组在线路闭合时，电流在线圈内转化成磁场，流经初级线圈绕组的电流越大则产生的磁场也就越强。在发动机运转过程中，ECM 控制初级线圈的闭合时间和最大电流，以保证积蓄足够的点火能量。闭合时间和以下因素有关：蓄电池电压、发动机转速、初级线圈电流。如图 1-119 所示。

（2）初级点火波形　在由 ECM 直接控制初级线圈的发动机上，ECM 点火触发控制线上

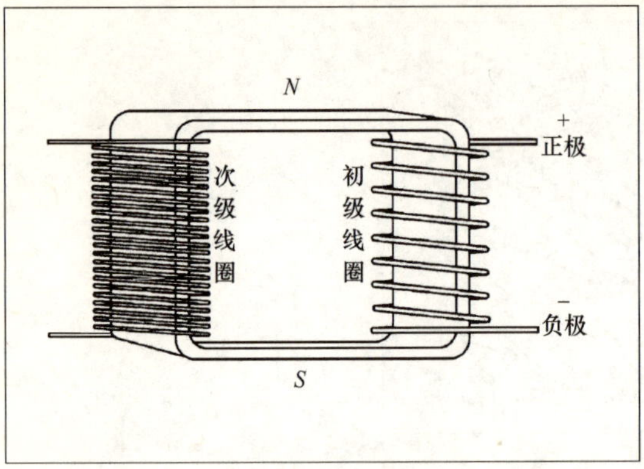

图 2-115　初级点火子系统原理示意图

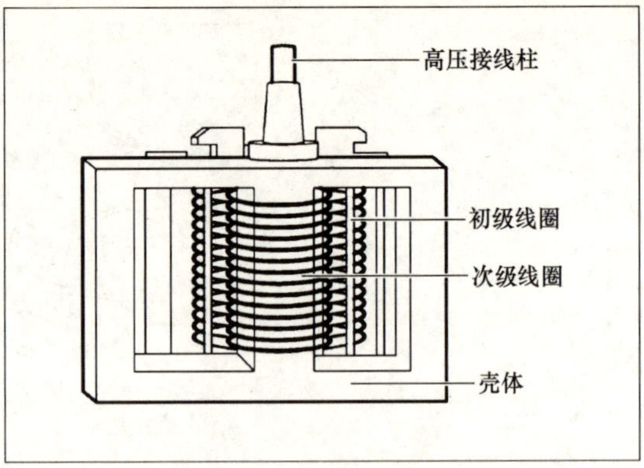

图 2-116　初级点火子系统的组成

测得的点火波形如图 2-118 所示，由于点火系统结构和工作冲程的差异，此点火波形仅供参考。

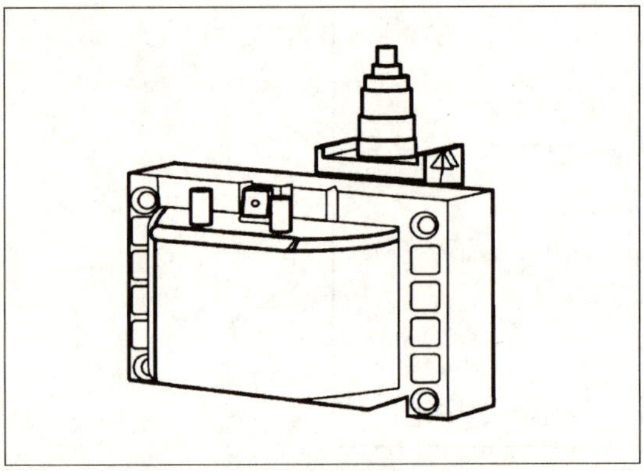

图 2-117　初级点火子系统的外观

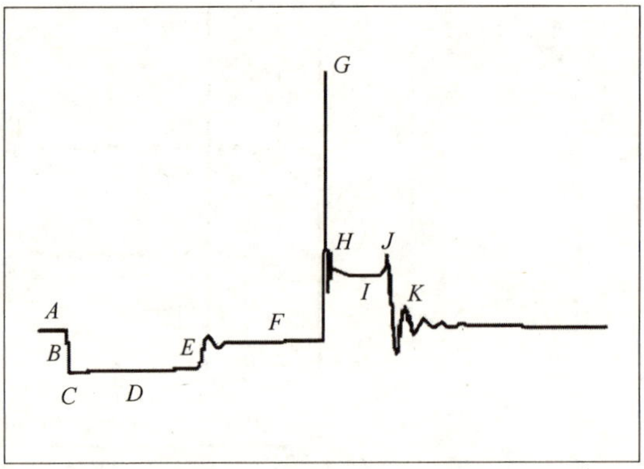

图 2-118　初级点火波形

扫一扫

点火线圈

A 点之前，电路还没有闭合，为电源电压。

A 到 *C*，电路瞬间闭合，电压便突然下降，初级线圈就对地构成了回路，接近于零电位。

C 到 *E*，快速充电饱和，电压有一个抬升过程，这与初级线圈的电感有关。

E 到 *F*，初级线圈的电流受到限制，磁场强度处在最大状态，电压仍然低于开路电压，这与初级线路中的电阻有关，如果阻值低于标准值，电流限制的时间就会滞后（有些点火波形由于限流控制的不同，在此处有差异）。

G 点，电路瞬间断开，磁场突变，在初级线圈内感生出峰值电压。

H 到 *J*，次级点火线电压在初级线圈内产生感生电压。

J 到 *K*，点火结束后，点火线圈里剩余的能量通过振荡转换而耗尽。

K 点之后，电路断开，又回到电源电压。

初级线圈绕组由于匝数少，实际绕线电阻也小，一般为 1Ω 左右，但是在实物测量时由于点火类型和点火线圈型号的差异，有些初级线圈回路中设计有二极管或电容，因此测不出绕线电阻。图 2-119 为点火系统电路图。

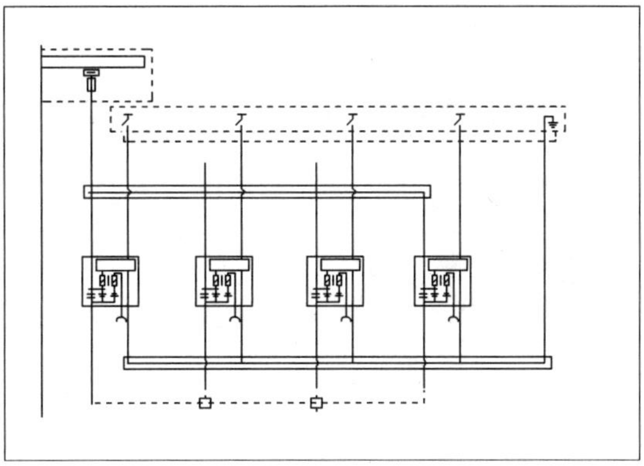

图 2-119　初级点火子系统电路图

3. 次级点火子系统

次级点火子系统（图 2-120）是点火系统的输出侧，承受很高的电压，有些类型的点火系统最高电压达 2 万 ~3 万 V，因此次级点火子系统的部件结构也很特殊，次级点火子系统由如下部件组成：次级线圈绕组、缸线和火花塞。

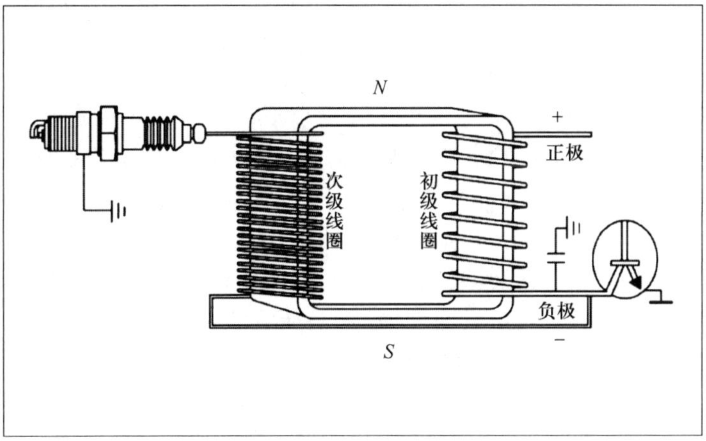

图 2-120　次级点火子系统

（1）次级线圈绕组　次级线圈与初级线圈集成一体形成一个电磁耦合，如图 2-121 所示，但两者之间相互绝缘。点火线圈总成类似于一个升压变压器，次级线圈从初级线圈形成的磁场突变中获得点火能量。次级线圈绕组的导线较细、匝数多，所以电阻值较高。次级线圈和初级线圈绕组的匝数比也是变压比。

（2）缸线　缸线（图 2-122）又称分缸线（相对于传统点火系统的总缸线而言），无分电器型点火系统都配有缸线，缸线是用于连接次级线圈和火花塞的导线，因为它要承受非常高的电压，所以它与一般的导线结构差别很大。

1）缸线结构。常见缸线的横切面一般包括以下几部分（图 2-123）：

绝缘橡胶层——外观可见的橡胶套，起绝缘、隔热、屏蔽等保护作用；

帘布编织层——束紧内部；

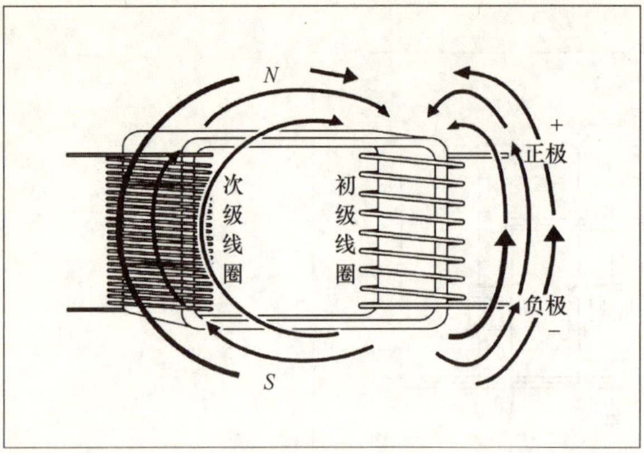

图 2-121　次级线圈与初级线圈形成电磁耦合

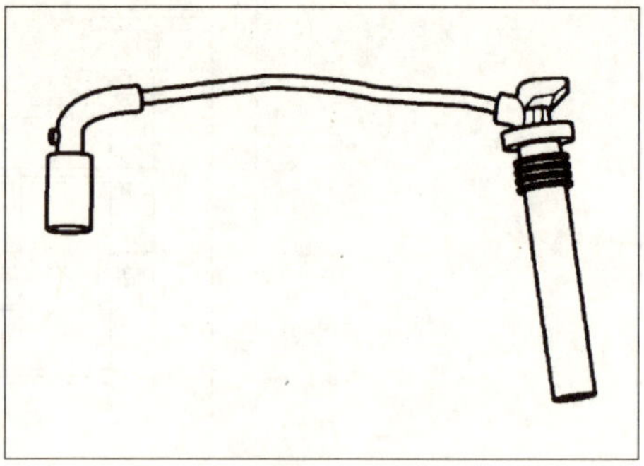

图 2-122　缸线

绝缘保护层——保护内部导体，起绝缘作用；

金属绕线——绕在导体上，起保护和导电的作用；

导体——高压导电体，柔软不易折断。

有些缸线的接头处设计有压紧弹簧。

2）缸线电阻。每缸一根缸线，但是由于各缸离点火线圈的距离不一样，所以缸线的长度也不一样。缸线内部有导体，电阻值一般在几千欧，电阻值与缸线长度有关。过大的缸线电阻会造成点火能量损失，影响缸内点火和燃烧。

3）常见故障。缸线若屏蔽不好点火电压突变形成的干扰，可能造成其他电器系统或部件，如仪表、收音机、传感器工作异常。缸线若绝缘不良，点火系统容易形成击穿捷径，通过缸线跳火而不经过火花塞，就会造成缸内不点火。维修保养过程中也不可过度弯折或拉拽缸线，因为这可能造成缸线内部导体断路或电阻增加等。

（3）次级点火波形　由于点火类型和控制方式的不同，次级点火波形的差异很大。有些点火类型，如有分电器型点火系统，因为没有高压缸线，所以测不到次级点火波形。若配有高压缸线，缸线上的点火电压很高，不能直接测量，因而采用电流夹夹在缸线上间接感应测量次级点火波形。

如图 2-124 是次级点火波形，由于点火系统结构或工作冲程的差异，此波形仅供参考。

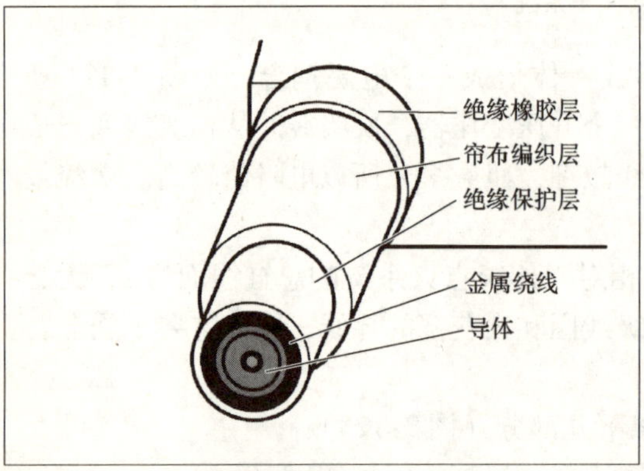

图 2-123　缸线的结构

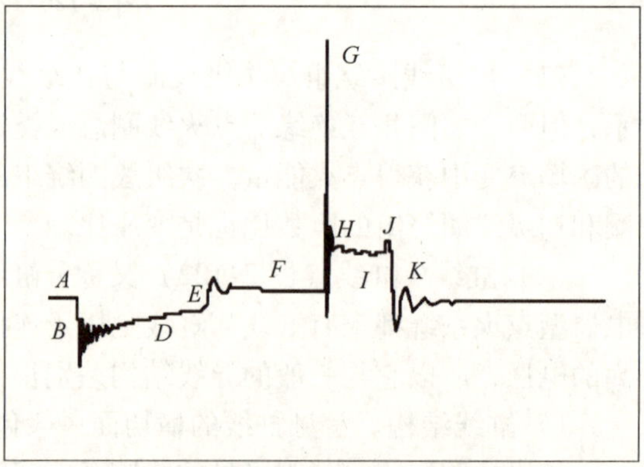

图 2-124　次级点火波形

A 点之前，电路还没有闭合，无感应电压。

A 到 *B*，初级电路瞬间闭合，突然感应到较高的反向电动势。

B 到 *E*，初级线圈快速充电饱和，次级线圈产生振荡后稳定。

E 到 *F*，初级线圈的电流受到限制，磁场强度处在最大状态，但没有变化，感应电压接近零电位（有些点火波形由于限流控制的不同，在此处有差异）。

G 点，初级电路瞬间断开，磁场突变，在次级线圈内感应电压击穿混合气，击穿电压与次级回路的电阻（如火花塞的间隙）、混合气的浓稀有关。

H 到 *J*，点火线电压的高低与混合气浓稀及次级回路中的电阻有关，在燃烧结束时电压会有所提升。点火线长度与混合气燃烧时间有关。

J 到 *K*，点火结束后，点火线圈里剩余的能量通过振荡转换而耗尽，振荡次数多说明剩余能量多。

K 点之后，电路断开，又回到零电位。

（4）火花塞　次级点火线圈感应生成的高压，经过缸线引到火花塞上，在缸内击穿混合气形成火花。通常每缸一个火花塞，在某些车型上也设有两个火花塞。火花塞工作在高温、高压、急剧变化的环境中，所以对火花塞的结构和材质的要求很高，要求自身绝缘、耐高温、耐腐蚀和抗机械振动。火花塞如图 2-125 所示。

1）内部结构。火花塞内部结构如图 2-126 所示，侧电极通过螺纹与缸体紧密连接，中心电极通过顶部的高压连接端子与缸线相连。通常中心电极与侧电极间有 0.5 ~ 1mm 的间隙，这个间隙是次级回路中最大的电阻。

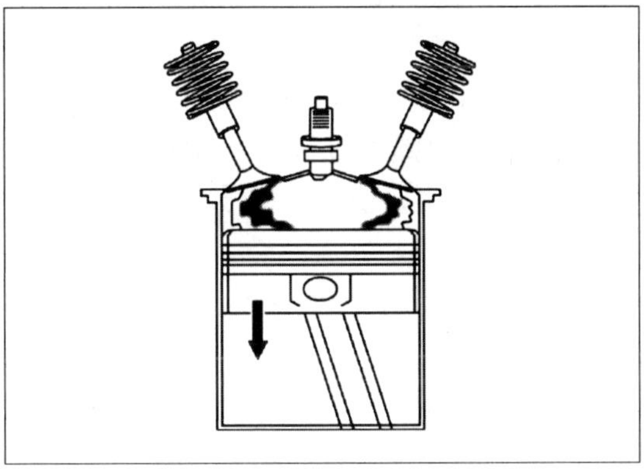

图 2-125　火花塞

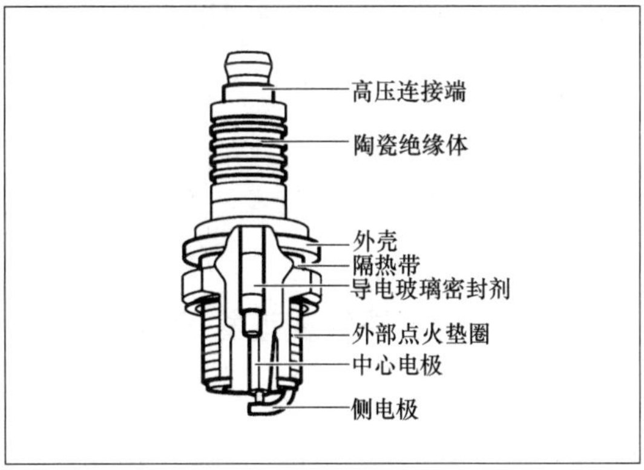

图 2-126　火花塞内部结构

2）类型。火花塞按结构可分成多种类型：按侧电极数量可分为单极式和多极式；按电极材质可分为铂金型和镍合金型；按火花塞的热特性可分为冷型和热型。

冷型火花塞：裙部短、受热面积小，散热快，因此裙部温度低些，适用于高速高压缩比的大功率发动机，防止火花塞温度过高引起早燃或表面点火。

热型火花塞：裙部细长、受热面积大，散热慢，因此裙部温度高些，适用于中低速低压缩比的小功率发动机，落在绝缘体上的油滴能立即烧去，不会形成积炭。

3）电极。中心电极和侧电极的材质、构造、表面积等是火花强弱、自身损耗的重要原因。有些类型的火花塞设有多个侧电极，侧电极从顶部或侧面与中心电极正对，如图 2-127

所示。普通电极的材质是镍合金，但现在很多车型上使用铂金电极，铂金火花塞在许多性能上具有优势：中心电极更细，更易产生高能火花；击穿电压更低，燃烧更稳定；电极的耐污损性和耐热性更好；耐氧化性及耐烧蚀性更好，寿命更长。

4）工作原理。次级线圈由于电磁感应产生的极高电压驱动电子流动，当电子移动到火花塞的电极处后出现了断路。电子在高电压的驱动下，电离电极间的混合气体，从中心电极射向侧电极（有时候方向相反），电离开始瞬间的电压就是击穿电压。电离现象一旦出现，自由电子和正离子就会在火花塞的电极间构成一个通道，等离子体能降低电子流过火花塞电极间所需的电压。火花产生后点燃混合气体，火焰迅速向缸内传递形成全面的燃烧，如图 2-128 所示。

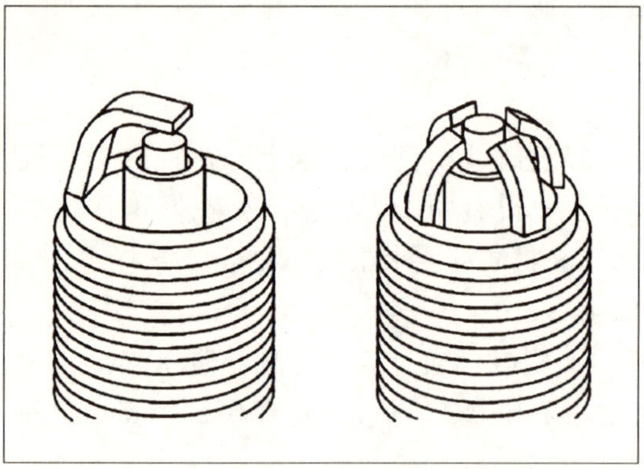

图 2-127　火花塞电极

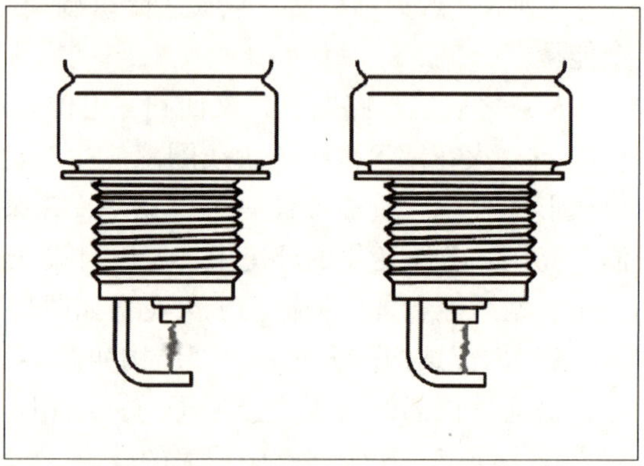

图 2-128　火花塞点火

5）常见故障。当火花塞有故障或安装不正确时，可能造成不点火、油耗过大、排放超标、动力不足等现象，常见的故障原因有：火花塞陶瓷破裂，绝缘体被击穿；积炭过多，击穿电压过低；电极损耗过多，击穿电压过高；电极间隙调整不当；使用了型号不正确的火花塞；螺纹长度与缸盖不匹配；螺纹密封不良。

2.3.3　点火系统的典型故障案例

（1）故障现象　起动时，发动机可以拖动但不能成功起动。

（2）一般故障部位　油箱（无油）、燃油泵、转速传感器、点火线圈、发动机机械部分。

（3）一般诊断流程　见表 2-4。

表 2-4　诊断流程

序号	操作步骤	检测结果	后续步骤
1	连接燃油压力表（接入点为燃油分配泵总成进油管前端），起动发动机，检查燃油压力在怠速工况下是否在 260kPa 左右；拔掉燃油压力调节器上的真空管，其燃油压力是否在 300kPa 左右	是	下一步
		否	检查供油系统

（续）

序　号	操作步骤	检测结果	后续步骤
2	连接电喷系统诊断仪，观察“发动机转速”数据项，起动发动机，观察是否有转速信号输出	是	下一步
		否	检修转速传感器线路
3	拔出其中一缸的分缸线，接上火花塞，令火花塞电极距发动机机体 5mm 左右，起动发动机，检查是否有蓝白色高压火花	是	下一步
		否	检查点火系统
4	检查发动机各个气缸压缩压力情况，观察发动机各气缸是否存在压缩压力不足的情况	是	排除发动机机械故障
		否	下一步
5	连接电控系统转换器，打开点火开关，检查 12#、13#、44#、45#、63#端子电源供给是否正常；检查 3#、51#、53#、61#、80#端子接地是否正常	是	诊断帮助
		否	检修相应的线路

【维修提示】

为确保安全，电子点火系统使用与检修时，应注意以下事项。

1）拆卸或安装电器元件之前，应先关闭点火开关或拆下蓄电池的负极搭铁线。

2）在利用起动机带动发动机旋转，而又不想使发动机起动的情况下，如进行气缸压力检查等，应拔下分电器盖上的中央高压线，并将其搭铁。

3）检修电路时应使用数字式万用表，严禁采用试灯或划火的方法检修电路。否则，会导致电器元件的损坏。

4）检修计算机控制的点火系统时，在拆下蓄电池的负极搭铁线之前应先读取故障码。

5）使用辅助装置起动时，电压不得超过 16.5V。使用快速充电设备对蓄电池充电时，必须拆下蓄电池上的正负极接线柱电缆。

6）在汽车上进行电焊作业时，应先拆去蓄电池的搭铁线和电控单元的插接器。

7）清洗发动机时，必须关闭点火开关。

扫一扫

点火控制
模块检测

2.4　排放控制系统的诊断与维修

排放控制系统如图 2-129 所示。

2.4.1　排放控制系统概述

汽车的污染物主要有碳氢化合物、碳氧化合物和氮氧化合物三种，在柴油机排气中还存在微粒排放。碳氢化合物排放物大部分来自燃烧室中未燃的汽油，也来源于如油箱等蒸发

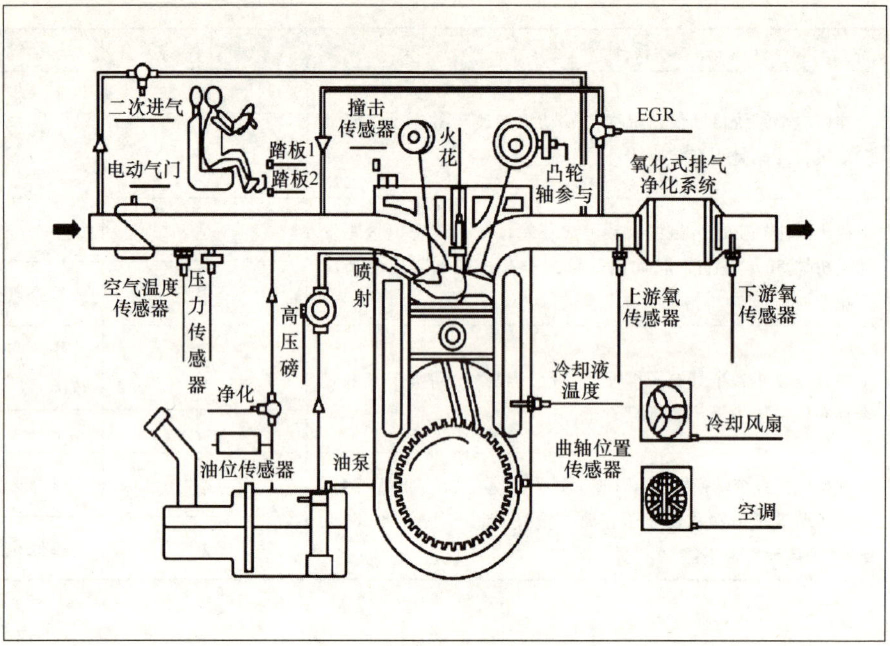

图 2-129　排放控制系统

源。碳氧化合物是排放时燃烧的副产物，是由于空燃比不合适引起的。氮氧化合物是氮和氧在气缸内温度超过 1261℃以上时生成的。

现代汽车的排放控制系统有蒸发排放控制系统、燃烧前控制系统和燃烧后控制系统三种基本类型。

蒸发排放控制系统是一个封闭系统，它可以收集油箱和化油器中逸散出来将要进入大气的燃油蒸气（含碳氢化合物）。

现在所用的大多数污染物排放控制系统都是对发动机在燃烧前和燃烧期间的污染物进行控制的。常用的燃烧前控制系统有曲轴箱强制通风（PCV）系统、发动机改良净化系统和废气再循环（EGR）系统。

燃烧后控制系统对燃油燃烧后的废气进行净化处理。二次空气或空气喷射系统将新鲜空气喷入排气中，利用空气中的氧与废气中的碳氢化合物和一氧化碳发生化学（高温）反应，生成无害的水蒸气和二氧化碳，催化转化器可以辅助这个反应进行，大多数催化转化器可以减少氮氧化合物、一氧化碳和碳氢化合物的排放。

2.4.2　曲轴箱强制通风系统

1. PCV 的组成部件

曲轴箱强制通风系统（PCV）常见的组成部件如下。

1）PCV 阀。PCV 阀（图 2-130）是一个机械式控制阀，由阀体和弹簧组成，其位置一般安装于气门室盖上。PCV 阀由进气歧管与曲轴箱之间的压差控制，用以控制自曲轴箱进入进气歧管的废气，其开启状态与进气歧管的真空度有关。不同的车型，PCV 阀的结构及安装位置也有差异。

2）真空软管。真空软管（图 2-131）连接 PCV 阀与进气歧管，用于将来自曲轴箱内的废气引导至进气歧管，从而与发动机的进气混合并进入气缸燃烧。有些涡轮增压发动机，由于其进气歧管内的压力变化范围较大，在某些工况下，不足以吸入曲轴箱内的废气，为此发动机可能设计有两根真空软管，一根连接到进气歧管，另一根则连接至空气滤清器下游的进气通道。有的发动机直接取消了外置的真空软管，其管路直接集成于进气歧管内部。

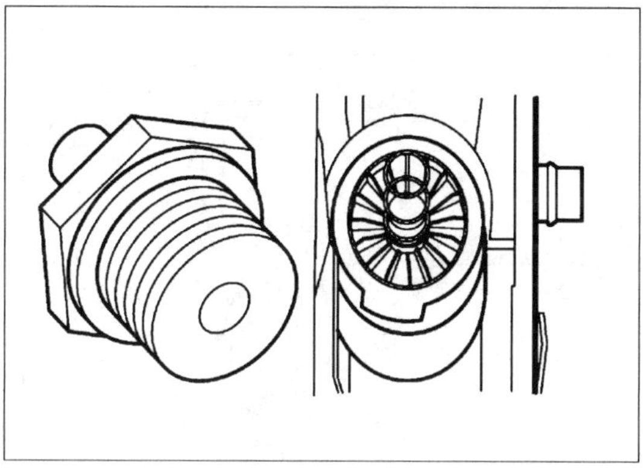

图 2-130　PCV 阀

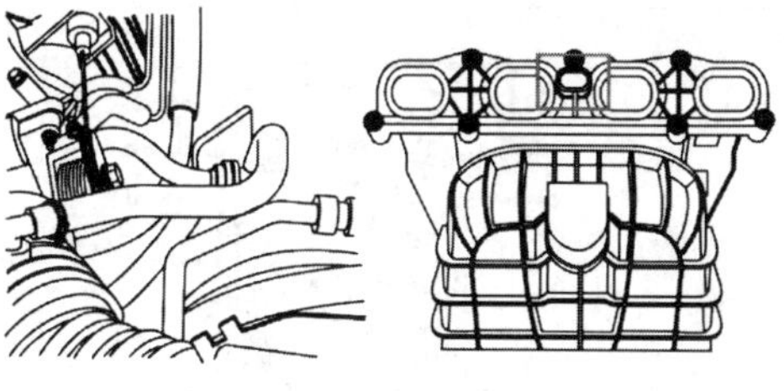

a) 外置式真空软管　　b) 集成式真空通道

图 2-131　真空软管

3）通风管。发动机在空气滤清器下游的进气通道和曲轴箱之间通常设计有一根通风管（图 2-132），将新鲜空气引入曲轴箱，使新鲜空气与窜气相互混合。有些发动机的曲轴箱强制通风系统未装备单独的通风管。

4）加热器。有些发动机的 PCV 系统较为独特，在通往空气滤清器下游的真空管路中装有一个加热器（图 2-133），用于防止寒冷环境下可能出现的结冰现象。加热器在点火开关打开后将一直处于通电加热状态。

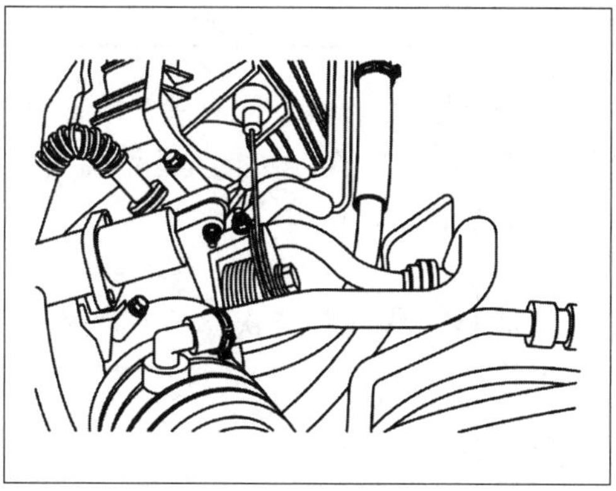

图 2-132　通风管

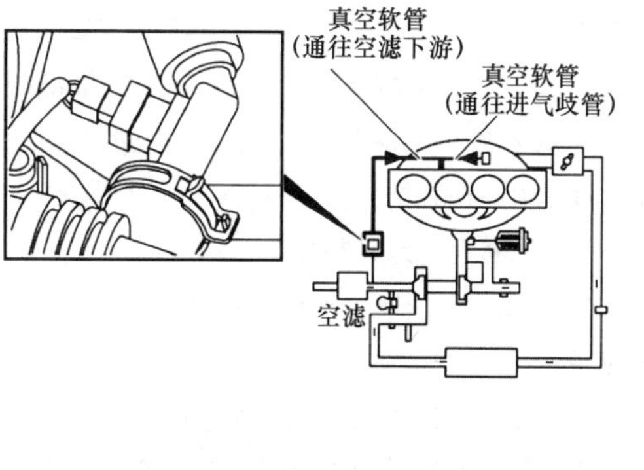

图 2-133　加热器

2. PCV 的控制策略

曲轴箱强制通风系统（图 2-134）的工作原理如下。

1）发动机运行时，部分窜气在压力的作用下，经活塞环排至曲轴箱内。若不清除窜入的混合气，将会导致废气逸入大气造成污染，同时也将稀释曲轴箱内的机油，并使机油变质从而造成发动机机件过早磨损。

2）正常工况下，PCV 系统的工作过程如下（图 2-135）：

① 外界新鲜空气通过与大气相通的通风管进入曲轴箱；

② 新鲜空气与曲轴箱窜气混合；

③ 混合废气通过 PCV 阀，PCV 阀调节窜气流量；

④ 调节后的窜气经真空软管吸入进气歧管，最终进入燃烧室燃烧。

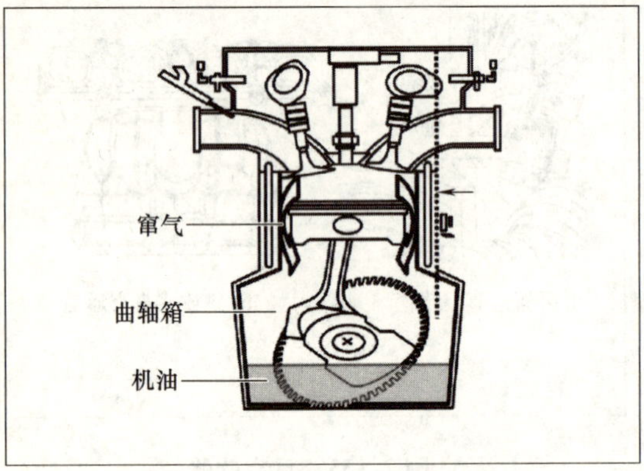

图 2-134　曲轴箱强制通风系统

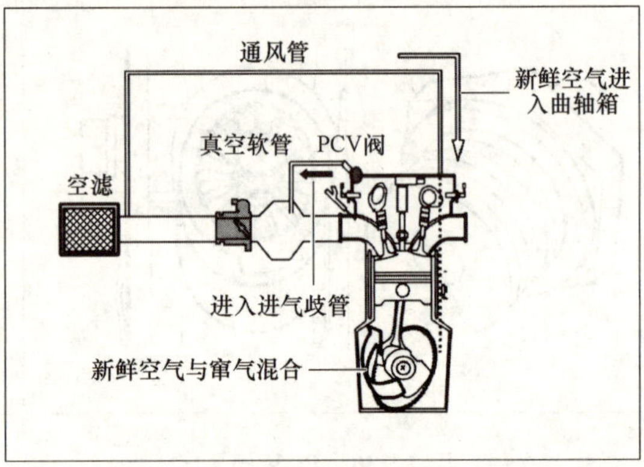

图 2-135　PCV 系统的工作过程（正常工况）

3）怠速工况下，进气歧管内的真空度较大，PCV 阀的开度减小，以保证怠速稳定性。窜气流量和进气歧管真空度之间的关系如表 2-5 所示。

表 2-5　窜气流量和进气歧管真空度之间的关系

歧 管 真 空	PCV 阀开度	窜 气 流 量
低	大	高
高	小	低

4）大负荷工况下（图 2-136），曲轴箱内的窜气增多导致压力升高，同时进气歧管内的真空降低不能将所有窜气全部吸入进气系统，多余的窜气将经通风管进入空气滤清器后方，与发动机的进气混合并进入气缸进行燃烧，从而避免了窜气排入大气。

3. PCV 的诊断维修

（1）故障分析　曲轴箱强制通风系统最常见的故障是 PCV 阀或真空软管发生堵塞或泄漏现象。

1）PCV 阀或真空软管堵塞可能导致如下情况：

① 发动机失速或发动机怠速转速过低；

② 发动机曲轴箱压力过高；

③ 发动机机油泄漏；

④ 发动机机油进入空气滤清器；

⑤ 发动机中有油泥；

⑥ 发动机机油消耗过大。

2）PCV 阀或真空软管泄漏可能导致如下情况：

① 发动机怠速不良；

② 发动机怠速转速过高；

③ 发动机曲轴箱压力异常；

④ 废气排放过量。

（2）检测程序　曲轴箱强制通风系统 PCV 阀的检测程序如下。

1）检查 PCV 阀、软管及所有接头是否泄漏或堵塞，必要时进行修理。

2）起动发动机，怠速状态下，用手指或钳子轻轻夹住曲轴箱强制通风系统的真空软管，倾听 PCV 阀的声音。执行本测试几次。每次夹紧软管时，PCV 阀应发出一声“咔嗒”声。

3）如果没有“咔嗒”声，检查 PCV 阀是否开裂或损坏。若阀体损坏，则需更换 PCV 阀。

4）如果没有“咔嗒”声，且 PCV 阀没有开裂或损坏，可向 PCV 阀吹入空气，如图 2-137 所示。空气通过 PCV 阀时应有很大阻力，若阻力过小，则需更换 PCV 阀。

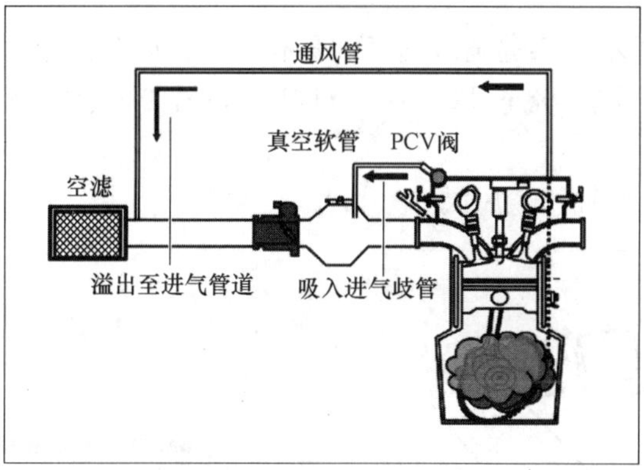

图 2-136　PCV 系统的工作过程（大负荷工况）

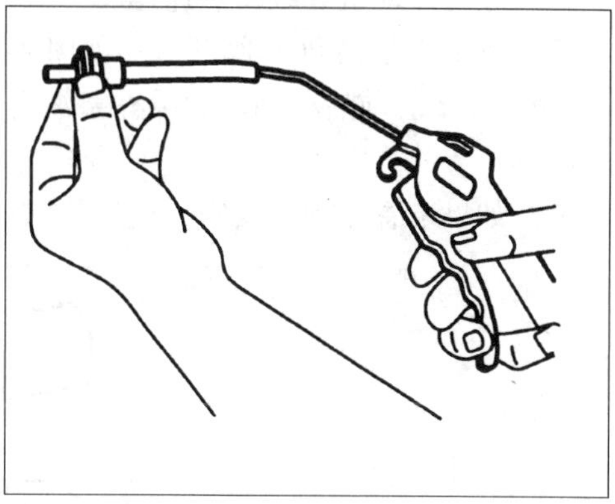

图 2-137　向 PCV 阀吹入空气

4. PCV 的典型故障

（1）故障现象　发动机工作不稳定，有抖动，怠速不稳。

曲轴箱强制通风系统常见的故障现象有：

1）曲轴箱通风不良而使曲轴箱内温度过高，导致机油过快变质；

2）发动机不能起动或者起动困难；

3）加速困难或发抖；

4）怠速不稳或无怠速；

5）油耗增加。

（2）故障原因　在排除其他原因的前提下，分析故障原因可能是：

1）气管接头松动漏气、老化、破损；

2）PCV 阀卡滞。

（3）故障检修

1）从 PCV 阀上拆下通风软管（图 2-138）。

2）从气门罩盖上拆下曲轴箱通风阀（图 2-139）。

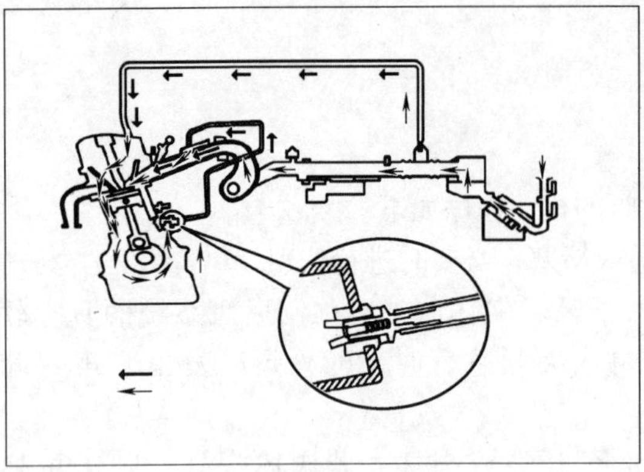

图 2-138　拆下通风软管

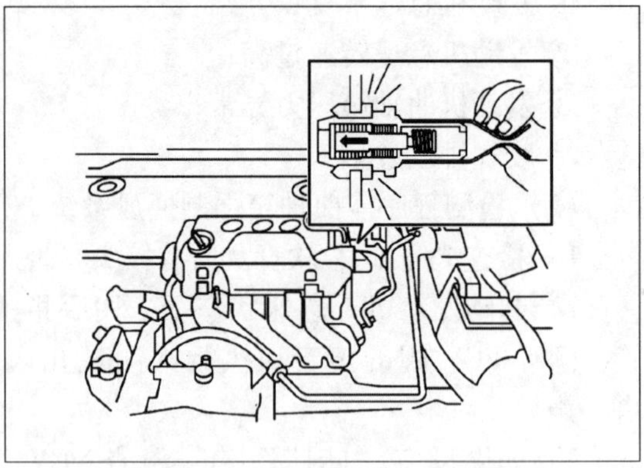

图 2-139　拆下曲轴箱通风阀

3）重新将曲轴箱通风阀与拆下的通风软管相连接。

4）起动发动机并维持怠速运转。

5）将手指压在 PCV 阀开口，如图 2-140 所示，感觉确认进气歧管有真空，此时曲轴箱通风阀的柱塞会前后移动。如果柱塞没有移动，则应检查 PCV 阀。对 PCV 阀柱塞移动情况进行检查。

6）如果未感觉到有真空，则应清洁或更换曲轴箱通风阀。

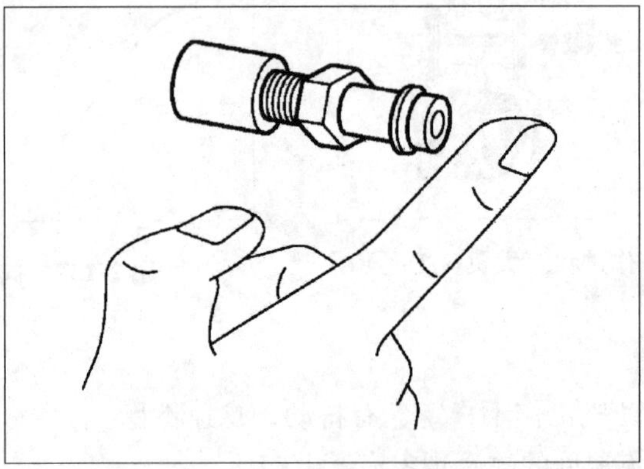

图 2-140　手指压在 PCV 阀开口

扫一扫

曲轴箱
通风系统

2.4.3　废气再循环系统

1. 废气再循环系统概述

废气再循环是指把发动机排出的部分废气回送到进气歧管，并与新鲜混合气一起再次进入气缸，如图 2-141 所示。由于废气中含有大量的 CO_2，而 CO_2 不能燃烧却吸收大量的热，使气缸中混合气的燃烧温度降低，从而减少了 NO_x 的生成量。

2. 废气再循环系统的控制策略

废气再循环控制系统的目标是根据发动机工况通过控制废气再循环阀对废气再循环率进行自动调节，充分发挥废气再循环的有利方面，并消除不利方面，如图 2-142 所示。

（1）怠速和极小负荷工况的废气再循环控制　当发动机处于怠速和极小负荷工况时，

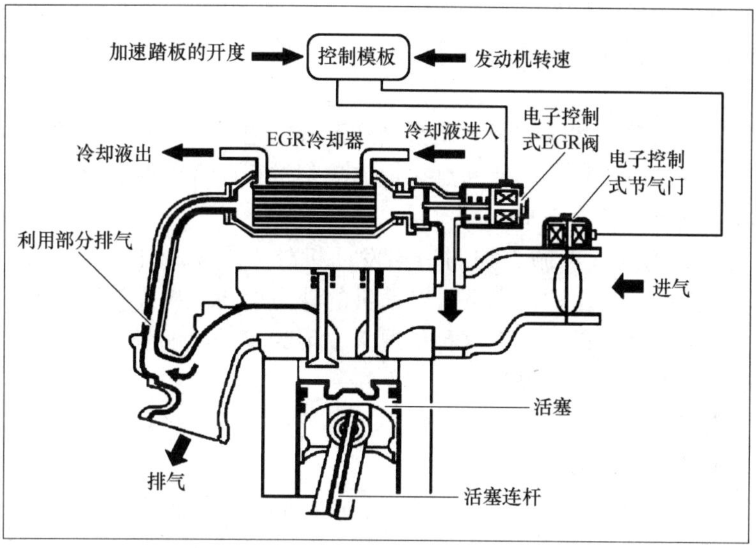

图 2-141　废气再循环系统

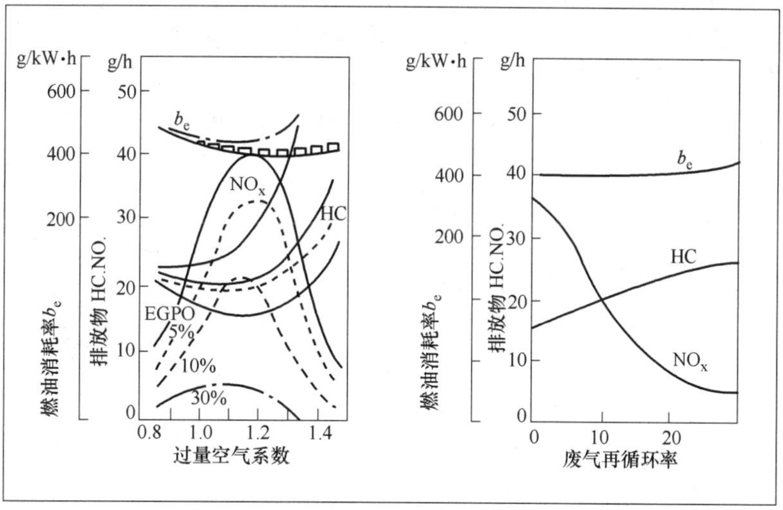

图 2-142　废气再循环率对排放和燃油消耗率的影响

发动机的运转稳定性相对较低，而且燃烧过程中生成 NO_x 的条件也较差，因此，为了保证发动机稳定运转，不允许进行废气再循环。在这些工况下，控制单元使废气再循环阀处于关闭状态，阻止废气被引入进气中。

（2）小负荷工况的废气再循环控制　当发动机处于小负荷工况时，为了兼顾保证发动机稳定运转和降低 NO_x 生成，可以在发动机进气中少量引入废气。在这种工况下，控制单元以较小的占空比向废气再循环阀供给电压脉冲，使废气再循环阀的开度较小，保证废气再循环率较低。

（3）中等负荷工况的废气再循环控制　当发动机处于中等负荷工况时，NO_x 的生成条件最好，而发动机的运转稳定性已经不是限制废气再循环率的主要方面，应在保证 HC 排放不显著增加的前提下，尽量提高废气再循环率，一般为 10% ~20% 。在这种工况下，控制单元以较大的占空比向废气再循环阀供给电压脉冲，使废气再循环阀的开度较大，保证废气再循环率较高。

废气再循环率对发动机性能的影响还会受到混合气空燃比和点火提前角的影响，由于发动机控制系统在中等负荷下对空燃比和点火提前角都进行闭环控制，因而空燃比和点火提前角都能自动适应废气再循环率水平。

（4）大负荷工况的废气再循环控制　当发动机处于大负荷工况下，由于混合气较浓，NO_x 的生成条件变差，而在这种工况下对发动机的动力性要求提高，因此，应降低废气再循环率，甚至中止进行废气再循环。在这种工况下，因为发动机的进气量较大，所以，即使确定的废气再循环率很低，废气再循环阀仍应保持一定的开度。

各种工况的废气再循环如图 2-143 所示。

3. 废气再循环系统的诊断

废气再循环系统（EGR）工作不良会造成发动机排气污染增加、功率下降、怠速运转不稳定，甚至熄火。

（1）废气再循环系统的初步检查　对于废气再循环系统，应首先检查其真空软管有无破损，接头处有无松动、漏气等；若无，再做进一步检查。

（2）废气再循环系统的就车检查　废气再循环系统的就车检查可按下列步骤进行。

1）起动发动机，使发动机怠速运转。

2）将手指按在废气再循环阀上（图 2-144），检查废气再循环阀有无动作。

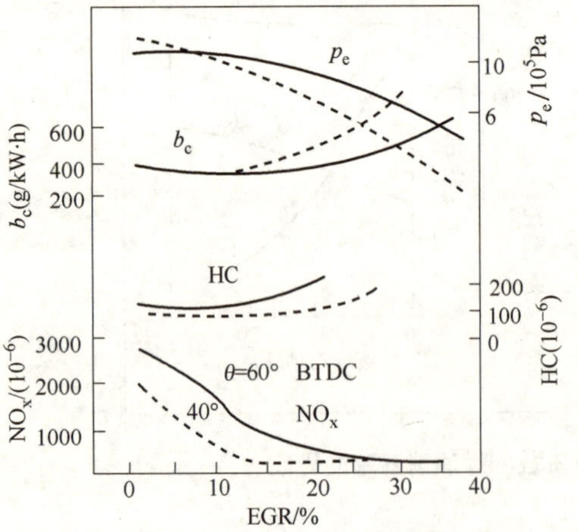

图 2-143　各种工况的废气再循环

图 2-144　废气再循环系统的就车检查

3）在冷车状态下踩下加速踏板，使发动机转速上升至 2000r/min 左右，此时手指上应感觉不到废气再循环阀膜片动作（废气再循环阀不工作）。

4）在发动机热车（冷却液温度高于 50℃）后再踩下加速踏板，使发动机转速上升至 2000r/min 左右，此时手指应能感觉到废气再循环阀膜片的动作（废气再循环阀开启）。

若废气再循环阀不能按上述规律动作，则废气再循环系统工作不正常，应检查该系统的各零部件。

（3）废气再循环控制电磁阀的检查　废气再循环控制电磁阀按下述步骤检查。

1）将点火开关置于“OFF”位置，拔下废气再循环控制电磁阀线束插接器，用万用表电阻档测量电磁阀电磁线圈的电阻，其电阻值应符合规定（一般为 20 ~ 500Ω）；否则，应更换废气再循环控制电磁阀。

2）拔下与废气再循环控制电磁阀相连的各真空软管，从发动机上拆下废气再循环控制电磁阀。

3）在废气再循环控制电磁阀的电磁线圈不接电源时检查各管口之间是否通气。此时，电磁阀上的管接口 A 与 B、A 与 C 之间应不通气，但管接口 B 与 C 之间应通气（图 2-145a）；否则，废气再循环控制电磁阀损坏，应更换。

4）给废气再循环控制电磁阀线圈接上电源（图 2-145b）。此时，电磁阀管接口 A 与 B 之间应通气，而管接口 A 与 C、B 与 C 之间应不通气；否则，废气再循环控制电磁阀损坏，应更换。

（4）废气再循环阀的检查　废气再循环阀的检查步骤如下。

1）起动发动机，使发动机怠速运转。

2）拔下连接废气再循环阀与废气调整阀的真空软管。

3）用手动真空泵对废气再循环阀真空室施加 19.95kPa 的真空度（图 2-146）。若此时发动机怠速运转情况变坏甚至熄火，说明废气再循环阀工作正常；若发动机运转情况无变化，则废气再循环阀损坏，应更换。

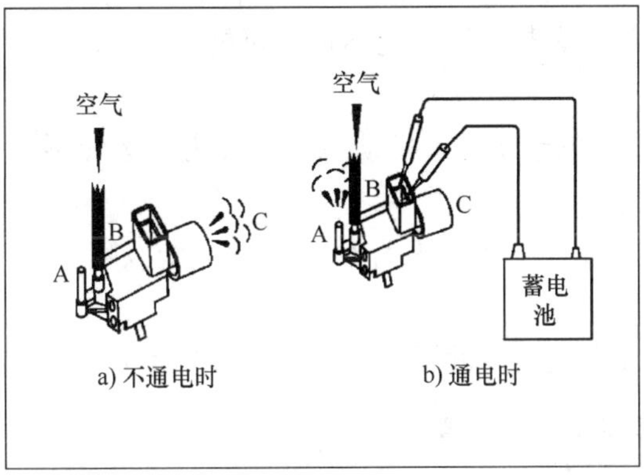

图 2-145　废气再循环控制电磁阀的检查

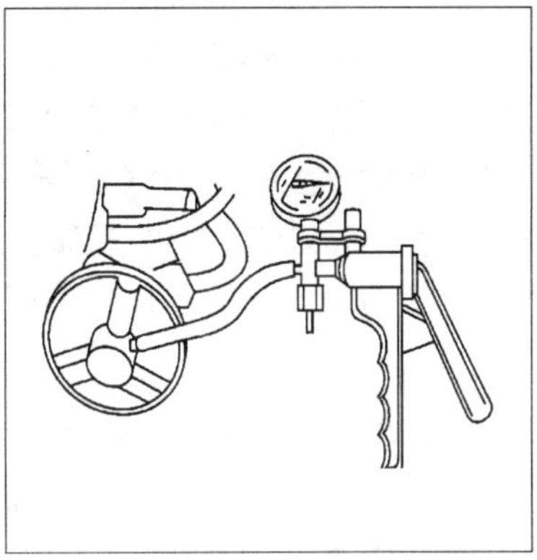

图 2-146　废气再循环阀的检查

4）对设有位置传感器的废气再循环阀，可在发动机停机情况下拔下废气再循环阀位置传感器的导线插接器，用万用表电阻档测量插接器端子间的电阻，其电阻值应符合规定。然后，拔下连接废气再循环阀与废气调整阀的真空软管，并在用手动真空泵对废气再循环阀真空室施加真空的同时，用万用表电阻档测量废气再循环阀位置传感器插接器端子之间的电阻值。电阻值应随着真空度的增大而连续增大，不允许有间断现象（电阻值变然变为∝后又回落）；否则，废气再循环阀损坏，应更换。

（5）废气调整阀的检查　废气调整阀的检查步骤如下。

1）起动发动机，并将其预热至正常工作温度。

2）拔下连接废气调整阀与废气再循环阀的真空软管，用手指按住真空管接口（图 2-147a），然后检查管接口内是否有真空吸力。在发动机怠速运转时，管接口内应无真空吸力；当踩下加速踏板使发动机转速上升至 2000r/min 左右时，管接口内应有真空吸力。如废气调整阀的状态与上述情况不符，则废气调整阀工作不正常，应拆下该阀做进一步检查。

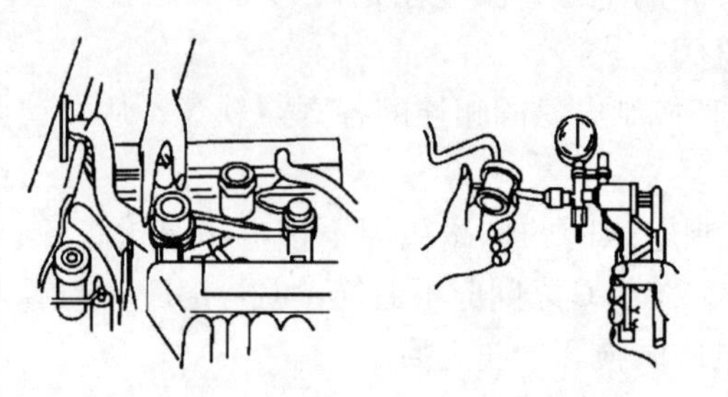

a) 就车检查　　b) 单件检查

图 2-147　废气调整阀的检查

3）拆下废气调整阀，在连接废气再循环控制电磁阀的接口处接上手动真空泵，再用手指堵住连接废气再循环阀真空管的接口（图 2-147b）。

4）向连接排气管的管接口内泵入空气，与此同时，用手动真空泵向废气再循环控制电磁阀的接口内抽真空。此时，在连接废气再循环阀真空管的管接口处应能感到有真空吸力；在停止抽真空后，真空吸力应能保持住，无明显下降；释放连接排气管的管接口内的压力后，真空吸力也应随之消失。如废气调整阀的状态与上述情况不符，应更换。

4. 废气再循环系统的典型故障

（1）故障现象　一辆汽车停用半年后，再次起动时，发动机起动无力、运转不稳、发动机抖动、排放黑烟、功率下降、油耗增加等。

（2）故障原因　由于该车停用前性能完好，经分析考虑为 EGR 控制系统故障。

（3）诊断过程

1）检查 EGR 真空调节器是否损坏并用压缩空气清除污物（表 2-6 部位 Ⅰ）。

表 2-6　废气再循环系统故障排除实例

部　位	Ⅰ	Ⅱ	Ⅲ
检测 EGR 控制阀	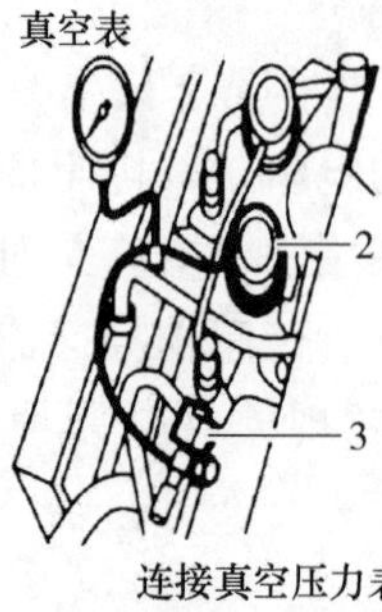	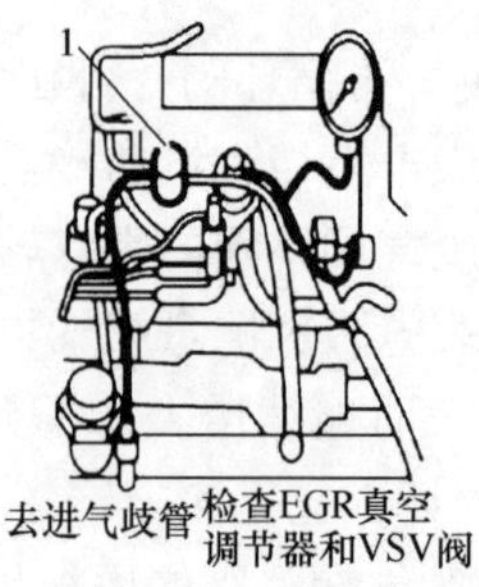	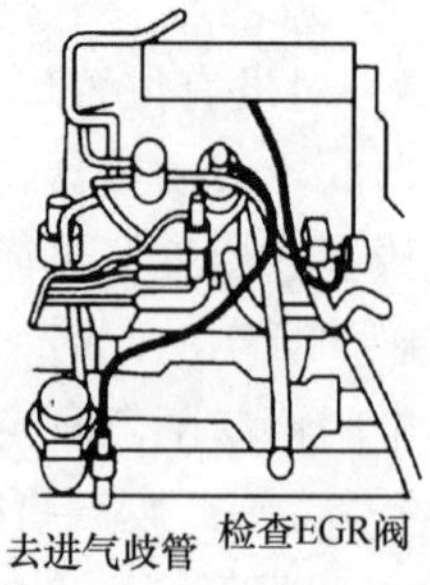
项目	连接与检测真空压力表	检查 EGR 真空调节器和 VSV 阀	检查 EGR 控制阀的技术状况

2）检查 EGR 控制阀后，发现阀门已被排放废气的积炭锈死，初步断定为该车发动机故障的根源。经过清理积炭和除锈后，继续对其他部分进行检测。

3）使用一个三通接头，将真空压力表连接在EGR阀和怠速真空开关阀（VSV）之间（表2-6部位Ⅰ）。并用短接线将检查插接器上的TE1和E1相连。

4）检查EGR阀座。起动发动机，检查发动机起动和怠速运转情况。并在冷机时检查VSV阀。起动发动机，当冷却液温度低于53℃，发动机转速为2500r/min时，真空压力表指针应指向零。

5）发动机预热后，检查VSV和EGR真空调节器。当发动机转速为2500r/min时，真空压力表示值为9kPa。在发动机怠速时，真空压力表示值为零。

6）从EGR真空调节器的R口卸下真空软管，然后用另一根软管直接将R口连接到进气歧管（表2-6部位Ⅱ）。当发动机转速为2500r/min时，真空压力表指针应指向高真空区。提示，此时由于有大量的EGR气体进入，发动机将稍有失火现象。

7）在发动机怠速时，直接用软管将进气管和EGR阀相连（表2-6部位Ⅲ）。此时发动机应运行不稳或熄火，说明EGR控制正常。

8）检查发动机ECM插接器上EGR端与搭铁之间的电压。先起动发动机，并预热到正常工作温度。在发动机怠速运行下，测量的正常电压值为蓄电池电压值。然后，在变速杆处于N档位置时，控制加速踏板，保持发动机转速在1400r/min。此时，测量的电压数值应近似为零。

9）检查发动机ECM至VSV阀、VSV阀至EFI继电器的线束和插接器的连接情况，发现问题应及时处理。

10）检查EGR废气温度传感器。先卸下EGR废气温度传感器的接头，测量两端子间的电阻，正常值如表2-7所示。

扫一扫

废气再循环系统

表2-7 EGR废气温度传感器温度特性

温度/℃	50	100	150
电阻/kΩ	69.40～88.50	11.89～14.37	2.79～3.59

如果不正常，则应更换EGR废气温度传感器。

2.4.4 燃油蒸发排放系统

1. 燃油蒸发排放系统概述

燃油蒸发排放（EVAP）系统，又叫汽油蒸气排放控制系统，是汽车发动机辅助控制系统之一，也是汽车发动机排放控制系统之一，如图2-148所示。

EVAP系统收集汽油箱的汽油蒸气，并将汽油蒸气导入气缸参加燃烧，从而防止汽油蒸气直接排出大气而造成污染；同时根据发动机工况，控制导入气缸参加燃烧的汽油蒸气量。

2. 燃油蒸发排放系统的控制策略

EVAP系统是为防止汽油箱内的汽油蒸气排入大气产生污染而设置的，在装有EVAP系统的汽车上，油箱盖上只有空气阀，而不设蒸气放出阀。EVAP系统的结构如图2-149所示，它由蒸气回收罐（活性炭罐）、控制电磁阀、蒸气分离阀（单向阀）及相应的蒸气管道和真空软管等组成。

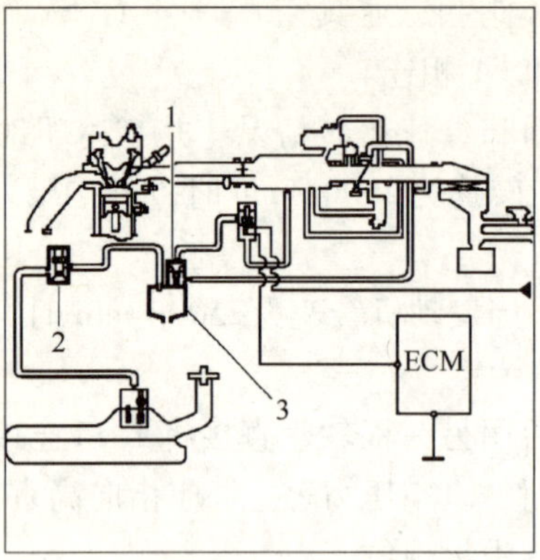

图 2-148　燃油蒸发排放系统

1—EVAP 净化控制电磁阀　2—EVAP 双向阀
3—EVAP 控制活性炭罐

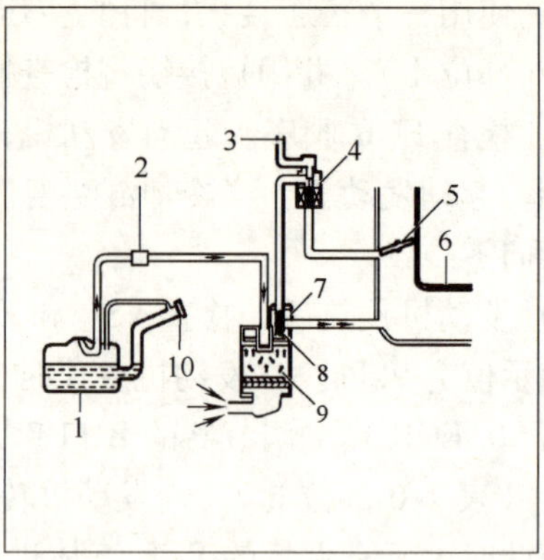

图 2-149　燃油蒸发排放控制系统的结构

1—油箱　2—蒸气分离阀　3—接缓冲器
4—控制电磁阀　5—节气门　6—进气歧管
7—真空控制阀　8—定量排放孔　9—蒸气回收罐
10—油箱盖附真空泄放阀

蒸气分离阀安装在油箱的顶部，油箱内的汽油蒸气超过一定压力时，顶开蒸气分离阀经管道进入蒸气回收罐。该阀的作用是防止汽车倾翻时油箱内的燃油从蒸气管道中漏出。蒸气回收罐内充满了活性炭颗粒，故又称为活性炭罐，活性炭可以吸附汽油蒸气中的汽油分子。

蒸气回收罐上方的另一个出口经真空软管与发动机进气歧管相通。软管中部有一个电磁阀控制管路的通断。当发动机运转时，如果电磁阀开启，则在进气歧管真空吸力的作用下，新鲜空气将从蒸气回收罐下方进入，通过活性炭后从蒸气回收罐的出口经软管进入发动机进气歧管，把吸附在活性炭上的汽油分子送入发动机燃烧，使之得到充分利用；蒸气回收罐内的活性炭则随之恢复吸附能力，不会因使用太久而失效。

蒸气回收罐的上端设有一个真空控制阀，真空控制阀为一膜片阀，膜片上方为真空室，控制阀用来控制定量排放孔的开或闭。真空控制阀与进气管之间的真空管路中设有受 ECM 控制的电磁阀，用以调节真空控制阀上方真空室的真空度，改变真空控制阀的开度，从而控制吸入进气管的汽油蒸气量。

进入进气歧管的回收燃油蒸气量必须加以控制，以防破坏正常的混合气成分。这一控制过程由 ECM 根据发动机的冷却液温度、转速、节气门开度等运行参数，通过操纵控制电磁阀的开、闭来实现。

在发动机停机或怠速运转时，ECM 使电磁阀关闭，从油箱中逸出的燃油蒸气被蒸气回收罐中的活性炭吸收。当发动机以中、高速运转时，ECM 使电磁阀开启，储存在蒸气回收罐内的汽油蒸气经过真空软管后被吸入发动机。此时，因为发动机的进气量较大，少量的燃油蒸气不会对混合气的成分造成太大影响。

在部分电控 EVAP 系统中，蒸气回收罐上不设真空控制阀，而是将受 ECM 控制的电磁阀直接装在蒸气回收罐与进气管之间的软管中。图 2-150 所示为轿车装用的电控 EVAP 系统，ECM 根据空气流量传感器、冷却液温度传感器和进气温度传感器信号控制电磁阀通电或断电，发动机怠速（进气量较少）或冷却液温度较低时，ECM 使电磁阀断电，关闭吸气通道，使蒸气回收罐内的汽油蒸气不能被吸入进气管。

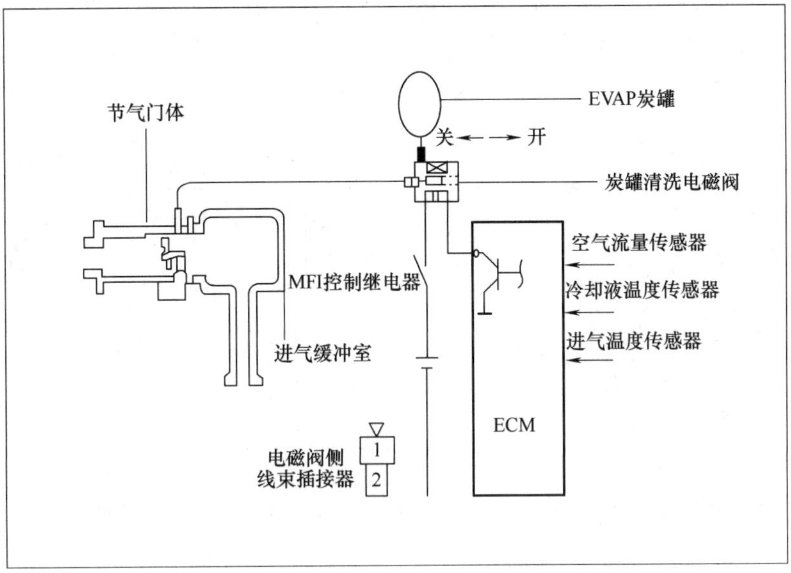

图 2-150　轿车电控 EVAP 系统的结构

3. 燃油蒸发排放系统的诊断

（1）就车检测

1）发动机起动。起动发动机，待发动机冷却液温度升高到正常工作温度时，使其怠速运转。

2）怠速检查。拔下蒸气回收罐上的真空软管，并用手指按住管口，检查软管内有无真空吸力。若燃油蒸发控制系统工作正常，在发动机怠速运转中电磁阀应关闭，真空软管内无真空吸力，如图 2-151 所示。

如果此时真空软管内有真空吸力，表明 EVAP 系统工作不良，则用万用表电压档检查电磁阀线束插接器端子上是否有电压。若有电压，则表明电控单元有故障；若无电压，则说明电磁阀有故障（卡死在开启位置）。

3）高速检查。踩下加速踏板，当发动机转速大于 2000r/min 时，检查上述真空软管内有无真空吸力。若真空软管内有真空吸力，则说明该系统工作正常；若真空软管内无真空吸力，则用万用表电压档检查电磁阀线束插接器端子上是否有电压。若电压正常，说明电磁阀有故障；若电压异常，则说明电控单元或控制线路有故障。

（2）单件检修

1）电磁阀电磁线圈电阻值检测。拔下电磁阀线束插接器，用万用表电阻档测量控制电磁阀电磁线圈的电阻值应为 36～44Ω。若电阻值不符合上述要求，应更换控制电磁阀。

2）电磁阀工作情况检测。拆下电磁阀，首先向电磁阀内吹气，电磁阀应不通气；然后将蓄电池电压加到电磁阀插接器的两端子上，如图 2-152 所示。同时向电磁阀内吹气，此时电磁阀应通气。如电磁阀的状态与上述情况不符，则电磁阀有故障，应予以更换。

3）蒸气回收罐的检修。蒸气回收罐位于发动机室内或车的底盘，蒸气回收罐的使用寿命一般为40000～60000km，但在使用中应经常检查和维护。主要检查蒸气回收罐外壳有无裂纹、变形或损坏，底部进气滤芯是否脏污。

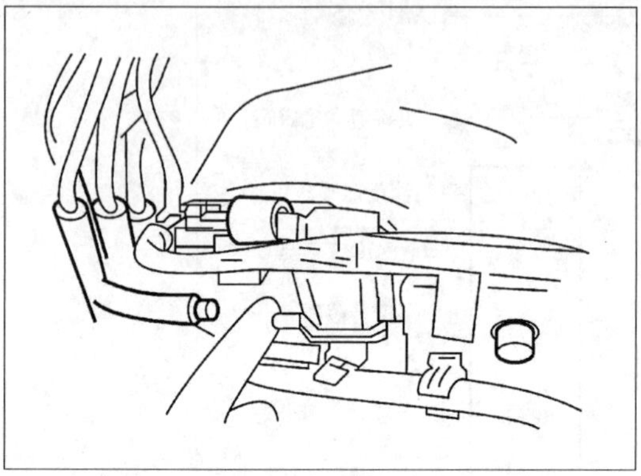

图 2-151　燃油蒸发控制系统就车检测

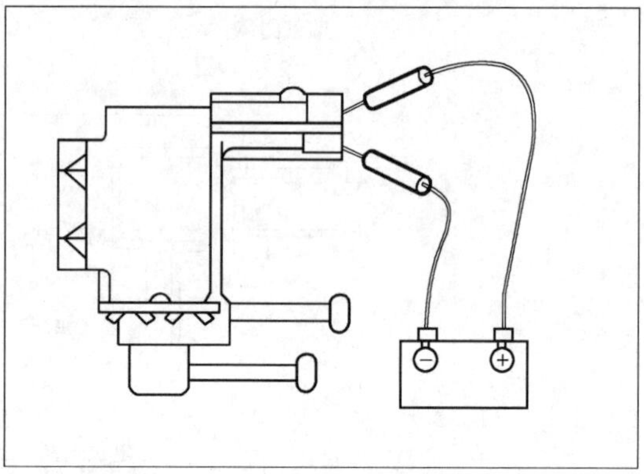

图 2-152　电磁阀工作情况检测

按图 2-153 所示的方法由 A 口吹入压缩空气（98kPa）后，压缩空气应能从图中箭头所示方 B 口流出，否则应更换相同规格的蒸气回收罐。

蒸气回收罐中进气滤芯的清洁：用手指堵住管口，将 294kPa 压缩空气从管口 A 吹入即可，如图 2-153 所示，切不可用水清洗蒸气回收罐。

4）真空控制阀的检修。如图 2-154 所示，从蒸气回收罐上拆下真空控制阀，用手动真空泵由真空管接头给真空控制阀施加约 5kPa 真空度时，从蒸气回收罐侧孔吹入空气应畅通；不施加真空度时，吹入空气则不通。若不符合上述要求，应更换真空控制阀。

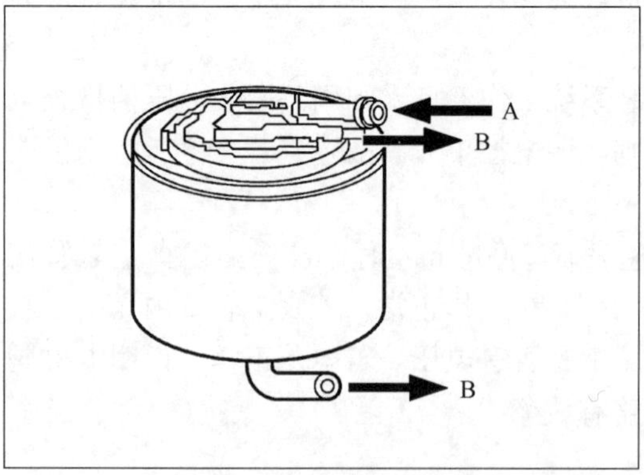

图 2-153　蒸气回收罐的检查

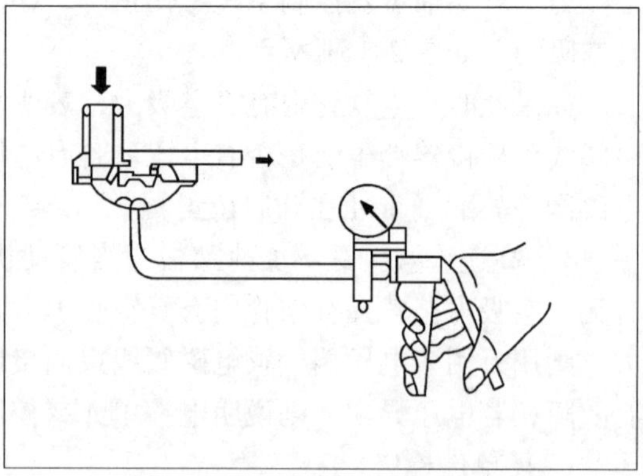

图 2-154　真空控制阀的检查

5）软管的检修。检查 EVAP 系统各管路是否松动、破损或变形，可用鼻子闻有无燃油泄漏。若软管损坏，则应立即更换。更换前应做标记，以防因装错而引发严重故障和损坏内部机件，且更换的软管应与原管的规格、型号相同。

6）油箱盖检修。检查油箱盖及衬垫是否变形或损坏，空气阀工作是否良好。

4. 燃油蒸发排放系统的典型故障

【案　例】 **排气管冒黑烟**

（1）故障现象　故障车行驶里程 4500km，怠速时黑烟较轻，加速时黑烟严重，并且动力不足，油耗高，尾气排放时故障灯亮。

（2）故障分析

1）检测进气系统：空气滤清器总成清洁，查看节气门没有发现脏堵现象，工作正常。

2）燃油品质正常，且燃油压力正常。

3）检查炭罐电磁阀，拆掉连接电磁阀的燃油蒸发管，用嘴吹气，未发现通漏现象。

4）拆下火花塞发现积炭严重，火花塞变成黑色，但电极间隙均正常，由于车辆行驶里程较短，所以做清除积炭处理。但从现象判断车辆应该存在严重混合气过浓问题，导致排气冒黑烟，造成这种现象的主要原因有：

① 氧传感器损坏；

② 进气温度压力传感器失效；

③ 燃油压力过高。

5）连接检测仪检查系统故障，发现故障码 P2187——空燃比闭环控制自学习值超上限。当冷却液温度升到 80℃以上时，读数据流发现前氧传感器电压一直在 0.1～0.45V 波动并且跳动异常迟缓，氧传感器正常电压信号一般在 0.1～0.9V 波动，从而怀疑前氧传感器可能有问题，更换前氧传感器试车，排气管处黑烟减少。跟踪回访中客户反映不再冒黑烟，故障彻底排除。

（3）故障排除　更换前氧传感器。

扫一扫

燃油蒸发
控制系统

2.4.5　三元催化转化系统

1. 三元催化转化系统概述

三元催化转化器是利用催化剂的作用将排气中的 CO、HC 和 NO_x 转换为对人体无害的气体的一种排气净化装置，也称作催化净化转化器。

三元催化器的壳体用耐高温的不锈钢制成，内部孔道的基体上涂有催化剂，催化剂含有铂、钯和铑等稀土金属。为了有效提高转化效率，三元催化器内部孔道设计成蜂巢状，这极大地增加了催化剂的表面积，从而快速净化发动机排出的废气。

当废气通过催化器的蜂巢状孔道时，CO 和 HC 就会在催化剂铂与钯的作用下，与废气中的氧发生反应，生成水和危害较小的 CO_2，NO_x 则在催化剂铑的作用下被还原为无害的 O_2 和 N_2，如图 2-155 所示。

2. 催化转化系统的控制策略

三元催化器的催化转化效率与发动机的空燃比有关，因为空燃比不同，三种有害气体的生成量也不同。空燃比对发动机排放的影响如图 2-156 所示。

（1）碳氢化合物（HC）

1）空燃比小于 14.7∶1 时，由于混合气中氧含量较低，燃烧不充分，碳氢化合物生成较多。

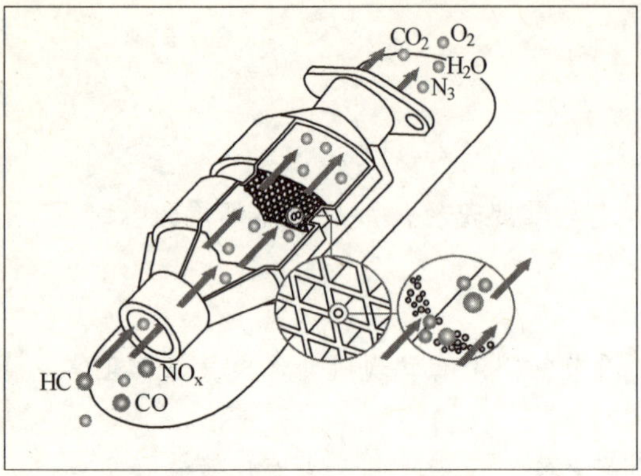

图 2-155　三元催化转化器

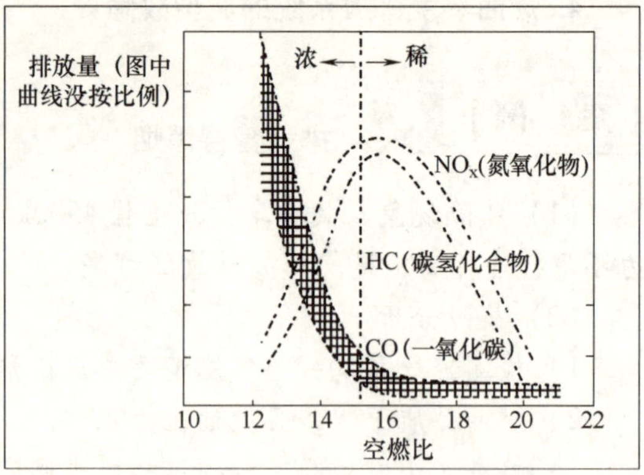

图 2-156　空燃比对发动机排放的影响

2）空燃比略大于 14.7∶1 时，由于混合气中氧含量较高，燃烧充分，所以碳氢化合物生成较少；但空燃比过大时，由于燃烧难以持续，碳氢化合物反而增加。

扫一扫

催化转化器

（2）一氧化碳（CO）

1）空燃比小于 14.7∶1 时，由于混合气中氧含量较低，燃烧不充分，一氧化碳生成较多。

2）空燃比大于 14.7∶1 时，由于混合气中氧含量较高，燃烧较充分，所以一氧化碳生成较少；空燃比再增大时一氧化碳生成量减少不明显。

（3）氮氧化物（NO_x）

1）在空燃比约为 14.7∶1 时，由于燃烧充分产生的热量大，燃烧室内温度较高，所以此时氮氧化物生成量也最多。

2）当空燃比大于或小于 14.7∶1 时，由于燃烧室内温度低或氧含量不足，所以氮氧化物生成量明显减少。

（4）最佳排放空燃比

综前所述，空燃比在 14.7∶1 时，碳氢化合物和一氧化碳生成量都很少，虽然氮氧化物排放较高，但使用了三元催化器后，在此理论空燃比下它的综合转化效率最高，可净化 90% 以上的有害物质，如图 2-157 所示。因此，为了保证三元催化器处于最佳的催化转化效率，尽可能减少排放，发动机管理系统采用 14.7∶1 的空燃比。

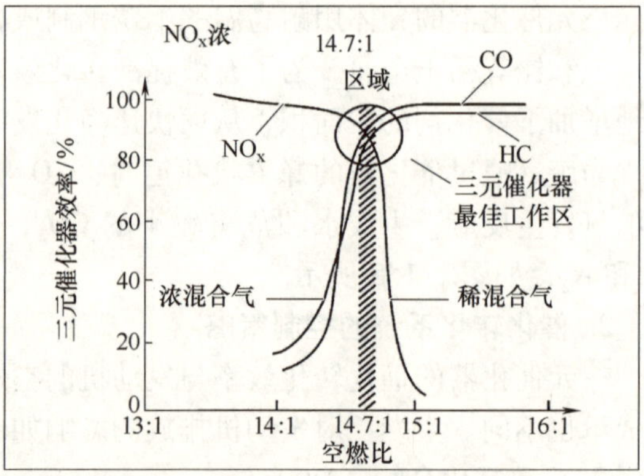

图 2-157　最佳排放空燃比

大多数三元催化器内同时含有铈作为基底金属，铈能够储存并释放废气中的氧气，从而提高转化效率。随着三元催化器储存和释放氧气的能力下降，三元催化器的转化效率也不断降低。OBD Ⅱ 系统使用前后两个氧传感器来监测三元催化器的效能。

三元催化器在催化过程中需要一定的工

作温度才能保证较高的转化效率，当发动机刚刚起动时，三元催化器的温度较低，催化转换的效率也较低。为利用排气热量来维持催化反应温度，三元催化器常安装在靠近排气歧管后适当的位置。但过高的温度也会损害三元催化器，如发生缺火，没有燃烧尽的废气在三元催化器内继续燃烧会造成三元催化器高温失效。

3. 催化转化系统的诊断

三元催化转化器是否损坏，可以根据具体情况采取以下几种方法进行判断。

（1）通过感官检查　每天首次起动发动机后，先进行快速暖机，然后观察排气管管口，若管口有水珠排出，说明三元催化转化器能够将废气中的CO、HC转化为CO_2和水蒸气，三元催化转化器没有损坏，工作情况正常。如果起动后不久，看到排气歧管至三元催化转化器之间有明显烧红的现象，汽车冷却后三元催化转化器前部泛蓝或有起铁屑现象，说明三元催化转化器已经损坏。如果感觉驻车制动手柄或变速杆下面烫手，说明排气系统温度急剧升高，预示三元催化转化器即将损坏。

将汽车举升起来，用橡胶锤或拳头敲击（也可以用手晃动）三元催化转化器，如果听到三元催化转化器内部有物体移动的响声，说明其蜂窝载体已经破损。起动发动机后稍微踩下加速踏板，若听到三元催化转化器内发出“咕噜、咕噜”的响声，说明三元催化转化器可能损坏，应做进一步的检查。

（2）拆卸空气滤清器检查　拆下空气滤清器盖，取出滤芯，然后猛踩加速踏板，若发现空气滤清器处有白烟（废气）返流，排气门处又没有金属敲击声，说明三元催化转化器已经堵塞，并不是排气门损坏，如图2-158所示。

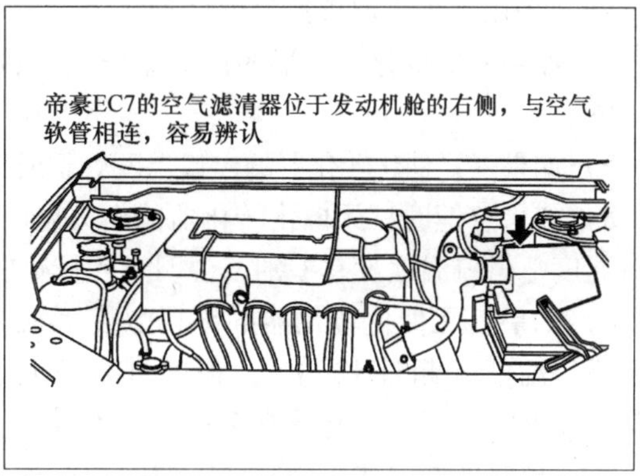

图2-158　拆卸空气滤清器

（3）拆卸氧传感器（图2-159）检查　对于非增压型发动机，可从排气管上拆下氧传感器（如果是有双氧传感器的车型，应拆下三元催化转化器前方的氧传感器），露出氧传感器安装孔，使废气不经过三元催化转化器直接从这个小孔排入大气，或者拆下前排气管，不使用三元催化转化器，然后起动

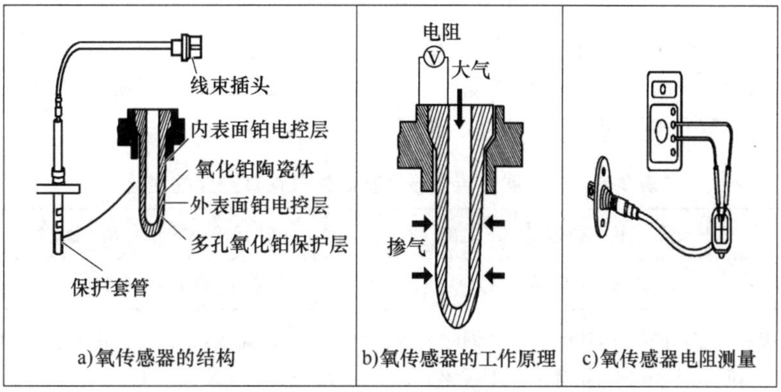

图2-159　氧传感器检测

发动机，如果发动机能够顺利起动，而且加速有力，加速到3000r/min时排出的烟泛黄色，即可以确定三元催化转化器堵塞。

（4）使用内窥镜检查　使用内窥镜检查三元催化转化器内部有无结胶、熔化或破碎等现象，如有上述现象，应更换三元催化转化器。如果没有内窥镜，可以拆下三元催化转化器，用手电筒进行透光试验，即从三元催化转化器的一端沿轴向照射其内部，并在另一端观察内部的情况。

（5）检测和分析尾气成分　在正常情况下，尾气在通过三元催化转化器之前，其 CO_2 的含量为13.2%～14.2%，在通过三元催化转化器之后，其 CO_2 的含量可能达到15%。怠速时，CO的含量应小于1%，HC的体积分数应小于 200×10^{-6}，NO_x 的体积分数应小于 100×10^{-6}。如果CO、HC和 NO_x 的含量都很高，说明三元催化转化器已经失效。

必要时可以在排气管上打一个小洞，安装一个有内螺纹的空心铆钉（检测结束后拧上一个小螺钉即可将该孔封住），然后将尾气分析仪的探头插入，在发动机处于正常工作温度和怠速条件下，分别测量三元催化转化器前、后（即发生化学反应前后）的尾气成分，这样就可以定量地判断三元催化转化器处理尾气的实际能力。

（6）采用红外测温仪测量温度差

1）如果三元催化转化器的出口温度高于进口温度20～100℃，说明三元催化转化器工作正常。

2）如果三元催化转化器的出口温度等于或低于进口温度，说明三元催化转化器已经失效。

3）如果怠速时三元催化转化器的出口温度比进口温度高约10%，而在正常工作温度下进口温度与出口温度没有差别，说明三元催化转化器失效。

4）如果三元催化转化器的出口温度大大高于进口温度（超过120℃），说明进入三元催化转化器的废气中含有异常多的CO和HC，产生这一现象的原因往往是发动机的燃烧过程不良，或者是控制系统出了问题，需要对发动机做进一步检查诊断，查明故障的真正原因。

（7）检测进气歧管真空度（图2-160）　在进气歧管上连接真空表，起动发动机并缓慢加速，在正常情况下，进气管的真空度应为57～71kPa。当三元催化转化器发生堵塞时，进气歧管的真空度将低于标准值，而且波动很大，急加速时真空度下降得更为明显，见表2-8。

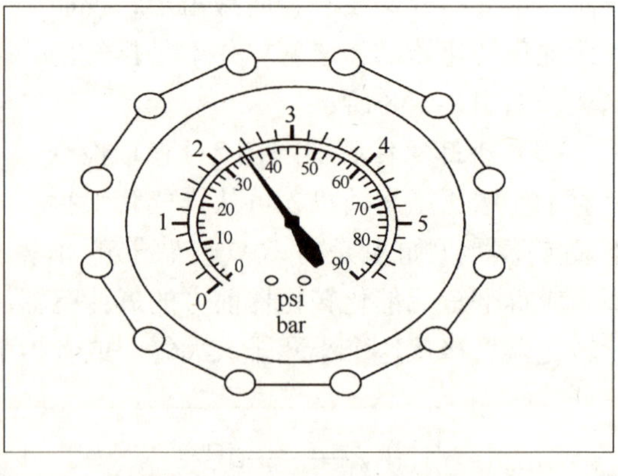

图2-160　检测进气歧管真空度

表2-8　三元催化转化器堵塞后进气管真空度的变化

	三元催化转化器堵塞的发动机	正常发动机
怠速	45kPa，有时可达55kPa，随后很快跌落到0	稳定在57.6～71.1kPa
急加速	由45kPa急速下降到15kPa以下，同时真空表指针随节气门的急剧变化而大幅波动	迅速关闭节气门时，真空表指针在6.7～84.6kPa灵敏摆动

4. 催化转化系统的典型故障

三元催化转化器的故障形式包括中毒、堵塞和破损等几种。自从电喷发动机禁止使用含铅汽油以来，三元催化转化器的中毒故障明显减少，在维修实践中，其故障形式大量表现为堵塞。电喷发动机排气管堵塞往往是由于三元催化转化器堵塞引起的。三元催化转化器堵塞故障的主要现象如下。

1）加速发闷，发动机易熄火或不能起动。一辆轿车，装备 2.0L4 缸电喷发动机，行驶里程 12 万 km。该车发动机不易起动，起动后加速无力。检查燃油系统压力为 280kPa，正常。进行急加速试验，发动机转速上升缓慢，并伴有“呜呜”的声音。拆开空气滤清器检查，发现“呜呜”的声音是从进气管发出来的。

用真空表检测进气歧管真空度，怠速时真空表的读数为 60kPa，基本正常。当发动机转速达到 2000r/min 时，真空表的读数从 47kPa 下降到 13kPa，发动机转速也随之下降，如果不放松加速踏板，发动机甚至会熄火。

怀疑排气系统堵塞，遂举升车辆检查三元催化转化器，发现其内部的蜂窝状催化物质大面积破损，这些破损物阻碍了废气的排出，因而造成发动机加速无力的故障现象。

2）达不到最高车速。三元催化转化器堵塞必然造成发动机排气不畅，严重时导致发动机动力明显下降，具体表现为车辆达不到最高车速。如设计最高车速为 200km/h 的汽车，实际最高车速只能达到 110～130km/h。有的车辆几天前运行良好，突然就没有最高车速了；有的则是自动变速器无法升到超速档。由于汽车是突然达不到最高车速和超速档的，有些维修人员会误认为是自动变速器发生了故障。

3）发动机温度过高。由于废气不能及时排出，将导致发动机温度过高，严重时会烧蚀活塞顶部，甚至将活塞烧熔在气缸内。

一辆汽车在发动机怠速暖机期间，车辆底部突然冒烟起火，火扑灭后，发现靠近排气管的主线束有约 60cm 被烧坏。更换主线束后起动试车，发动机能正常起动，但怠速不稳，同时车辆底部的温度非常高，几分钟后发现排气管已被烧红。检查点火系统，发现第 2 缸和第 3 缸没有高压火花。更换点火模块后，车辆底部的温度恢复正常。

该车的点火系统有两个点火线圈，第 1 缸和第 4 缸共用一个点火线圈，第 2 缸和第 3 缸共用另一个点火线圈。当向第 2 缸和第 3 缸供给高压电的点火线圈损坏后，ECM 仍然按照 1-2-4-3 的顺序发出点火指令，由于第 2 缸和第 3 缸的火花塞失常，无法点燃混合气，这两个气缸中的混合气未经燃烧就进入排气管，与第 1 缸和第 4 缸排出的灼热废气混合后燃烧，导致排气管温度异常升高，最终将靠近排气管的主线束烧毁。

4）一般没有故障码，但数据流多项不正常。一辆汽车行驶中突然出现动力不足、急加速不良的现象，检查燃油压力、火花塞、正时带均正常。用故障诊断仪检测电控系统，没有故障码存储。读取数据流，怠速时各项数据均正常，但转速在 2000～3000r/min 时，数据一片混乱。

大多数情况下，不会有这么多传感器和执行器同时出现故障，因而怀疑 ECM 有问题，但经检测，ECM 的电源和搭铁都正常。替换 ECM 试验，无效。拆下数据流不正常的传感器的插接器试验，数据没有变化。用示波器检测曲轴位置传感器和凸轮轴位置传感器，在怠速和中速时波形都符合标准。

最后，发现三元催化转化器的芯已经破碎，引起排气管堵塞。怠速时废气量较少，尚能排出，因此怠速时的数据基本正常。在中速和急加速时，由于废气量增大，难以通过被堵塞的三元催化转化器而排出，因此造成动力不足、急加速不良的故障。

导致三元催化转化器堵塞的原因，大多数是由于个别气缸的喷油器漏油，或者火花塞跳火失常，造成燃料燃烧不完全，未燃烧完的混合气进入排气系统内继续燃烧，最终引起三元催化转化器堵塞。

2.4.6 选择性催化还原系统（SCR）

1. SCR 主要结构部件介绍

SCR 又称选择性催化还原系统，是控制柴油机排放后处理的一种装置，它是将尿素溶液喷射到排气管中，尿素溶液由于高温分解为氨（NH_3）和二氧化碳（CO_2），NH_3 又在催化剂作用下，与氮氧化物 NO、NO_2 发生反应，将其还原成氮气和水。选择性催化还原系统示意图如图 2-161 所示。

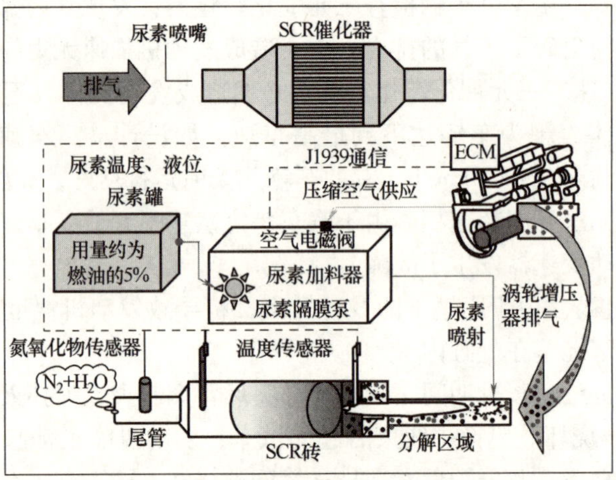

图 2-161 选择性催化还原系统示意图

SCR 系统中的主要部件有尿素罐、尿素加料装置（尿素泵）、尿素喷嘴、催化器、排气温度传感器、氮氧化物传感器等。

（1）尿素罐　尿素罐用于储存工业尿素，主要由尿素罐液位、温度传感器和尿素滤清器组成，如图 2-162 所示。

尿素罐液位和温度传感器分别监测尿素罐的液位及温度。

（2）尿素加料装置（尿素泵）　加料装置本质上是一个智能泵，在发动机 ECM 的控制下将尿素加料到喷射器喷嘴上进行喷射，如图 2-163 所示。

1）尿素加料泵按照发动机 ECM 发出的 CAN 指令输送尿素溶液。

2）尿素加料系统利用系统提供的压缩空气传送一定剂量的尿素到喷嘴上。

3）尿素加料泵具有一个内置加热装置，允许系统在外部温度为 -40℃ 以下工作（尿素在 -11℃ 时冻结）。

4）尿素加料泵集成了自诊断程序，通过 J1939CAN 通信接口发送 OBD 信息，向系统报告自身的运行状况。

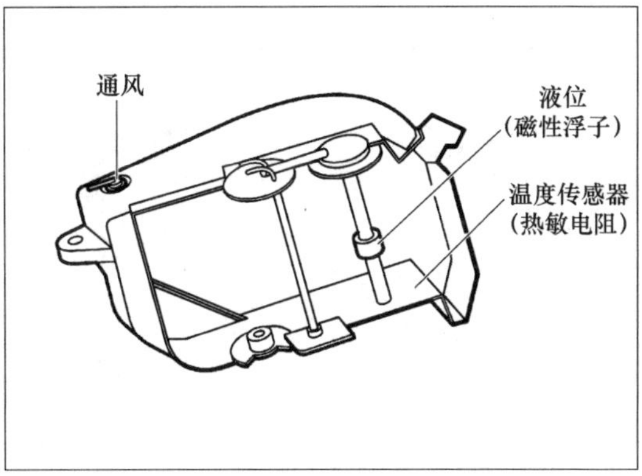

图 2-162　尿素罐

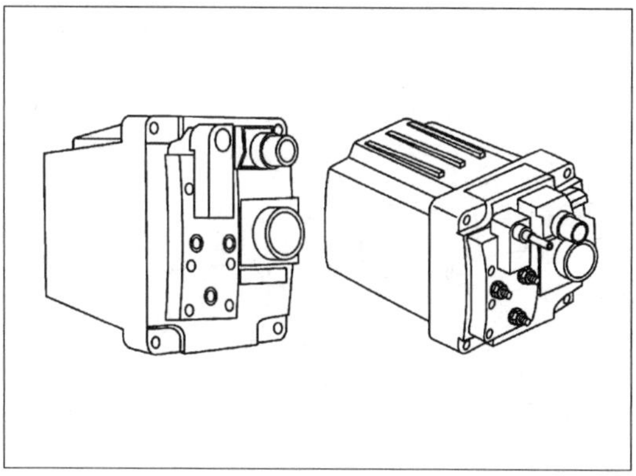

图 2-163　尿素泵

5）尿素加料泵可以适应 12V 和 24V 电源电压。

（3）尿素喷嘴　尿素喷嘴由不锈钢制成，喷射器管焊接在喷射器喷嘴体上，如图 2-164 所示。

（4）催化器　催化器通常是当前排气消声器尺寸的两倍。催化器由消声器和 SCR 催化砖两部分组成，如图 2-165 所示。

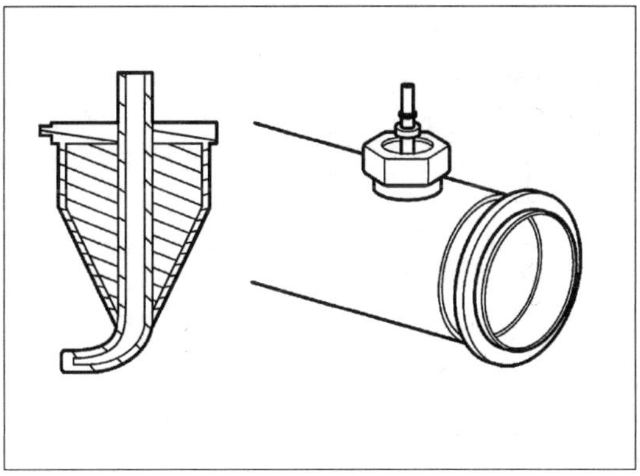

图 2-164　尿素喷嘴

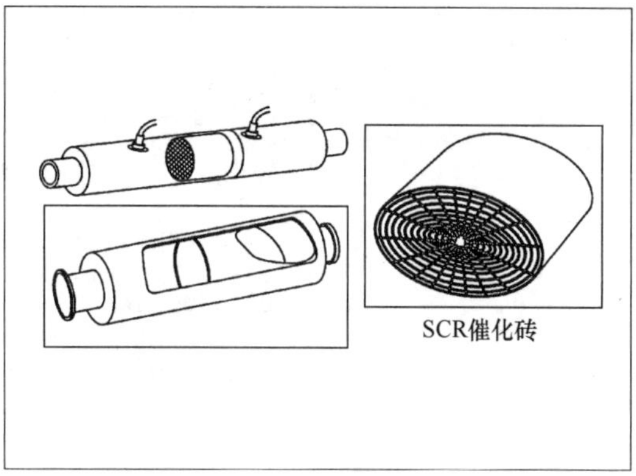

图 2-165　催化器

SCR 催化砖有如下特点：①不含贵重金属；②良好的 NH_3 吸收能力和良好的氮氧化物转化能力；③带褶皱的玻璃纤维纸；④可以卷成不同的尺寸和形状。

（5）排气温度传感器　SCR 系统上装有两个排气温度传感器，一个进口排气温度传感器和一个出口排气温度传感器，它们用来监测催化器的温度，如图 2-166 所示。

（6）氮氧化物传感器　后处理出口氮氧化物传感器（图 2-167）的位置因发动机用途的不同而不同，通常位于排气系统中的后处理催化器的出口处。如图 2-167 所示。

1）后处理出口氮氧化物传感器是一个精密设备，它接收来自发动机电子控制模块 ECM 的指令。

2）后处理出口氮氧化物传感器永久连接在氮氧化物控制模块上，作为一个整体部件进行维修，不能单独进行更换。

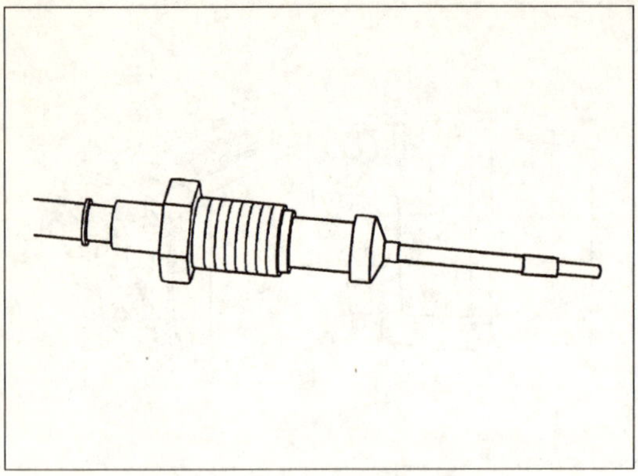

图 2-166　排气温度传感器

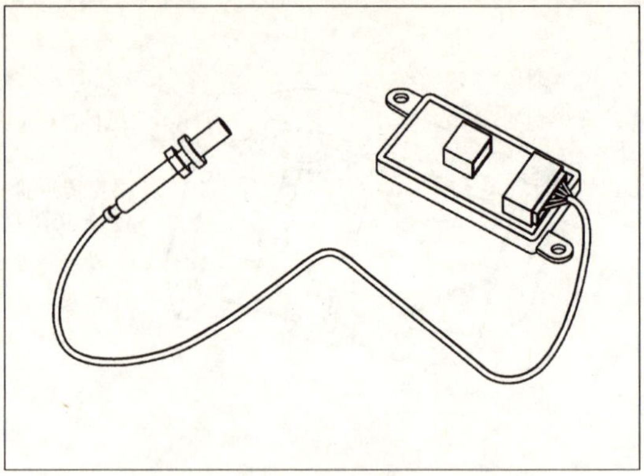

图 2-167　氮氧化物传感器

3）后处理出口氮氧化物传感器用于测量发动机出口氮氧化物的排放。

2. SCR 工作原理

SCR 由 ECM 控制加料泵非常精确地喷射液体尿素到催化器上游的排气系统中，将发动机排气产生的氮氧化物转化成氮气和水。SCR 工作原理如图 2-168 所示。

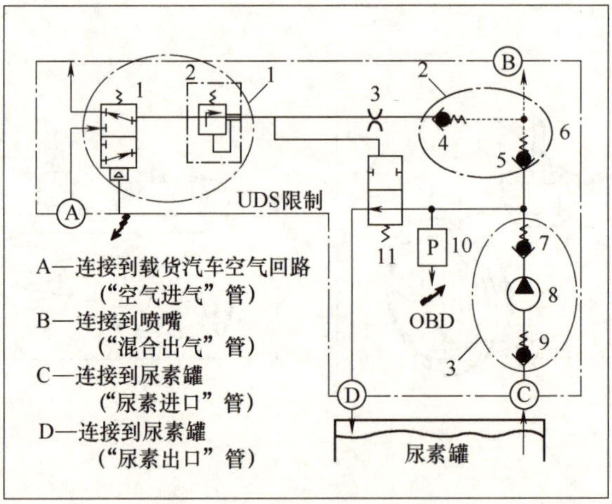

图 2-168　SCR 工作原理

1—气阀（由电磁阀控制）　2—空气压力调节器（0.4MPa）　3—计量孔
4—空气单向阀（ACV）　5—背压阀（BPV）　6—混合室　7—出口单向阀（弹簧加载）
8—驱动隔膜　9—进口单向阀（弹簧加载）　10—压力开关　11—气动阀（AAV）

在正常工作情况下，系统工作过程是：系统自检→系统预注→等待加料→系统加料→系统排空。

（1）系统自检　钥匙开关转到 ON 位置，加料器加电自检。驱动电动机转一下，使驱动轮上的一个金属参考点与电路板上的监测点对正后，驱动电动机停止转动。这时尿素输送泵驱动杆处于释放状态。

（2）系统预注

1）每次发动机起动成功开始运行时，系统都会开始预注阶段。加料器内隔膜泵开始全速运转，尿素溶液通过隔膜泵循环并流回到尿素罐中，以便排空系统中的空气。该过程持续 30s。

2）如果预注阶段成功：空气电磁阀在预注阶段末期通电打开，压缩空气进入加料器；检查尿素压力；隔膜泵停止工作。

3）如果预注阶段第一次不成功：空气电磁阀立即断电，切断空气，隔膜泵电动机将再次全速运转 30s。这一过程可重复 20 次，如果 20 次后仍不成功，SCR 泵状态控制加料器错误。

（3）等待加料

1）在预注阶段末期，空气电磁阀打开，加料器电动机停止。

2）压缩空气一直进入喷嘴，隔膜泵不转，不喷尿素。

3）加料器现在准备好进行加料，加料阶段由发动机 ECM 根据发动机产生的氮氧化物和排气温度进行控制。

4）除非满足喷入尿素的条件，加料器不会开始加入尿素，但是发动机运转时，空气通过加料器、喷嘴尿素供应管和喷嘴持续加入，以避免喷嘴堵塞。

5）在加料阶段，空气压力调节到 40kPa，空气持续穿过空气电磁阀进入喷嘴。

（4）系统加料　加入尿素的条件如下：

1）在催化器进口和出口排气温度都达到 200℃以上；

2）没有与 SCR 系统相关的 OBD 故障码；

3）尿素罐液位高于 6%；

4）空气压力高于 0.4MPa，而尿素压力为 0.3MPa；

5）尿素罐内尿素温度高于 -5℃；

6）ECM 根据汽车计算机芯片中存储的氮氧化物的数量，发出喷射命令。

（5）系统排空

1）当钥匙开关转到 OFF（断开）位置，系统进入清除阶段。压缩空气从喷嘴和加料器中流过。

2）空气将任何残留的尿素从系统中排出，否则这些液滴可能堵塞加料器单向阀或喷油器喷嘴。此阶段将延续 30s，然后系统关闭。

3）每次钥匙开关关闭循环，都会进行排空工作。

4）如果在发动机正常运行期间，SCR 系统故障变为现行故障，SCR 系统将关闭。

【维修提示】

（1）拆卸燃油系统零部件　如更换滤清器、拆卸燃油泵或油轨进/回油管路。

1）首先，将蓄电池负极断开，避免意外短路产生放电火花点燃燃油蒸气。

2）用抹布遮挡在油管接头处，再小心松开接头以泄除管路油压。

3）操作过程中应尽量避免燃油溅落到发动机及其高温排气管路上。

4）请将汽油远离橡胶制品或皮革制零件。

5）更换进/回燃油管，务必采用耐受爆破压力大于 2MPa 的耐油管路。

（2）维修三元催化转化器时的注意事项

1）在检修过程中，如果需要用起动机带动发动机转动（不起动发动机）进行试验，应从分电器上拆下点火线圈的导线，并将其与发动机可靠接地，点火系统和燃油喷射系统停止工作，以免未燃混合气进入排气系统，造成三元催化转化器损坏。

2）在路试中，若发现某气缸的点火线圈或火花塞损坏，应拔下相应气缸喷油器导线侧的插接器，临时终止其喷油，以免未燃混合气进入三元催化转化器中继续燃烧，引起三元催化转化器严重堵塞。

3）应注意检查排气温度警告灯是否点亮。汽车装备三元催化转化器后，排气温度有所提高，但过高的排气温度容易造成三元催化转化器损坏。所以，当排气温度警告灯点亮时，应立即降低车速或停车，待排气温度下降后，警告灯会自动熄灭，如果警告灯不熄灭，应查明原因，待故障排除后再继续进行检测。

4）若废气涡轮增压器油封漏油，应注意检查三元催化转化器是否受到污染。

5）对于未装备 OBD-Ⅱ诊断系统的汽车，若拆除了三元催化转化器，可能会出现存在故障现象（如尾气排放超标）却没有故障码的情况，这是由于早期的电控系统无法监测三元催化转化器故障。

6）在我国，凡是行驶里程达到 15 万 km 以上的汽车，其三元催化转化器都存在不同程度的堵塞现象。如果汽车的耗油量特别高，读取数据流时其怠速喷油脉宽异常大（有时达到 8～10ms），则应检查三元催化转化器是否失效。

7）在发动机刚起动时，由于三元催化转化器尚未达到起燃温度（250～350℃），其转化效率在 10% 以下，基本不起作用。当发动机经过一段时间（3～4min）的预热后，三元催化转化器才会开始工作，在检测时应注意这个问题。

【课后练习题】

一、简答题

1. 简要叙述 MAP 的工作原理。
2. 叙述空气流量传感器的作用、类型及工作原理。
3. 简要叙述 VVT 的工作原理及诊断思路。
4. 详细叙述废气涡轮增压系统的工作原理。
5. 燃油供给系统包括哪些部件？
6. 简述燃油压力调节器的工作原理。
7. 喷油器的类型分为哪些？
8. 喷油器如果发生故障，发动机可能会出现哪些现象？
9. 发动机起动后在正常工况下运转时，控制点火提前角的信号主要有哪些？
10. 影响发动机点火提前角的因素有哪些？
11. 爆燃传感器的工作原理及控制策略是什么？
12. 初级线圈通电时间对发动机工作有什么影响？
13. 火花塞的类型及常见故障有哪些？
14. EGR 都在哪些工况下使用？
15. EVAP 在什么工况下清空炭罐？

16. 三元催化转化器是怎么处理 CO、HC 和 NO_x 的？

17. 如何提高三元催化转化器的转化率？

二、选择题

1. 增压器转子轴承采用外支承式的优点是（　　）。

A. 有利于增加轴承寿命

B. 使增压器的结构简单

C. 清洗涡轮增压器叶轮较方便

D. 有利于压气机轴向进气

2. 根据增压压力的高低，高增压的增压压力范围是（　　）。

A. 0.23～0.3MPa　　B. 0.25～0.35MPa

C. 0.275～0.35MPa　　D. 0.3～0.4MPa

3. 增压器轴承常用的润滑方式有（　　）。

A. 飞溅润滑　　B. 由专用供油系统润滑

C. 由柴油机润滑系统供油润滑　　D. 上述三种方式都有使用

4. 根据涡轮增压器压气机工作原理可知，气体在排气涡壳内流动过程中，其工作参数的变化是（　　）。

A. 压力和速度都上升　　B. 压力上升，速度下降

C. 压力和速度都下降　　D. 压力下降，速度上升

5. 发动机怠速抖动的故障可能是（　　）。

A. 喷油器故障　　B. 曲轴位置传感器故障

C. 空气流量传感器故障　　D. 氧传感器故障

6. 在多点电控汽油喷射系统中，喷油器的喷油量主要取决于喷油器的（　　）。

A. 针阀升程　　B. 喷孔大小

C. 内外压力差　　D. 针阀开启的持续时间

7. 转速增加，点火提前角应（　　）。

A. 增加　　B. 减小　　C. 不变　　D. 先增加后减小

8. 发动机起动时反转和加速时爆燃的原因是（　　）。

A. 点火过早　　B. 点火过迟　　C. 没有点火　　D. 以上均有

9. 传统点火系统与电子点火系统最大的区别是（　　）。

A. 点火能量提高　　B. 断电器触点被点火控制器取代

C. 应用了曲轴位置传感器　　D. 改进了点火线圈

10. 拆下火花塞观察，如为赤褐色或铁锈色，表明火花塞（　　）。

A. 积炭　　B. 生锈　　C. 正常　　D. 腐蚀

11. 电子控制点火系统由（　　）直接驱动点火线圈进行点火。

A. ECM　　B. 点火控制器　　C. 分电器　　D. 转速信号

12. 检查废气再循环系统（EGR），在冷车和怠速时，废气再循环阀处在（　　）位置。

A. 开启　　B. 关闭　　C. 任何　　D. 半开

13. 三元催化转化器进口处的温度（　　）出口处的温度。

A. 高于　　B. 低于　　C. 等于　　D. 有时高于有时低于

14. 如果三元催化转化器良好，后氧传感器信号波动（　　）。

A. 频率高　　B. 增加　　C. 没有　　D. 缓慢

三、填空题

1. 空气流量传感器主要有（　　）、（　　）、（　　）和（　　）四种。
2. 热线式空气流量传感器输出的是（　　）信号。
3. 电控燃油喷射系统的类型按燃油喷射部位分为（　　）、（　　）及（　　）三种。
4. 电控燃油喷射系统中，按喷油器喷射时序可分为（　　）、（　　）和（　　）三种类型。
5. 三元催化转化器的作用是减少汽车（　　）。
6. 三元催化转化器能有效地抑制了（　　）、（　　）和（　　）的排放。

第3章

CHAPTER 3

车载诊断系统

【任务导入】

很多汽车生产厂家都对自己生产的控制系统配备专门的诊断设备，并且随车安装，以便及时监控汽车的行驶状态，这就是车载诊断系统（OBD）。随着互联网的发展，车载诊断系统也为车辆的远程控制与诊断提供了参考。本章介绍车载诊断系统的诊断方法和应用流程。

【学习目标】

1. 了解车载诊断系统的功能。
2. 理解车载诊断系统的诊断流程。
3. 掌握 DTC 的参数含义对故障诊断的作用。

3.1 车载诊断系统概述

3.1.1 车载诊断系统的检测

车载诊断是由 ECM（电子控制单元）提供的车辆自我诊断的功能。车载诊断系统收到探测车辆情况的传感器发来的信号，ECM 处理后将这些信号以最适合当前条件的方法传给执行器，如图 3-1 所示。

为了有效地进行故障诊断，使用诊断代码以识别故障部位。当诊断故障码（DTC）显示时，被故障码指示的系统中的传感器、执行机构、线路和 ECM 可能有故障。当 DTC 显示正常时，有诊断功能的系统可判断为正常。因此，故障可能在没有诊断功能的系统中。当无 DTC 显示时，ECM 或 ECM 的电源系统有故障。

ECM 根据探测到的由传感器输出的信号电压的变化，确定系统的工况。这样，ECM 一直监视输入信号（电压），把这一电压信号与储存在 ECM 存储器内的标准值相比较，判断任何异常工况。如图 3-2 显示了冷却液温度传感器的特性。

正常时，冷却液温度传感器的电压应在 0.1 ~4.8V 变化。如电压在此范围内输入，ECM

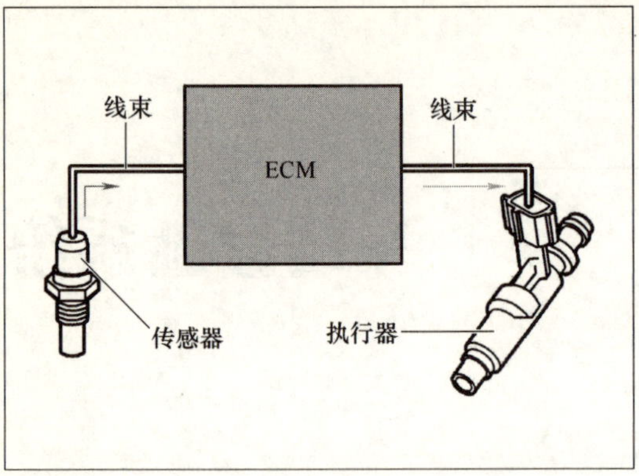

图 3-1 车载诊断系统

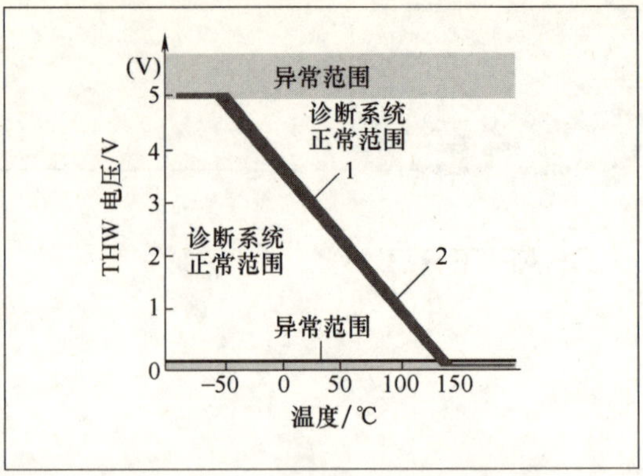

图 3-2 冷却液温度传感器的特性

确定工况正常。如出现短路（输入电压小于 0.1V）或开路（输入电压大于 4.8V），ECM 确定输入信号异常。如 ECM 确定输入信号异常，则点亮故障指示灯（MIL）向驾驶人报警，并在存储器中存储一个 DTC。

然而，即使冷却液温度传感器的输入电压处于 0.1～4.8V 的正常诊断范围内，OBD 也会依据发动机的工况诊断出是否有故障。

发动机 ECM 监测的条件不同监测到的故障码也不同。

每一个故障码检测的项目、检测的条件及环境和故障范围是不一样的，所以在诊断排除故障时一定要用解码器认真校对。

发动机 ECM 利用常供电源来储存故障码，所以在关闭发动机后，并不会清除故障码。因此要按规定清除故障码——使用诊断仪器与发动机 ECM 通信清除故障码。

扫一扫

检测车载
诊断系统

3.1.2 车载诊断系统的诊断类型

随着车辆控制系统从机械控制演变到电子控制，技术人员在排除故障中越发难以做出正确的判断。此时 OBD 应运而生。

随着技术的进步，大量装置在许多 ECM 的控制下开始工作，促使新的 OBD 出现，包括遵守车辆运行地区规则的 OBD 系统。图 3-3 显示了 OBD 系统的年表。下面以丰田车系 OBD

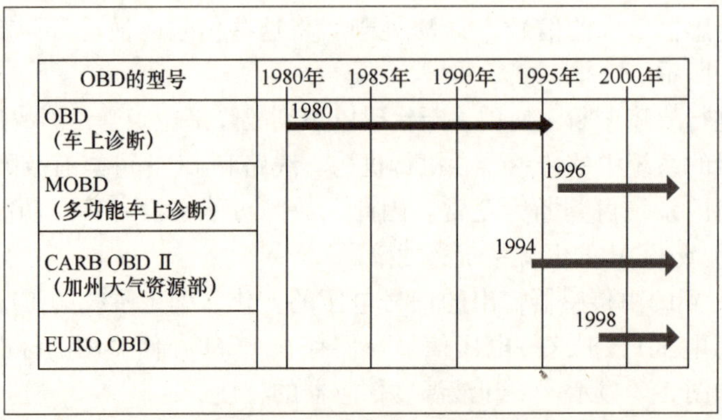

图 3-3 OBD 系统的年表

为例进行介绍。

1. OBD/MOBD 概述

手持式测试仪与车辆上的故障诊断插接器（DLC3）相连接，MOBD（多功能车载诊断）系统能使手持式测试仪直接与 ECM 联系，以便读取 DTC 和其他数据。

（1）MOBD 的特性　欧洲和一般国家5位数：（P####），（B####）和（C####），每个“#”代表一个数字或字母。对装有电子燃油喷射柴油机的某些车型，在测试仪直接接通时，甚至只有两位数的 DTC 被显示。

（2）MOBD 的主要功能　解读 DTC、解读 ECM 数据、完成运行主动测试。

2. CARB OBD Ⅱ、EURO OBD 和 ENHANCED OBD Ⅱ概述

CARB OBD Ⅱ（加利福尼亚州大气资源部车载诊断Ⅱ）和 EURO OBD（欧洲车载诊断）系统，手持式测试仪与车辆上的故障诊断插接器（DLC3）连接时，读取 DTC 和其他数据。用这些诊断装置测出的 DTC 和数据涉及动力系统、排放系统遵守各自地区的规章。CARB OBD Ⅱ和 EURO OBD 不提供在 MOBD 中的主动测试功能。

（1）CARB OBD Ⅱ的特性

使用地域：北美（美国、加拿大）。

DTC 指示：5位数（P####），每个“#”显示一个数字或字母。

（2）EURO OBD 的特性

使用地域：欧洲。

DTC 指示：5位数（P####），每个“#”显示一个数字或字母。

（3）CARB OBD Ⅱ和 EURO OBD 的主要功能　解读 DTC、解读 ECM 数据。

（4）CARB OBD Ⅱ和 EURO OBD 之间的区别

① CARB OBD Ⅱ和 EURO OBD 几乎相同，只是在北美和欧洲采用的规章有差别。

② 在显示板上出现的一些条款或发动机 ECM 测定的工况异常的数值，由于这些差别而受影响。

【提　示】

- 手持式测试仪对 CARB OBD Ⅱ和 EURO OBD 的操作方法与对 OBD/MOBD 的操作方法相同。
- 由于这些诊断装置须符合规章制度，选择车型是不必要的。
- 出现在 CARB OBD Ⅱ和 EURO OBD 的“功能选单”是不同的。

（5）ENHANCED OBD Ⅱ　ENHANCED OBD Ⅱ系统能依照规章解读 CARB OBD Ⅱ以及丰田拥有的 DTC 和数据。此外，该系统能使手持式测试仪进行主动测试。

3. OBD 功能的比较

表3-1是各种 OBD 系统功能的比较。

表3-1　各种 OBD 系统功能的比较

OBD 的型号	读取数据	阅读 DTC	主动测试	车辆选择
OBD	○	○	—	○
MOBD	○	○	○	○

（续）

OBD 的型号	读取数据	阅读 DTC	主动测试	车辆选择
CARB OBD Ⅱ	○	○	—	—
EURO OBD	○	○	—	—
ENHANCED OBD Ⅱ	○	○	○	—

注：○，由于不能与 ECM 建立联系，只能读取由 ECM 输出的信号。

一，必须通过在设置选单中选择“ENH OBD Ⅱ帮助”来选择车型。

3.2 车载诊断系统的诊断方法及流程

1. 故障诊断基本要求

1）准确地找出故障的症状。

2）确定故障的原因。

3）诊断过程必须要有逻辑性和事实依据，多问“为什么”。

2. 售后诊断软件系统 GDS 简介

随着新车型及新能源汽车的上市，原有的汽车售后诊断方式已无法达到所需的技术要求，售后诊断软件系统（GDS）应运而生。

通过 GDS 的车辆识别、全车扫描等，能够准确地定位到某系列某款车型的具体 ECM 上进行诊断。GDS 针对这些车型的每个 ECM 提供故障码、实时显示、强制输出、ECM 信息、编程编码等功能，除此之外 GDS 还提供车辆故障数据的上传、保存、分析，新车型数据更新等。

3. GDS 诊断软件的诊断功能

（1）车辆识别　在车辆识别界面框（以吉利帝豪 EC7 为例）中分别选择正确的品牌、车型、VIN（此处输入为车辆的 VIN 号，以便后续特殊功能时使用）、EMS、ABS、TPMS、TCU 等，如图 3-4 所示。单击自动识别或者手动选择对应车型后，单击右下角的确定，识别成功后，进入主界面。

如果选择自动识别，则必须先输入 VIN 号和选择排量，才能进行自动识别；如果自动识别未能识别到所有 ECU，则需要再手动进行选择完成识别。

识别成功后，单击“诊断”进行下一步。如果需要更改识别信息，则通过单击“重新选择”进行更改。

（2）诊断　当完成车辆识别后，单击“诊断”按钮。

从图 3-5 中可以看出，诊断界面由“全车扫描”“故障码”“实时显示”“动作测试”“ECU 信息”五部分组成，菜单下部显示网络架构图，未“全车扫描”前，架构图中的控制器图标显示为灰色，DTC 数显示“?”。左下角显示提示信息，右下角显示 DTC 总数。不同通信协议的连线（包括非检测用数据线）用不同颜色显示。

没有进行“全车扫描”时，右下角只有“开始扫描”是可选状态，其他按钮均为灰色不可选状态。在扫描前“DTC 数量”位置处显示“——”。只有当扫描结束后其他按钮才进入可选状态。

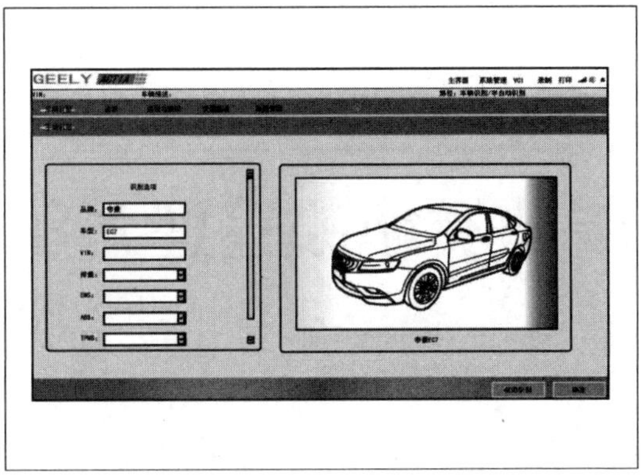

图 3-4　车辆识别界面

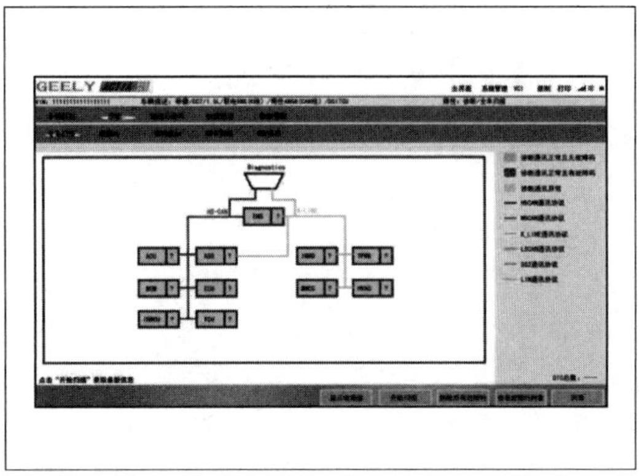

图 3-5　车辆扫描初始界面

整个流程操作完成。根据故障码和数据流判断分析故障。

【维修提示】

1）车载诊断系统在收到探测车辆情况的传感器发来的信号，ECM 处理后将这些信号以最适合当前条件的方法传给执行器。ECM 是以电压的形式从传感器收取信号的。

2）ECM 根据探测到的由传感器输出的信号电压的变化，确定系统的工况。

3）发动机 ECM 能通过从传感器输出的电压信号来检测发动机工况或车辆的行驶状况。

4）发动机 ECM 利用常供电源来储存故障码，所以在关闭发动机后，并不会清除故障码。因此要按规定来清除故障码，使用诊断仪器与发动机 ECU 通信，清除故障码。

【课后练习题】

一、简答题

1. 车载诊断系统的诊断流程是什么？
2. 各种 OBD 系统功能的区别是什么？
3. 售后诊断软件系统（GDS）的功能有哪些？

二、选择题

1. 车载诊断系统可以识别的故障部位是（　　）。

A. 传感器　　B. 执行机构

C. 发动机电控系统 ECM　　D. 发动机异响

2. 正常情况下冷却液温度传感器电压应在（　　）变化。

A. 0.1 ~4.8V　　B. 小于 0.1V

C. 大于 4.8V　　D. 5V

3. 如何规范清除 ECM 内部的故障码？（　　）。

A. 关闭点火开关　　B. 断开 ECM 插接器

C. 使用诊断仪器　　D. 断开蓄电池负极

第4章

CHAPTER 4

柴油发动机管理系统

【任务导入】

随着电子控制技术的发展，柴油机以其动力大、经济性好备受关注，而通过柴油机的发动机管理系统的控制，原有的柴油机排放性差的缺点已解决，所以目前柴油机被作为环保动力备受瞩目。本章将介绍目前柴油机的发动机管理系统的类型、工作及检修。

【学习目标】

1. 了解柴油发动机管理系统的管理策略。
2. 掌握柴油发动机管理系统控制喷油的策略。
3. 掌握柴油发动机管理系统部件检修的方法。

4.1 柴油发动机管理系统概述

柴油机电控系统以柴油机转速和负荷作为反映柴油机实际工况的基本信号，参照由试验得出的柴油机各工况相对应的喷油量和喷油定时来确定基本的喷油量和喷油定时，然后根据各种因素（如冷却液温度、油温、大气压力等）对其进行各种补偿，从而得到最佳的喷油量和喷油正时，最后通过执行器进行输出控制。

扫一扫

潍柴柴油机

扫一扫

柴油机工作过程

柴油机电控燃油喷射系统的类型如下。

（1）位置控制式系统　位置控制式系统（图4-1）保留传统喷射系统的基本结构，只是将原有的机械控制机构用电控元件取代，在原机械控制循环喷油量和喷油定时的基础上，改进更新机构功能，使用直线比例式和旋转式电磁执行机构控制油量调节齿杆（或拉杆）位移和提前器运动装置的位移，实现循环喷油量和喷油定时的控制，使控制精度和响应速度较机械式控制方式有所提高。图4-1为电子控制直列泵系统。

（2）时间控制式系统　时间控制式系统（图4-2）有许多比纯机械式或第一代系统优越的方面，但其燃油喷射压力仍然与发动机转速有关，喷射后残余压力不恒定。另外电磁阀的响应直接影响喷射特性，特别是在转速较高或瞬态转速变化很大的情况下尤为严重，而且电磁阀必须承受高压，因此对电磁阀提出了很高的要求。

（3）共轨系统　共轨式电控燃油喷射系统（图4-3）不再采用传统的柱塞泵脉动供油。共轨式电控燃油喷射系统具有公共控制油道（共轨管），高压油泵只是向公共油道供油以保持所需的共轨压力，通过连续调节共轨压力来控制喷射压力，采用压力时间式燃油计量原理，用电磁阀控制喷射过程。

该系统根据柴油机运行工况的不同，不仅可以适时地控制喷油量与喷油定时，使其达到

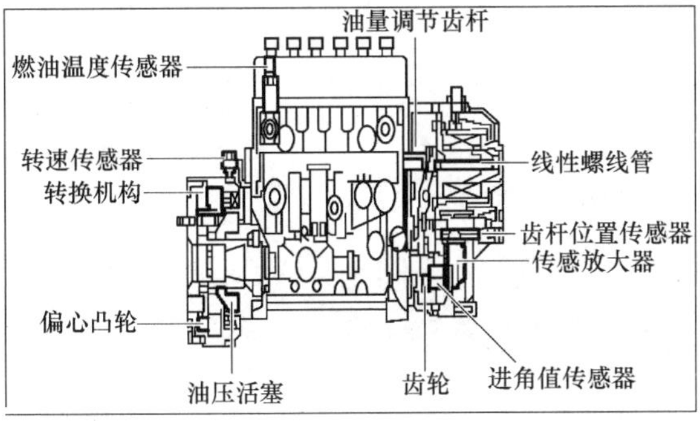

图4-1　电子控制直列泵（位置控制式）系统

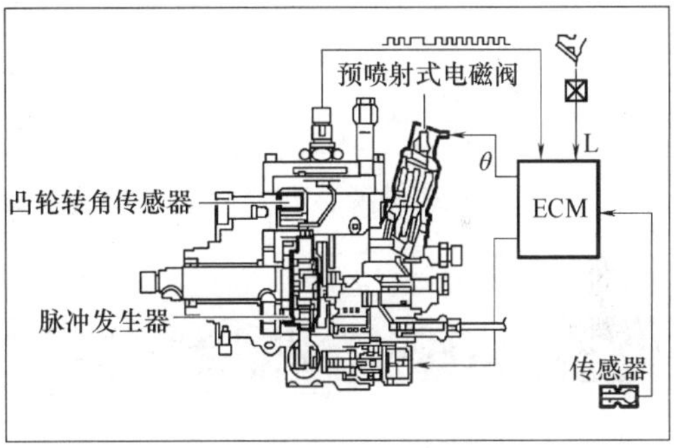

图4-2　电子控制分配泵（时间控制式）系统

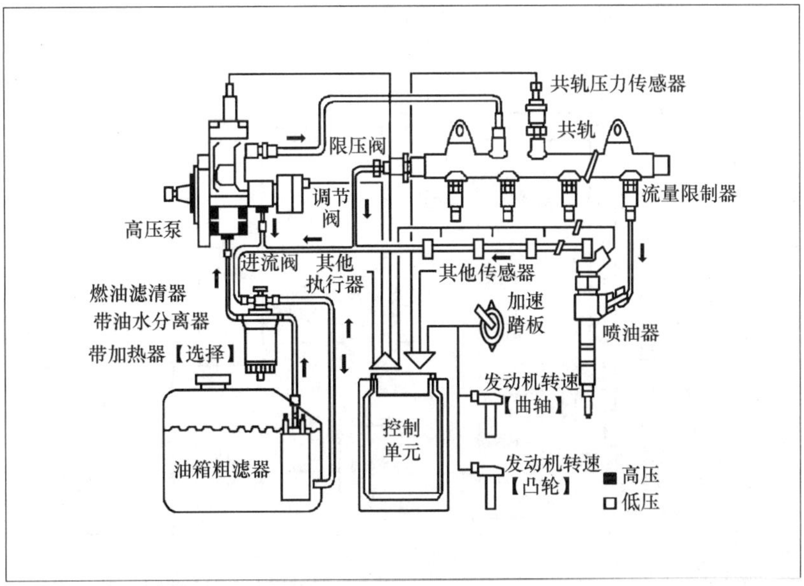

图4-3　共轨式电控燃油喷射系统典型的结构

与工况相适应的最优数值，而且还使得喷油压力和喷油速率的控制成为可能；且系统的控制自由度及精度得到了大幅度提高。

柴油动力采用意大利著名的 VM 公司的 R425 型发动机，该款柴油机采用 BOSCH 第二代共轨系统（CRS2.0），如图 4-4 所示。

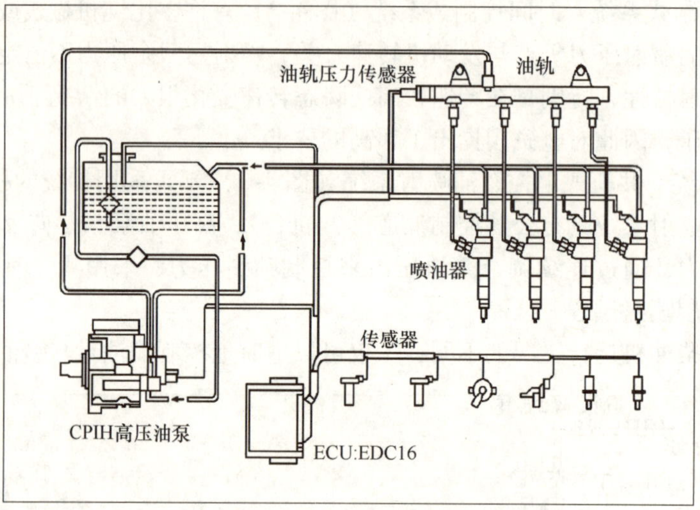

扫一扫

博世柴油机
共轨 CRS 系统

图 4-4　电控共轨式燃油系统

4.2　柴油发动机控制策略

1. 共轨系统控制框图

蓄压器喷射系统，ECM 通过接收各传感器的信号，控制喷油器电磁阀，使柴油机以正确的喷油压力在正确的喷油时间喷射出正确的喷油量，如图 4-5 所示。

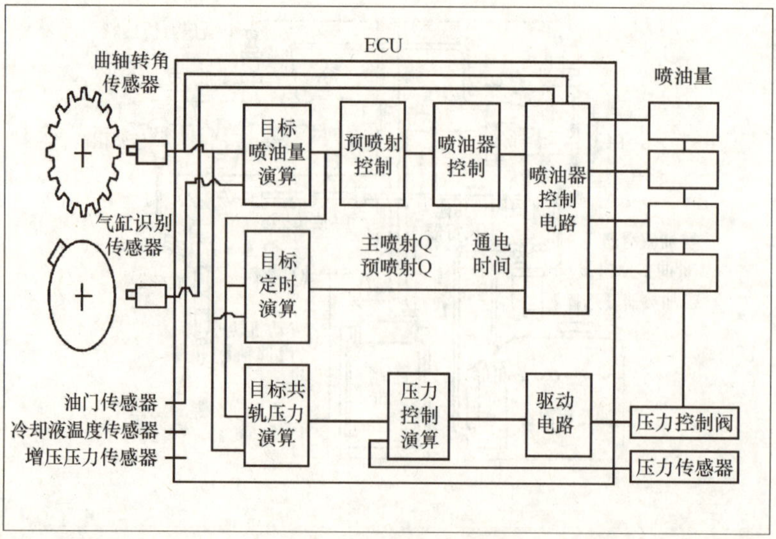

图 4-5　共轨系统控制框图

2. 控制喷油量

电子控制系统的喷油量控制方法如图 4-6 所示。

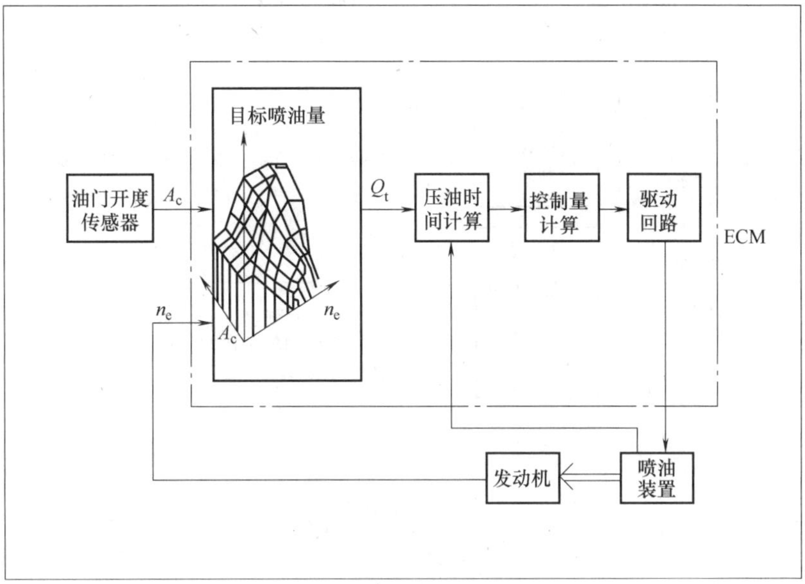

图 4-6　目标喷油量控制

（1）基本喷油量控制　不同的发动机要求不同的转矩特性。为了得到不同的转矩特性通常是通过控制喷油量来实现的。

基本喷油量特性如图 4-7 所示。特别是等速特性，与发动机负荷无关，始终保持恒定的转速。该特性广泛地应用于发电机用发动机中。在机械式调速系统中调速率约为 3%；负荷变化，转速随之变化。但在电控燃油系统中，通过发动机转速的反馈控制，可以得到恒定不变的转速。

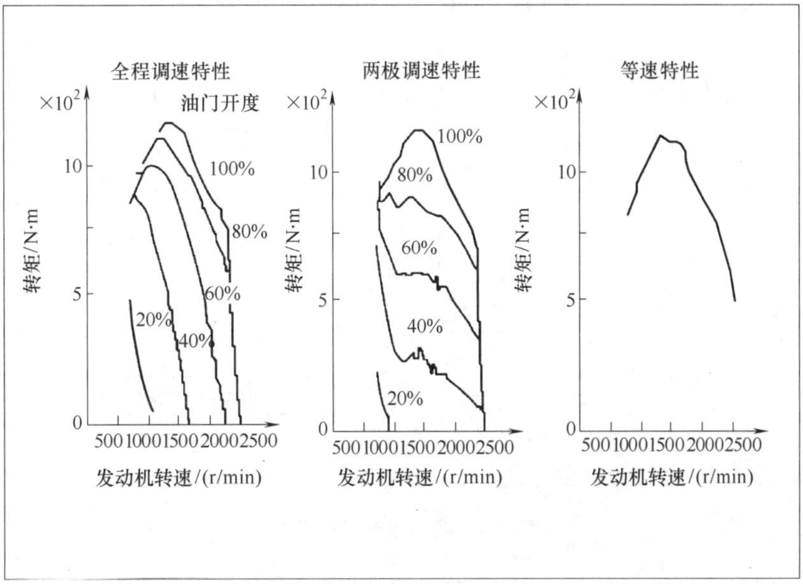

图 4-7　基本喷油量特性图

（2）怠速转速控制　怠速转速的控制过程如图 4-8 所示。发动机的实际转速和发动机的目标转速由发动机的冷却液温度、空调压缩机的负荷状态决定，并进行比较，根据两者的差值求得回复到目标转速时所必需的喷油量，从而进行反馈控制。

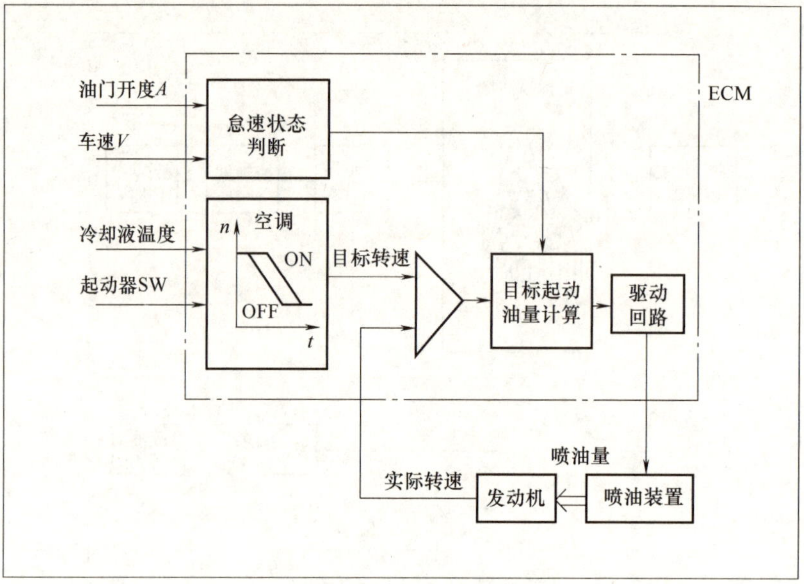

图 4-8　怠速转速控制过程

（3）起动喷油量控制　汽车加速踏板和发动机转速决定基本喷油量，冷却液温度等决定补偿喷油量，比较两者的关系之后，控制起动喷油量，如图 4-9 所示。

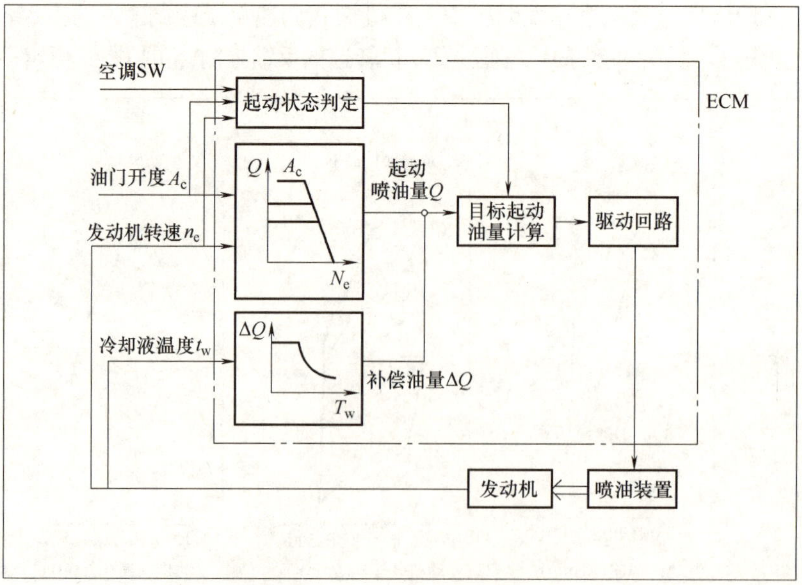

图 4-9　起动喷油量的控制

（4）不均匀喷油量补偿控制　不均匀喷油量补偿控制如图 4-10 所示。

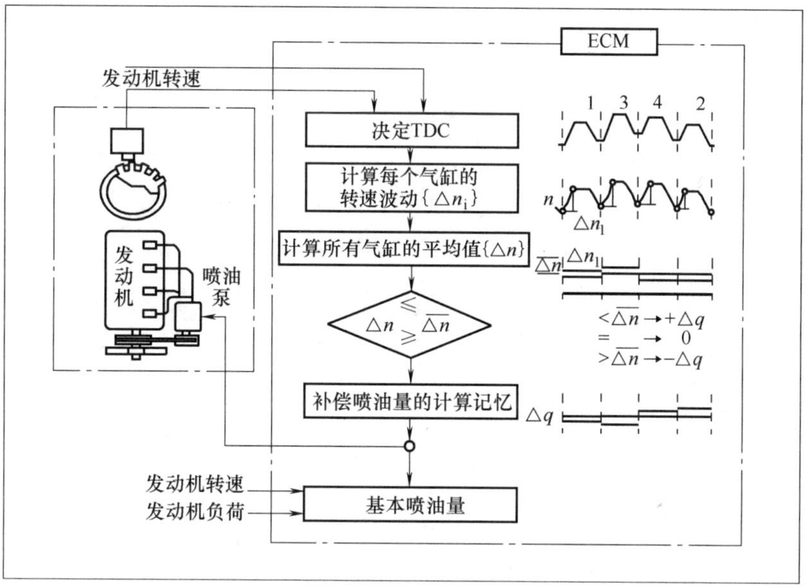

图 4-10　各缸喷油量不均匀的补偿控制

（5）恒定车速控制　汽车在高速公路上长距离行驶时，驾驶人为了维持车速一直要操纵加速踏板，很容易疲劳。对此，无须驾驶人操纵加速踏板而维持定速行驶的控制过程就是恒定车速控制，如图 4-11 所示。

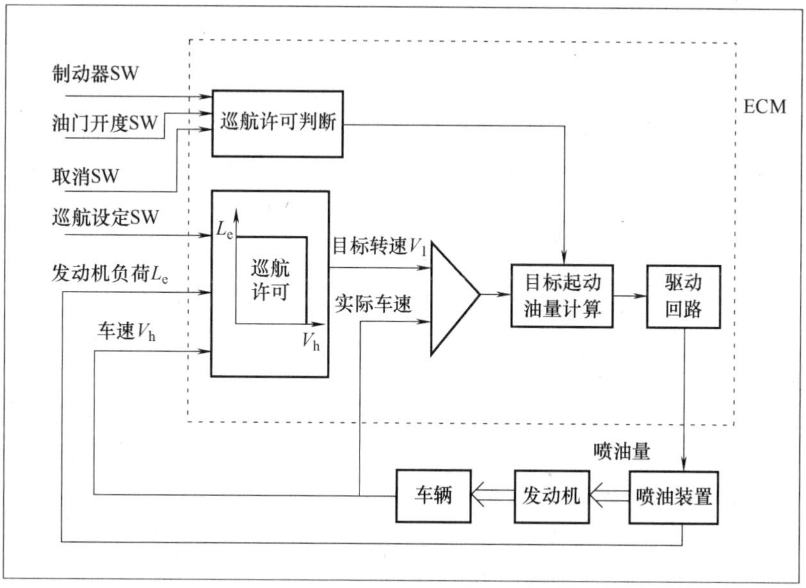

图 4-11　恒定车速控制示意图

3. 控制喷油正时

电子控制燃油喷射系统中喷油时间的控制经过了三次革新，如图 4-12 所示。

目标喷油时间采用图 4-13 中的方法进行计算。

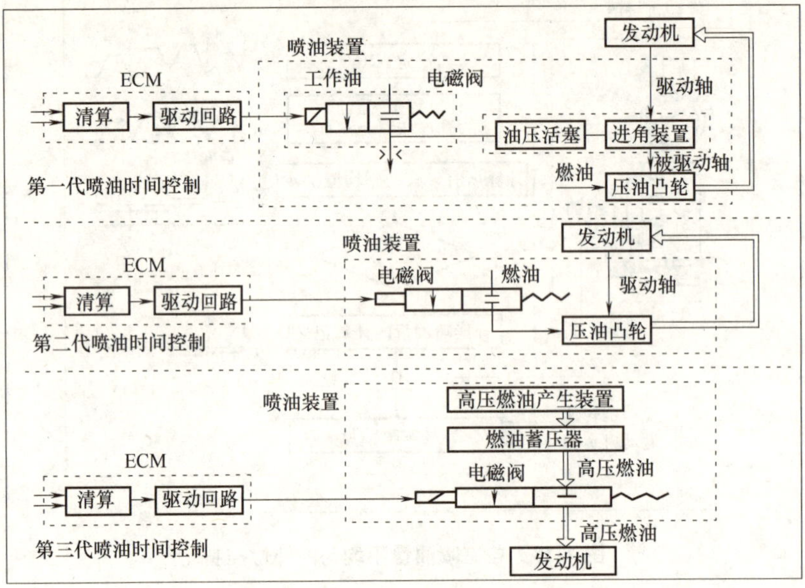

图 4-12　喷油时间控制的三次革新

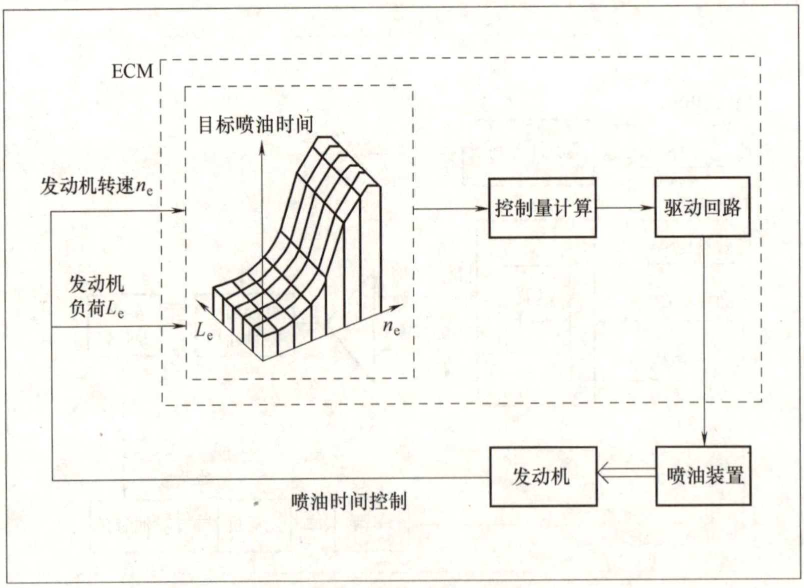

图 4-13　目标喷油时间计算

4. 控制油压

共轨式燃油系统中喷油压力的控制如图 4-14 所示。

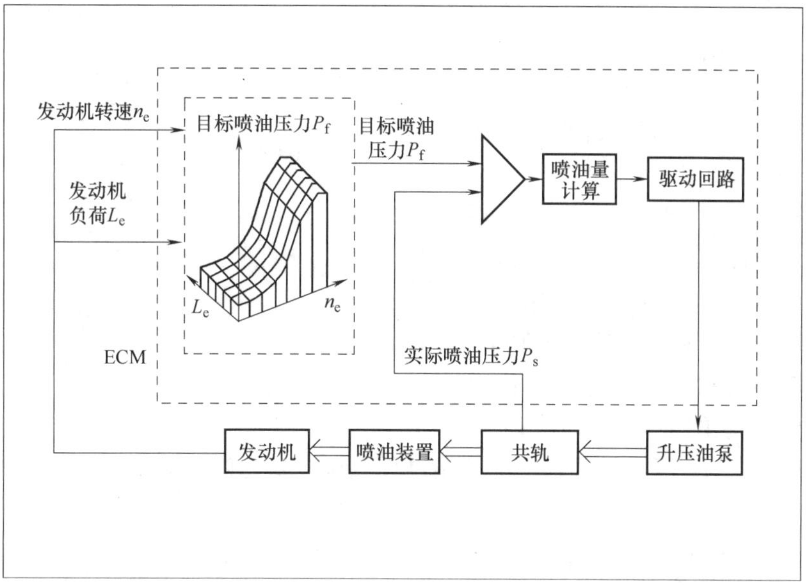

图 4-14　喷油压力控制

4.3 柴油发动机共轨控制

目前所用的高压泵、共轨轨道、喷油器、ECM 和传感器多由 BOSCH 公司生产，下面以 BOSCH 系统为例进行介绍。

高压泵：高压泵为油量计式，用于生成高压油，输油泵集成在高压泵后端，有散热片，并且高压泵安装在铝座上有利于散热。

共轨轨道：共轨轨道用于储蓄高压，目前所用的轨道额定压力为 1450bar（1bar = 0.1MPa）。高压轨安装布置在缸盖罩的上部，而且安装有反馈压力传感器，以实现油量计的闭环控制。避免对轨道敲击、碰撞。

喷油器：喷油器为 6 孔，喷油器凸出缸盖的高度影响雾化效果，因此对于不同型号的油嘴需调整喷油器垫片的厚度。

扫一扫

博世柴油机
共轨系统

ECM 和传感器：ECM 为 BOSCH 公司 EDC16 系列，传感器包括转速传感器、凸轮轴传感器、轨压传感器、冷却液温度传感器、进气温度压力传感器等。

4.3.1　高压油泵

1. 常用的高压油泵

高压油泵的主要作用是供给柴油机足够的高压柴油，同时保证柴油机迅速起动所需额外的供油量和压力要求。

扫一扫

博世高压共轨
系统工作原理

国内车用柴油机广泛采用了 BOSCH 第二代共轨系统（CRS2.0），最大供油压力在 135 ~ 160MPa（视具体机型而有所区别）。常用的高压油泵型号有CP1（图4-15）、CP1H、CP2（图4-16）、CP3（图4-17）等。

例如，依维柯索菲姆8140-43共轨柴油机采用CP1高压油泵，最高供油压力135MPa；哈弗GW2.8TC型柴油机采用了CP1H高压油泵（图4-18），最高供油压力为145MPa；商用车中型系列国3柴油机采用CP3.3高压油泵；商用车重型系列国3柴油机采用CP2.2高压油泵。

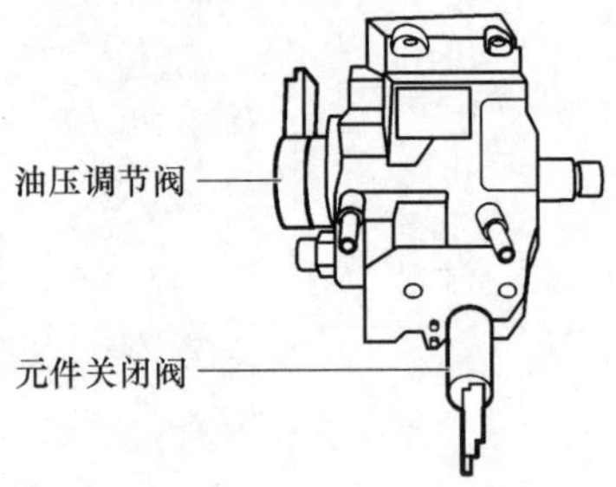

图4-15 CP1高压油泵

VM R425柴油机共轨系统采用的是CP1H高压油泵，它的主体结构与CP1基本相同，其最大区别在于：压力调节方式由高压端调节变为低压端调节，即进油调节。

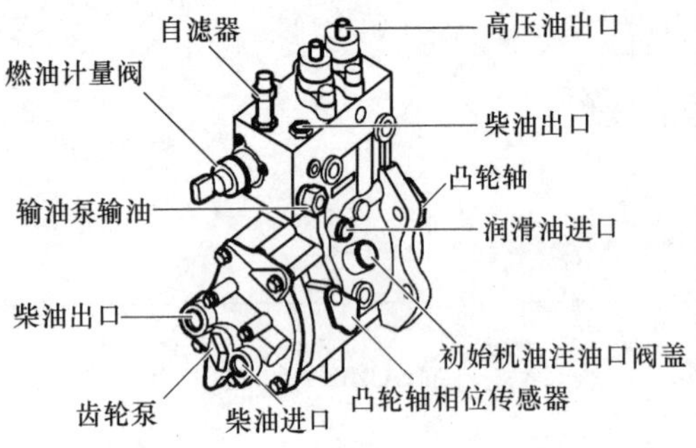

图4-16 CP2高压油泵

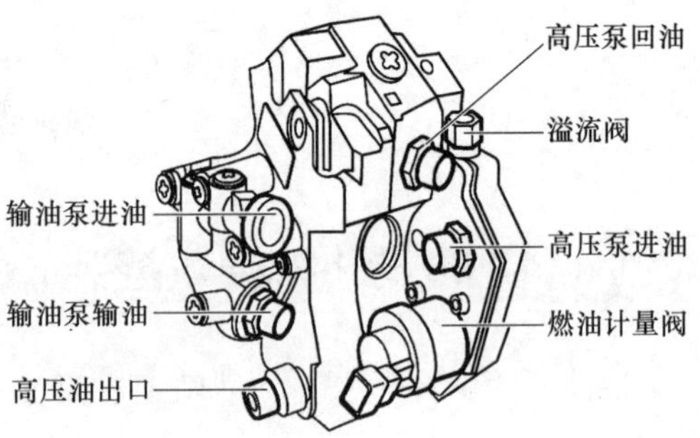

图4-17 CP3高压油泵

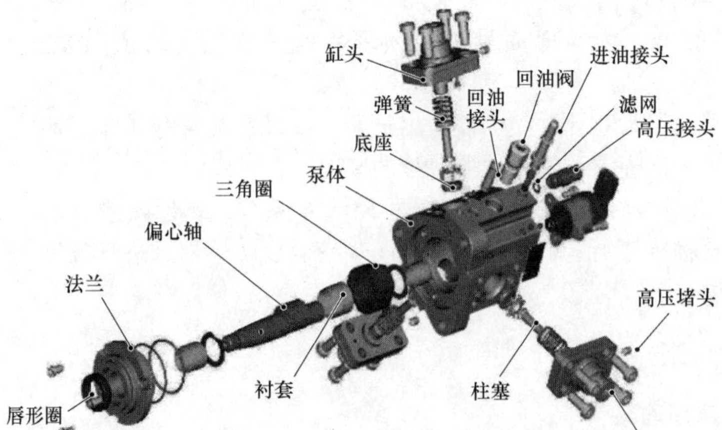

图4-18 CP1H高压油泵分解图

2. 高压油泵的结构和工作过程

高压油泵是高压回路和低压回路的分界面，在所有工况下，它主要负责在车辆的整个使用寿命中供给足够的高压燃油，同时还必须保证为使发动机迅速起动所需要的额外的供油量和压力要求。

高压油泵不断地产生共轨所需的系统压力，这就意味着燃油并不是在每个单一的喷射过程都必须被压缩（相对于传统的系统燃油）。

高压油泵安装在与传统柴油机分配泵相同的位置上。它通过带轮法兰、带轮、齿带由发动机驱动，其最高转速不超过 3000r/min。高压泵借低压油路过来的燃油润滑。高压油泵上安装有用来进行压力控制的电磁阀。

图 4-19 为高压油泵的结构。燃油被三个成辐射状安装互隔 120°的泵油柱塞压缩，高压泵每转一圈，有三次供油，峰值驱动转矩较低，油泵驱动系统保持较稳定的负荷。16N · m 的转矩大概是驱动一个同等分配泵所需转矩的 1/9，这就意味着共轨系统比传统的喷射系统在泵的驱动方面具有较少的负荷。高压油泵所需的动力是随着共轨压力和泵的速度（供油量）成比例上升的。

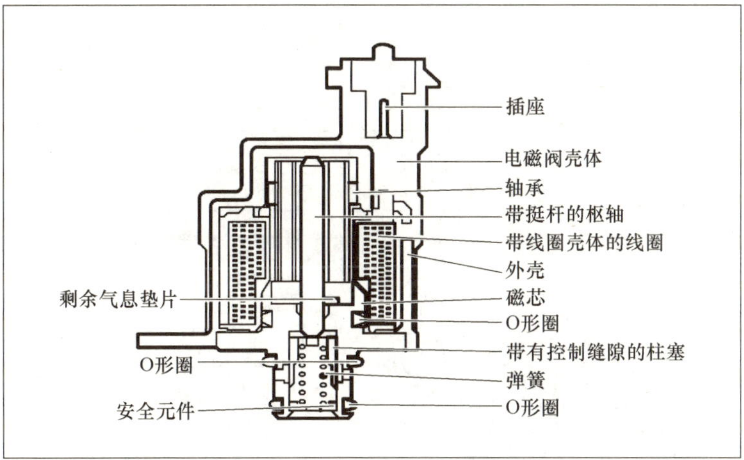

图 4-19　高压油泵的结构

输油泵将燃油从油箱中泵吸出来，经过带有油水分离装置的燃油滤清器到达高压油泵的进油口。输油泵使燃油经安全阀的节流孔，进入高压油泵的润滑和冷却回路。凸轮轴使三个泵的柱塞按照凸轮的外形上下运动。

当供油油压超过安全阀的开启压力（0.5 ~ 1.5bar），高压泵的柱塞正向下运动时（吸油行程），输油泵能使燃油经高压泵进油阀进入柱塞腔。在高压泵柱塞越过下止点后，进油阀关闭。这样，柱塞腔内的燃油被密封，它将以高于供油压力的油压被压缩，油压一旦升高达到共轨油压，出油阀被打开，被压缩的燃油就进入了高压循环。图 4-20 为高压油泵工作特性。

柱塞继续供给燃油，直至到达上止点（供油行程），压力减小，导致出油阀关闭，仍然在柱塞腔内的燃油压力也下降，柱塞又向下运动。只要柱塞腔内的压力降至低于输油泵的供油压力时，进油阀又开启，吸油过程又开始。图 4-21 为燃油供给系统。

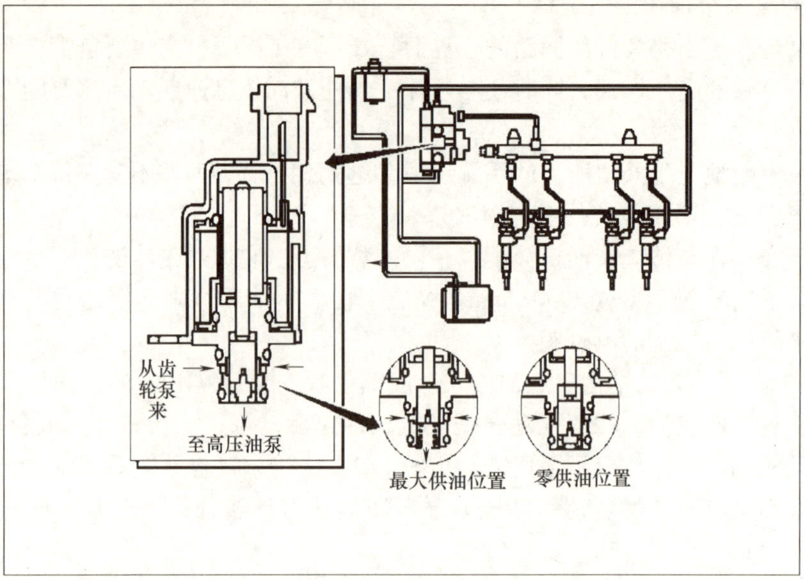

图 4-20　高压油泵工作特性

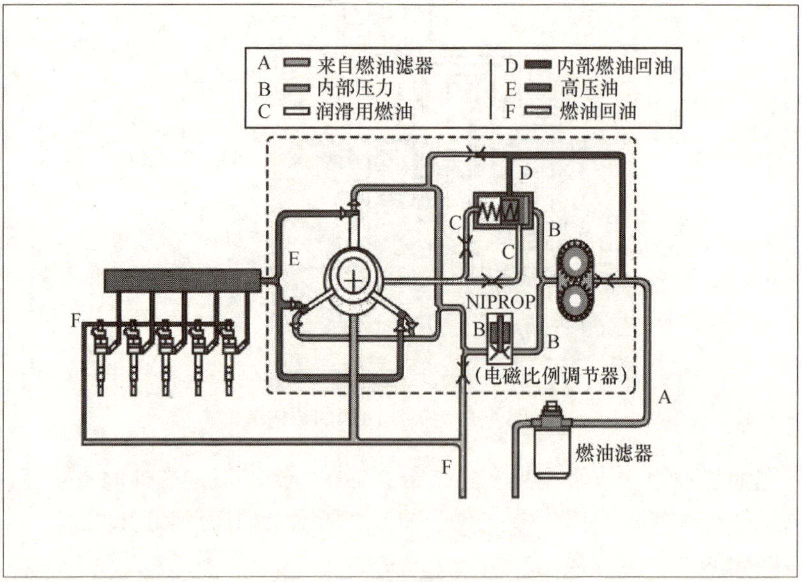

图 4-21　燃油供给系统

进油计量比例阀安装在高压油泵的第一级加压（齿轮泵）和第二级加压（柱塞泵）之间，以调整经第一级加压到第二级加压的燃油量，而阀的开启量由 ECM 控制。

ECM 通过高脉冲信号改变占空比，从而控制进油量，以增大或减少喷油量。

阶跃回油阀（图 4-22）与进油计量比例阀油路并联在一起，能使进油计量比例阀的入口处的燃油压力保持恒定——这是保证系统能正常运行的先决条件。同时在正常工作时通过它增大进入 CP1H 高压泵的润滑和冷却油量。

燃油共轨系统中的高压油泵 CP1H 的进油计量比例阀安装在进油油路前端，用于调节高

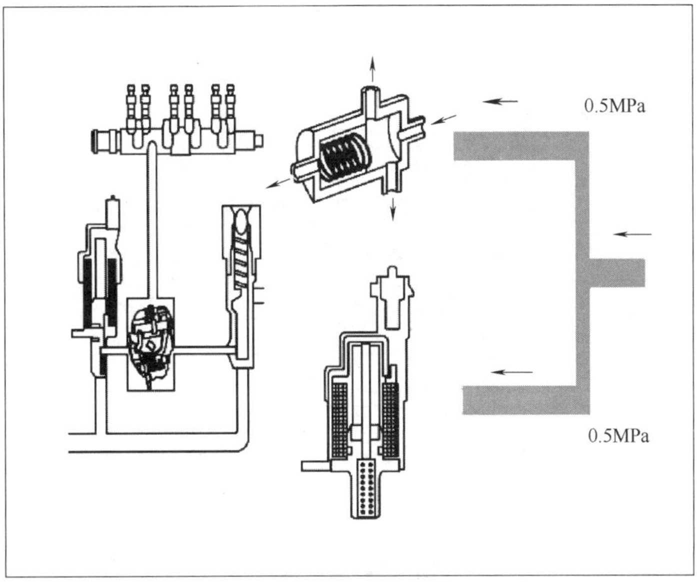

图 4-22　阶跃回油阀

扫一扫

柴油机燃油喷射系统-直列高压泵

压油泵的进油量，高压油泵仅仅给共轨管道中提供必要的高压燃油量。这种设计既可以提高工作效率，又可以减少对燃油的加热。

安装在高压油泵上的阶跃回油阀的作用是保持进油计量比例阀燃油进油口处的油压为 0. 5MPa。

4. 3. 2　共轨系统（共轨管、压力传感器、流量限制器、调压阀、限压阀）

共轨系统如图 4-23 所示。

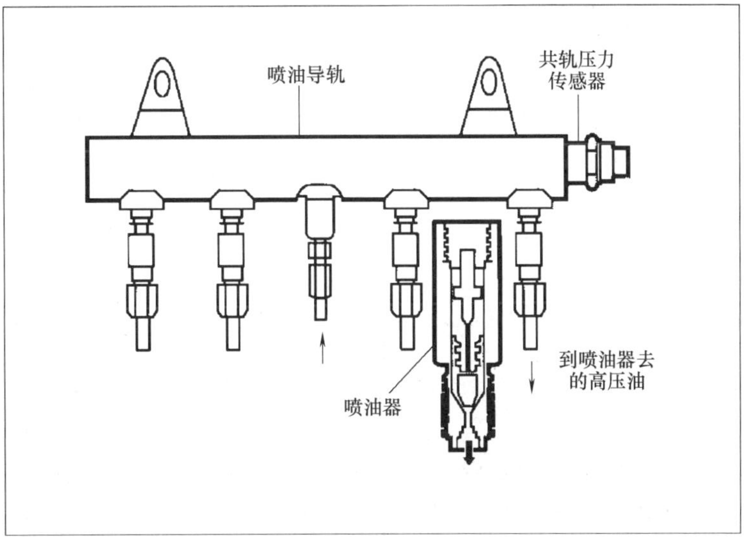

图 4-23　共轨系统

（1）共轨管　作用：①积累和分配高压燃油；②抑制因油泵供油和喷油而产生的波动。

如图 4-24 所示。

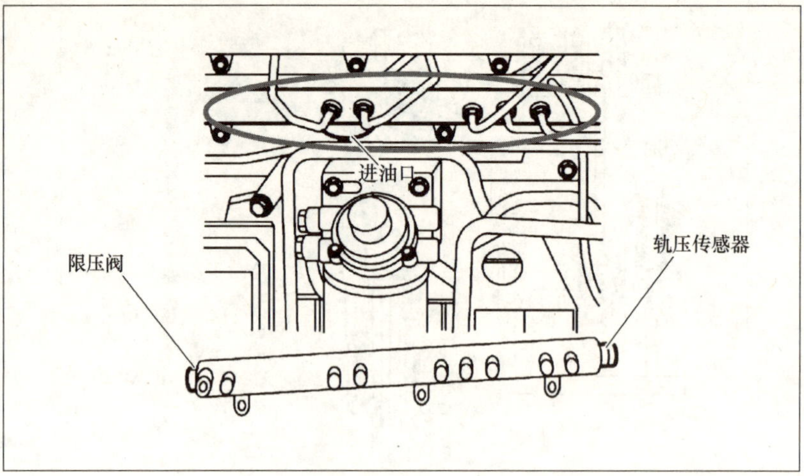

图 4-24　共轨管

（2）共轨压力传感器　共轨压力传感器如图 4-25 所示。

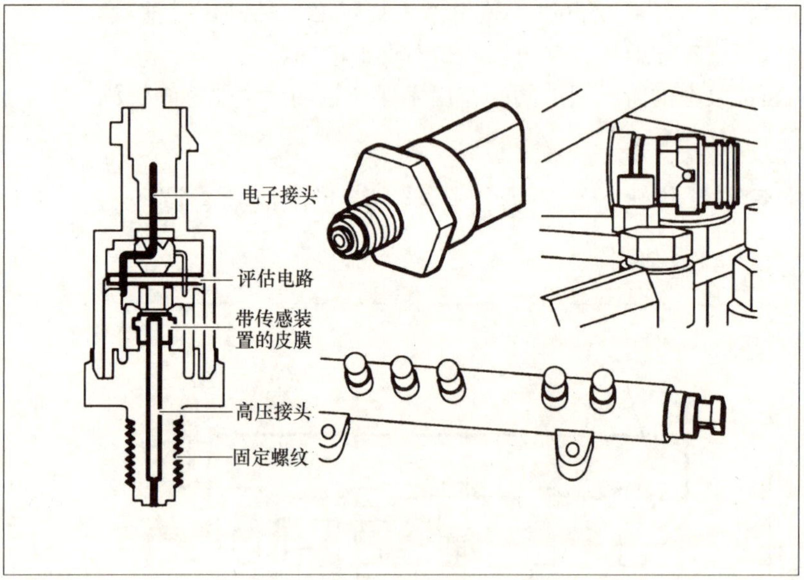

图 4-25　共轨压力传感器

作用：以足够的精度，在相应较短的时间内，测定共轨中的实时压力，并向 ECM 提供电信号。

燃油经一个小孔流向共轨压力传感器，传感器的膜片将孔的末端封住。高压燃油经压力室的小孔流向膜片。膜片上装有半导体型敏感元件，可将压力转换为电信号。连接导线将产生的电信号传送到一个向 ECM 提供测量信号的求值电路。

特性：①集成在共轨管上；②最高压力为 1800bar；③良好的线性度、重复性和精度；④接插件有三个输出端子（信号、接地、5Vref）。

（3）流量限制器　流量限制器的作用是防止喷油器可能出现的持续喷油现象。为此，由共轨流出的油量超过最大流量时，流量限制器将自动关闭流向相应喷油器的进油口，停止继续喷油。

流量限制器（图 4-26）有一个金属外壳，外壳有外螺纹，以便拧在共轨上，另一端的外螺纹用来拧入喷油器的进油管。外壳两端有孔，以便与共轨或喷油器进油管建立液压联系。流量限制器内部有一个活塞，一根弹簧将此活塞向共轨方向压紧。活塞对外壳壁部密封。活塞上的纵向孔连接进油孔和出油孔。纵向孔直径在末端是缩小的，这种缩小的作用就像流量精确规定的节流孔效果一样。

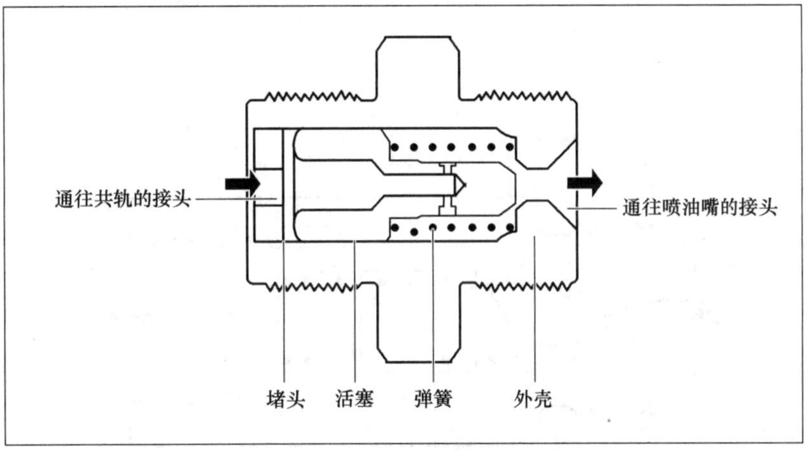

图 4-26　流量限制器

（4）调压阀　调压阀的作用是根据发动机的负荷状况调整和保持共轨中的压力。当共轨压力过高时，调压阀打开，一部分燃油经集油管流回油箱；当共轨压力过低时，调压阀关闭，高压端对低压端密封。

BOSCH 公司电控共轨系统中的调压阀（图 4-27）有一个固定凸缘，通过该凸缘将其固定在供油泵或者共轨上。电枢将一钢球压入密封座，使高压端对低压端密封。为此，一方面

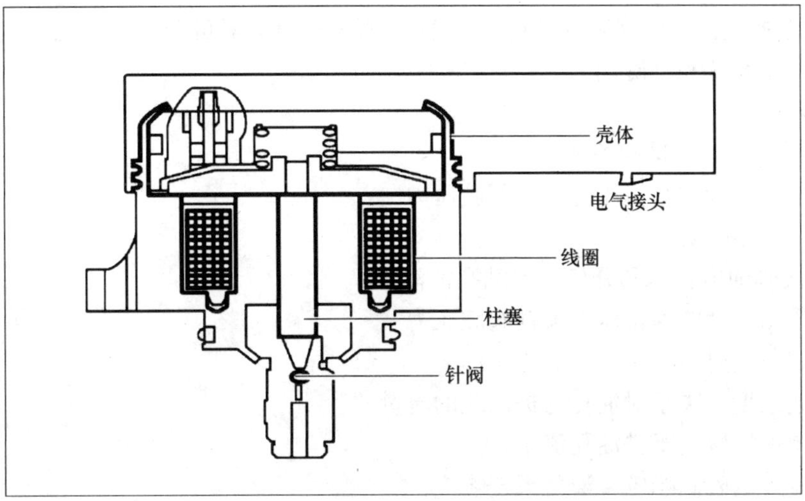

图 4-27　调压阀

弹簧将电枢往下压，另一方面电磁铁对电枢作用一个力。为进行润滑和散热，整个电枢周围有燃油流过。

调压阀有两个调节回路：一个是低速电子调节回路，用于调整共轨中可变化的平均压力值；另一个是高速机械液压式调节回路，用以补偿高频压力波动。

(5) 限压阀　限压阀的作用相当于安全阀，它的基本作用是限制共轨中的压力。当共轨中燃油压力过高时，打开放油孔卸压。共轨内允许的短时间最高压力为150MPa。

BOSCH公司电控共轨系统中的限压阀（图4-28）主要由下列构件组成：阀、外壳（有外螺纹，以便拧装在共轨上)、通往油箱的回油管接头、活塞和弹簧。

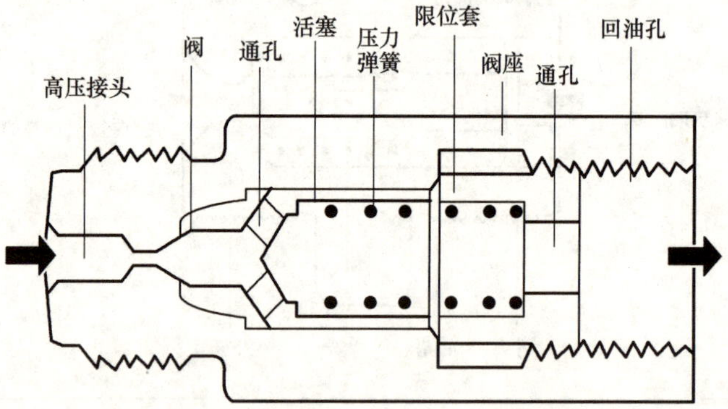

图4-28　限压阀示意图

4.3.3　喷油器

BOSCH电控喷油器的代表性结构如图4-29所示。喷油器可分为几个功能组件：孔式喷油嘴、液压伺服系统和电磁阀等。

工作原理：

(1) 电磁阀断电：球阀关闭

控制腔压力+针阀弹簧压力>针阀腔压力

针阀关闭，不喷射。

(2) 电磁阀通电：球阀开启，泄油孔泄油

控制腔压力+针阀弹簧压力<针阀腔压力

针阀抬起，喷射；

针阀抬起速度取决于泄油孔与进油孔的流量差。

针阀关闭速度取决于进油孔流量。

喷射响应=电磁阀响应+液压系统响应

一般应为0.1~0.3ms（喷油速率控制的要求）。

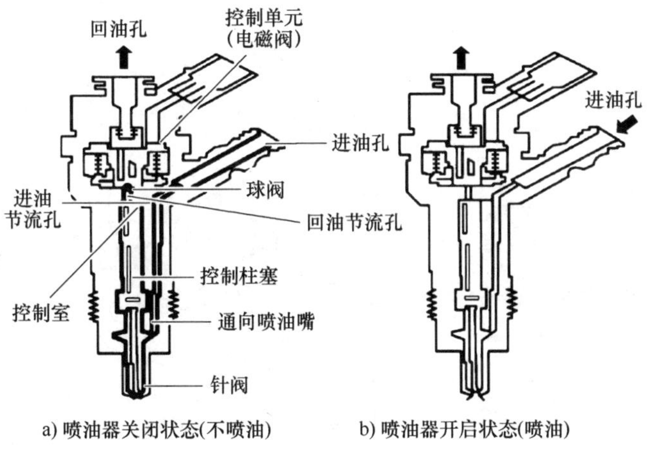

图 4-29　BOSCH 共轨式喷油器

扫一扫

博世第三代
喷油器

4.3.4　其他装置

（1）带水分离器的滤清器（预滤器）　如图 4-30 所示，柴油中含有可溶性乳状液或者自由水（例如，用于温度变化的冷却水），若这种水进入喷射系统，将会引起燃油系统元件的穴蚀。带有油水分离器的燃油滤清器，可以把水从水分收集器中排出。

- ■ 共轨系统中的零部件对燃油中的水比较敏感，因为：
  - □ 过多的水将造成润滑问题
  - □ 穴蚀、堵塞
- ■ 解决办法：加装水分离器，定期维护
- ■ 对含水2%的乳状液，在最大流量工况下水分离效率要求93%
- ■ 带手油磅
- ■ 储水能力取决于燃油消耗量和燃油质量，最低容量200ml

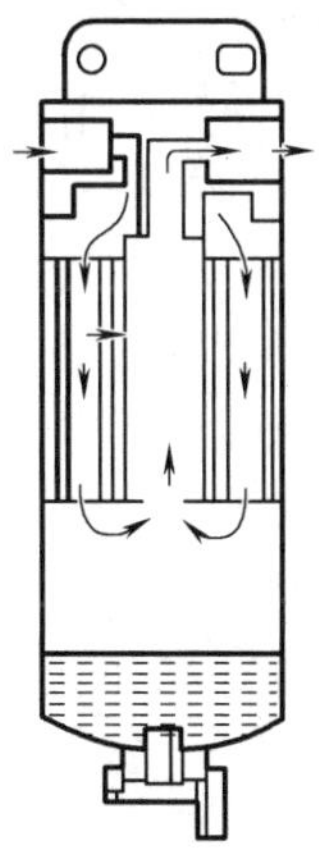

图 4-30　预滤器

（2）冷却液温度传感器　原理：高度敏感 NTC（负温度系数热敏电阻）电阻阻值随温度的下降增大。冷却液温度传感器如图 4-31 所示。

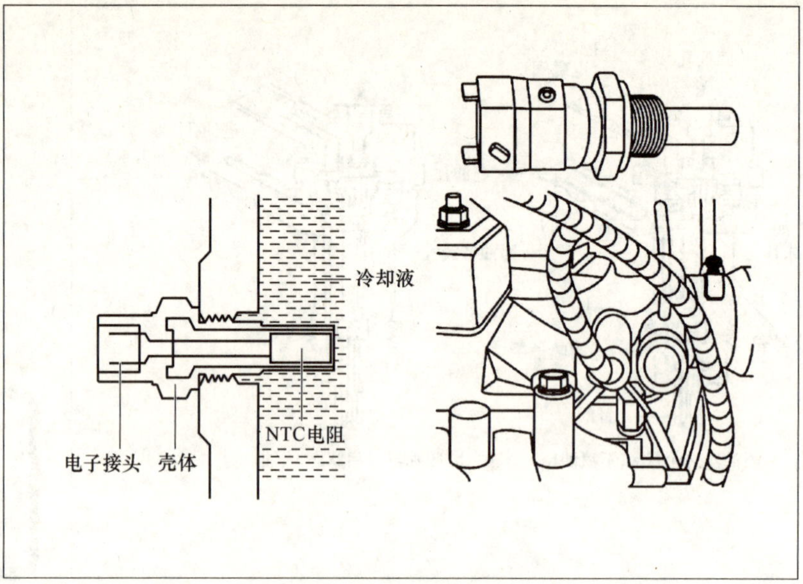

图 4-31　冷却液温度传感器

（3）进油计量阀　该结构中采用的是线性比例电磁铁。当电磁铁不通电时，在回位弹簧的作用下，使节流口的开度最大，柱塞下行时，低压油通过节流口、进油阀被吸入柱塞腔内；柱塞上行时，进油阀在弹簧力作用下关闭，切断燃油回路，柱塞腔内的油压迅速升高，向油轨供油，如图 4-32 所示。

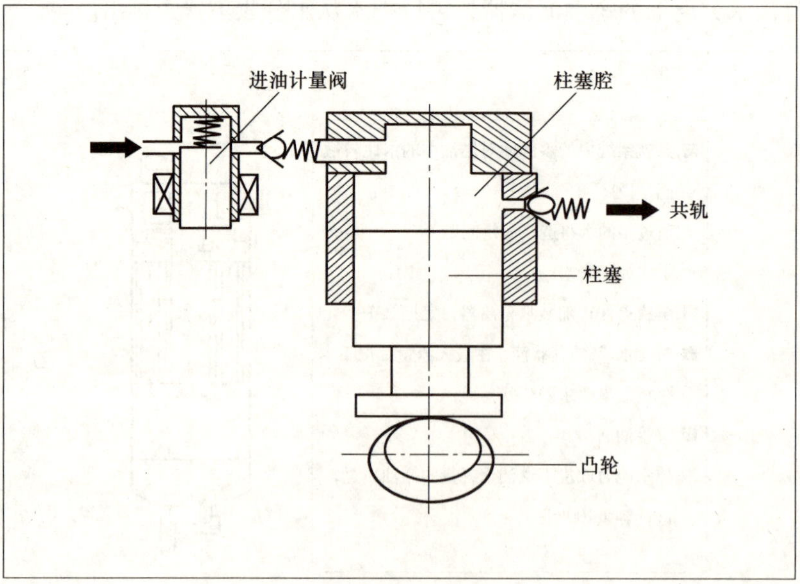

图 4-32　进油计量阀供油泵的原理

进油计量阀的结构如图 4-33 所示。电磁铁不通电时供油量最大。电磁铁由脉宽调制波（PWM）驱动，调节占空比，使电磁铁的平均驱动电流产生变化。占空比越大，产生的驱动电流越大，电磁铁产生的推力越大，使阀芯克服回位弹簧的力将节流口的流通截面减小，柱塞下行吸入的油量就少，当电磁铁的驱动力使阀芯将节流口完全关闭时，供油泵就停止向油轨供油。在整个进油过程中，柱塞腔里会产生一定的真空度。

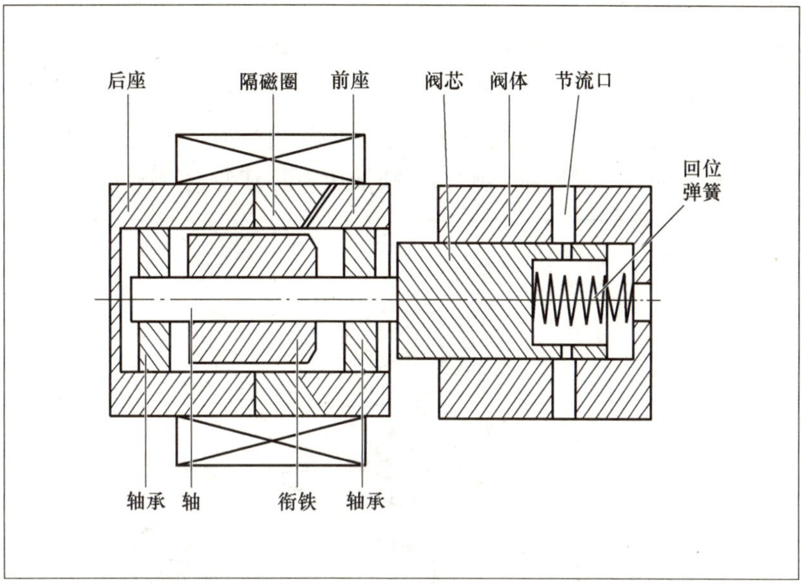

图 4-33　进油计量阀的结构

4.3.5　输油泵性能的检查

（1）输油泵吸油能力的检查　用油管将输油泵进油口直接连至 1m 以下的一专用柴油桶，拆掉输油泵出油管，用手油泵吸油，若在 30 次以内不能将柴油从油桶内吸上来并压出，则吸油能力不良。

（2）输油泵压油能力的检查

1）随车检查。拆下输油泵出油管，用手油泵压油，若油柱粗、无气泡、出油急，且能窜至 50cm 以上为好。

2）仪器检查。将输油泵随喷油泵一起固定在喷油泵实验台上，将进油管与实验台油箱连接，将出油口与实验台低压表和流量表连接，转动喷油泵，观察怠速出油压力（应为 147kPa）和额定转速时的流量（应为 2500mL/min）。

3）手油泵性能的检查。拆下输油泵手油泵，先将手油泵活塞按到底不放，再用食指将手油泵口堵住，然后松开手油泵手柄，看手柄是否会被吸住。若手柄及活塞在其回位弹簧的作用下回位，则手油泵密封性能不良，应更换。

4）进、出油止回阀密封性能试验。用塑料管将进油口与油桶连接，以较慢的速度泵手油泵，看塑料管内的油柱上升情况。若油柱一上一下来回升降，则进油止回阀不密封，应拆卸后在平板上用金相砂纸研磨或更换。继续以较慢的速度压手油泵，待出油口有油压出后，将手柄在最低位置锁住，看出油口的油平面是否会下降。若有明显的下降，则出油止回阀不密封。出油止回阀的修理方法同进油止回阀。

5）手油泵与喷油泵配合能力的检查。上述检查完成后，应将输油泵固定在喷油泵上，其出油口直接与喷油泵进油口连接，用喷油泵凸轮驱动内泵活塞进行泵油试验。如果输油泵输出油压能将喷油泵溢油阀顶开，并且在怠速、大负荷状态均有充裕的回油压出即可。

4.3.6 喷油器性能的检验

喷油器性能的检验主要包括喷油器开始喷射压力的检查与调整，喷雾质量、密封性能的检查等。喷油器的试验应在专用的试验器上进行，如图 4-34 所示。试验器由手油泵、油箱和压力表等组成。油箱的柴油经过滤清后流入手油泵的油腔中，压动手油泵泵油时，高压油经油阀流入压力表和喷油器，使喷油器喷油。喷油压力及其变化情况可以从压力表上读出。

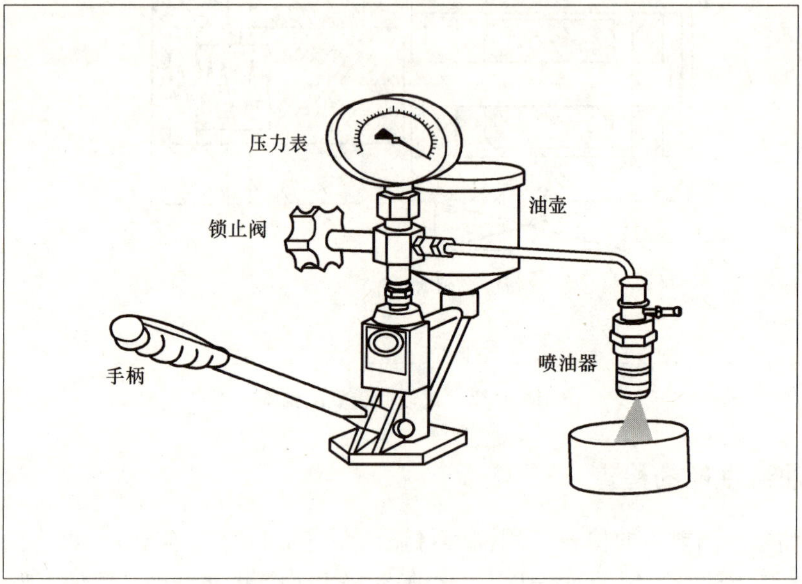

图 4-34 喷油器性能试验

(1) 喷油压力的检查与调整　将喷油器安装在试验器上，压动手柄排净系统内的空气，再快速压动手柄几次，清除喷油器内的积炭。然后慢慢压动手柄同时观察压力表，当喷油器喷射时，压力表指针会摆动，指针刚摆动时的压力值即为喷油压力，此值应符合标准。若油压太低，则拧入喷油器油压调节螺钉；反之，则退出油压调节螺钉。调整完成后，须将锁止螺母锁紧后重试。有些喷油器无调节螺钉，则应分解喷油器，更换调整垫片。

扫一扫

喷油器拆装与试验

(2) 密封性能的检查　将压力保持在高于喷油压力 1～2MPa 的状态下，保持 10s，喷油嘴处不应有油滴流出。

(3) 喷雾质量的检查　喷出的油束应细小均匀，不偏斜；各孔各自形成一个雾化良好的燃油雾束；喷射时可听到断续、清脆的声音。

(4) 喷油干脆程度的检查　喷油一次后看压力表指示压力下降是否超过 15%，若压力下降过多，则喷雾质量差。

4.4 柴油发动机电子控制

柴油发动机电子控制系统和汽油发动机基本相近，也是由很多传感器和执行器组成的，只是少了一个电子点火系统。

柴油发动机比汽油发动机多了一个 EDU（电子电动单元），EDU 是一种高电压发生器，它装在 ECM 和执行器间，用以升高蓄电池电压，并根据 ECM 的信号驱动常规 EFI 柴油发动机的直接作用式喷油量控制阀（SPV）或共轨系统内的喷射器，如图 4-35 所示。

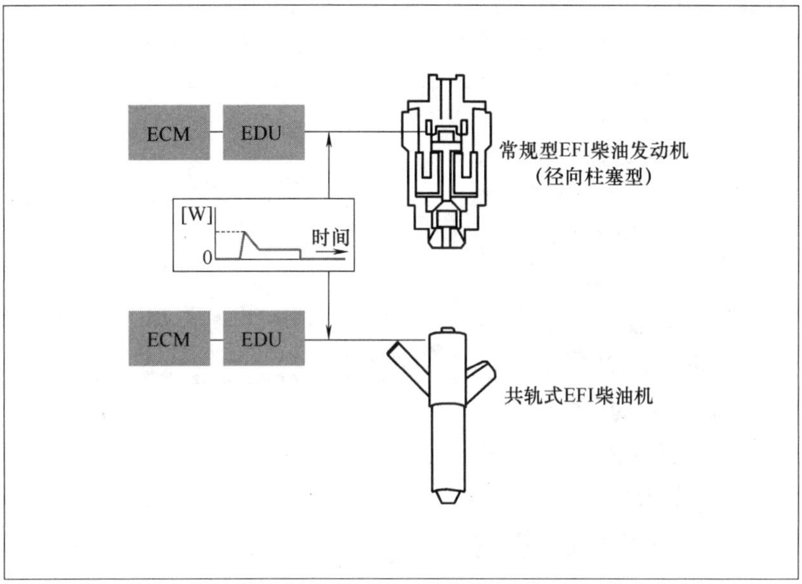

图 4-35　柴油机 EDU 驱动工作原理

1. 柴油机控制系统的组成

柴油机的控制系统组成如图 4-36 所示。

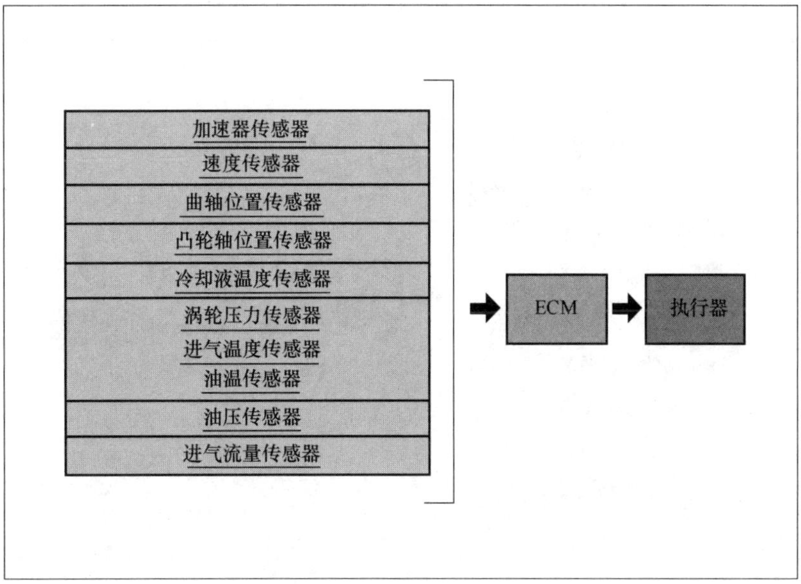

图 4-36　柴油机控制系统的组成

各种不同的传感器有着不同的作用。

1）冷却液温度传感器，装在发动机缸体上，检测发动机冷却液温度。

2）进气温度传感器，装在发动机进气管道上，检测进气温度。

3）油温传感器，装在油泵上并检测燃油温度。

2. 柴油机控制系统常见的控制方式

（1）喷油量控制过程　喷油量控制的工作过程如图 4-37 所示。

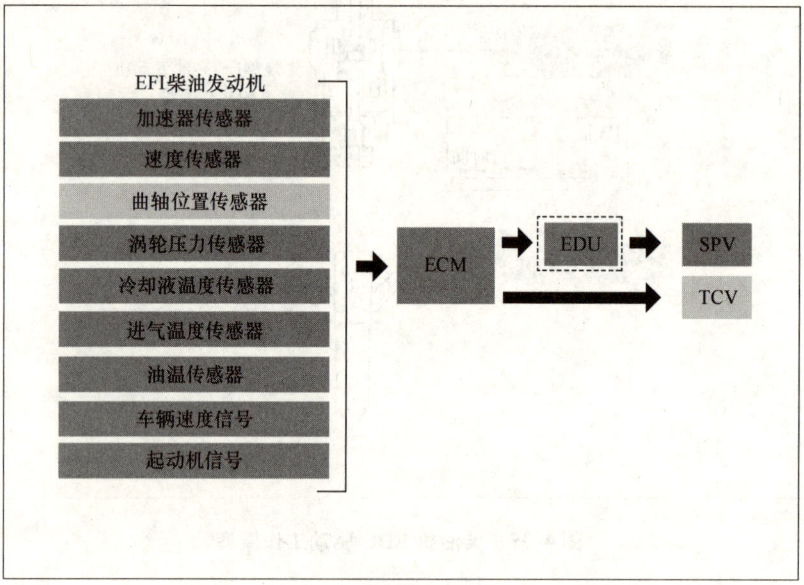

图 4-37　喷油量控制的工作过程

（2）喷油正时控制过程　喷油正时控制的工作过程如图 4-38 所示。

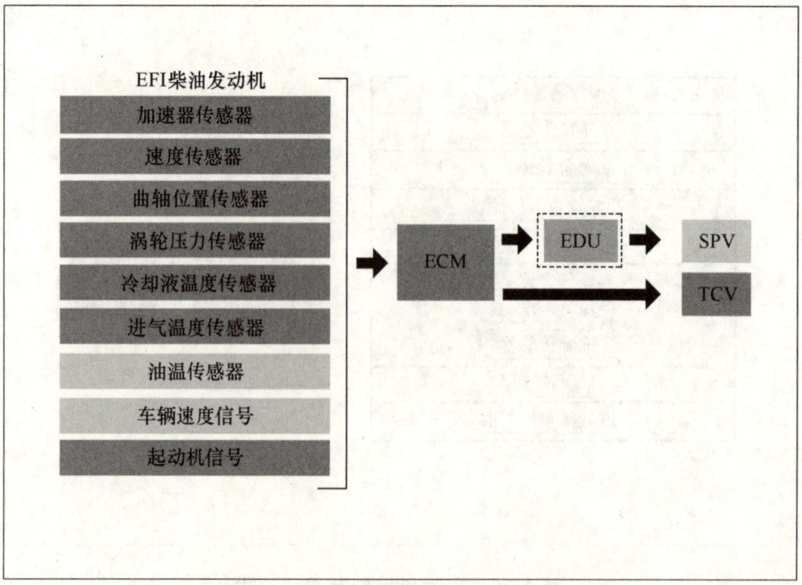

图 4-38　喷油正时控制的工作过程

（3）怠速控制　根据传感器的信号，ECM 按驱动状态计算目标速度，ECM 再将目标与发动机转速传感器的（发动机转速）信号比较，并控制执行器（SPV/喷射器），调节喷油量，以校正怠速，如图 4-39 所示。

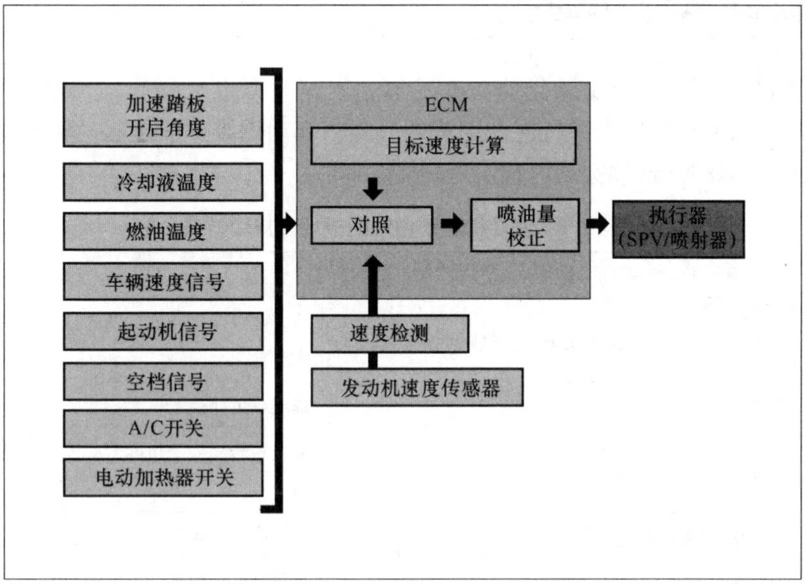

图 4-39　怠速控制的工作过程

（4）喷油正时控制　柴油发动机的基本喷油正时是通过发动机转速和加速踏板开启角度来决定的，再加上根据冷却液温度的进气压力（量）决定的校正值，ECM 发送喷射信号到 EDU，并提前或滞后信号，以调节喷射启动正时。

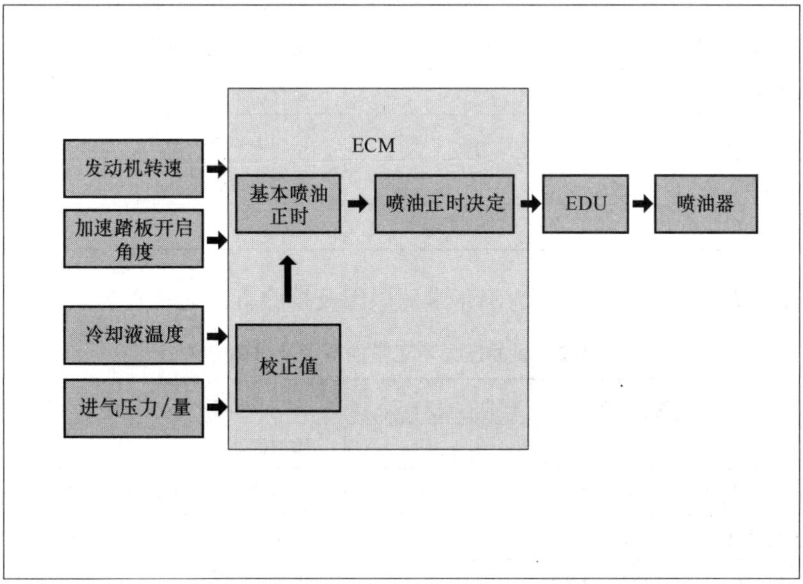

图 4-40　喷油正时控制

柴油发动机型号不同，电子控制系统稍有变化，以上几种为常见的控制方式。实际中还有低速、中速及高速调节。

4.5 柴油机典型故障案例

（1）发动机起动困难　如果起动功率足够、压缩压力也足够高，预热系统工作正常，燃油量也正常，则不会发生发动机起动困难的故障。起动困难一般是起动转速低、油路系统故障、压缩压力不够等造成的，其排除方法见表4-1。

表4-1　发动机起动困难的原因及排除方法

故障原因		排除方法
起动转速低	蓄电池液面低，电量不足或接头接触不良	检查蓄电池，充电，清除接头上的生成物，旋进接头螺栓
	起动机故障	修理或更换
	起动机齿轮与飞轮齿圈未啮合	将飞轮转动一个角度，必要时检修起动机的吸铁开关
油路系统故障	油箱中无油或阀门未打开	加油或打开阀门
	油路中有空气	排除空气并检查进空气的原因并消除故障
	油路阻塞	更换柴油滤清器，清洗油泵进油管接头滤网
喷油器故障	喷油器咬死或雾化不良	更换
	喷油器线束接错	重新连接
压缩压力不够	气门漏气	研磨或更换
	气缸垫漏气	更换，按规定拧紧气缸盖螺母
	活塞环磨损、结胶、开口重叠	更换、清洗、重装
其他原因	供油提前角及配气相位不正确	检查、重新调整
	气温太低	使用电热塞或加注热水
	机油牌号不符合要求	使用规定牌号机油
	气缸中有水	检查

（2）机油压力不正常　机油压力不正常的原因及排除方法见表4-2。

表4-2　机油压力不正常的原因及排除方法

故障原因		排除方法
机油无压力或压力过低	机油油面过低	添加机油
	吸油管和O形圈未压紧，进空气	重装并检查是否破裂
	机油滤清器密封圈磨损	更换
	机油限压阀弹簧变形或断裂	更换
	机油泵磨损	更换

（续）

故障原因		排除方法
机油压力过高	各轴承配合处间隙过大	检查、更换
	机油限压阀工作不正常	检查、调整
	气温低、机油黏度太大	换规定牌号机油
凸轮轴和摇臂处不上机油	油压太低	调整
	气缸垫装错	重装

（3）发动机机油消耗过大　机油消耗过大的原因主要是：机油外漏、机油燃烧、活塞环泄漏等。这些用肉眼可以简单地检查出来。

为了查清是机油燃烧还是活塞环泄漏，可以起动发动机，并使发动机怠速运转几分钟，然后拆下气缸盖进行检查。机油燃烧时，活塞周围有机油痕迹。活塞环泄漏时，一般在气门头周围有机油痕迹，并有积炭。发动机机油消耗过大的原因及排除方法见表 4-3。

表 4-3　发动机机油消耗过大的原因及排除方法

故障原因	排除方法
机油牌号不对	使用符合规定的机油
活塞环磨损过大	更换
活塞环胶结，环槽回油孔堵塞	消除积炭
后油封漏油	检查，更换后油封
机油油面过高	按规定油面添加机油

（4）机油油面过高　机油油面过高的原因及排除方法见表 4-4。

表 4-4　机油油面过高的原因及排除方法

故障原因	排除方法
气缸垫漏水	检查、更换
气缸盖碗形塞漏水	粘补或更换
机冷器漏水	检查更换

（5）发动机怠速不稳　发动机怠速不稳可能导致发动机喘振和急速减速停车。若发动机在中高速下运转正常，应先检查 ECM 和有关零部件，然后检查发动机怠速状况。若发动机怠速波动大或以急速减速停机，则可能是怠速设定得太低。

（6）发动机功率不足　发动机功率不足可能是喷油量不足、进气量不足、压缩压力不足、燃烧不良等造成的，其排除方法见表 4-5。

表 4-5　发动机功率不足的原因及排除方法

故障原因		排除方法
喷油量不足	柴油滤清器或输油泵进油接头滤网堵塞	清洗接头滤网，更换柴油滤清器
	喷油嘴雾化不良	更换喷油嘴

（续）

故障原因		排除方法
喷油量不足	轨压低	调整
	输油泵磨损	更换输油泵
	供油提前角不正确	调整
进气量不足	空气滤清器堵塞	清理或更换
	进排气门漏气	检查气门间隙及气门密封情况
	进气管堵塞	清理
其他原因	配气定时不对	检查调整，必要时换凸轮轴
	压缩压力不足	更换缸套、活塞环

（7）排气冒黑、白或蓝烟　大量浓黑的排烟是燃油喷射量过多、进气量不足、喷射状态不好、喷射定时过早等产生的不完全燃烧造成的。排气冒黑、白或蓝烟的原因和排除方法见表4-6。

表4-6　排气冒黑、白或蓝烟的原因及排除方法

故障现象	故障原因	排除方法
排气冒黑烟	喷油器耦件卡滞	更换或研磨
	负荷过重	调整负荷
	供油提前角不正确	调整
	气门密封不良，配气相位不对	检查、调整
	空气滤清器阻塞	吹刷或更换纸质滤芯
	缸套、活塞环磨损	更换
排气冒白烟	喷油压力太低，雾化不良有滴油现象	检查调整或更换
	冷却液温度太低	遮盖散热箱或检查风扇离合器、节温器
	气缸内进水	检查气缸垫及气缸盖
排气冒蓝烟	第二道环装反	重装
	活塞环磨损，气门导管磨损	更换
	机油油面过高	放至规定油面

（8）发动机过热　在查找引起发动机过热原因时，必须弄清楚是发动机真正过热，还是温度计指示有问题。为了确定真正的原因，在发动机运转中，在散热器顶部测量发动机冷却液的温度，并将测得的值与仪表盘上温度计指示值比较，从而检查温度表指示是否精确。然后检查表4-7所示原因，从容易检查的项目开始。

表4-7　发动机过热的原因及排除方法

故障原因	排除方法
活塞环窜气	更换
机油进水，变稀变质，机油过多或过少	更换、放出或添加

（续）

故障原因	排除方法
轴承配合间隙过紧	检查、调整
水泵损坏或传动带太松而致使冷却液温度过高	检查、调整
节温器失灵或散热器冷却液量不足	检查、添加
气缸垫损坏	更换
水套内水垢过厚	清洗
喷油器咬死	更换
柴油机负荷过大	调整负荷
供油提前角太小或太大	按规定调整

（9）发动机不正常噪声　发动机不正常的噪声包括爆燃噪声、活塞敲缸声、曲轴噪声等。发动机爆燃噪声是由于快速燃油燃烧，主要是燃油喷射正时太早或燃油喷射形状不好等造成的。在发动机起动后，随着发动机温度的上升，爆燃噪声立即产生。

若发动机产生连续的噪声，应进行系统的检查，确定出噪声发生源。从辅助设备如发电机、水泵等发出的噪声，可将螺栓拆下来消除，这样使检查发动机噪声较为简便。若发动机产生敲击噪声，如活塞敲缸声、活塞销和连杆轴承噪声等从气缸发出的噪声，可按顺序将喷油管接头松开，中断燃油流动来进行检查。

发动机曲轴噪声可用将离合器踏板踏进、抬起的方法来检查。如果噪声是由曲轴运动而造成的，当操作离合器时，噪声将发生变化。

（10）燃油消耗量过大　在按诊断步骤进行检查前，必须弄清在什么样的驾驶条件下，有多大的燃油消耗率。因为燃油的消耗率在很大程度上随驾驶习惯、车辆负载以及道路和街道的综合条件而改变。第一步，先检查空气滤清器和排气歧管是否堵塞，然后检查气缸的压缩压力。第二步，进行道路驾驶试验，看看发动机工作是否正常，能否正常地加速。若道路驾驶试验正常，故障可能在燃油系统。为检查燃油系统的情况，使用喷油嘴试验器进行燃油喷射形状和喷射起动压力的检查（表4-8）。

表4-8　燃油消耗量过大的原因及排除方法

故障原因	排除方法
供油提前角太大	调整
喷油器咬死	更换
活塞碰气门	更换
活塞碰气缸盖底面	更换
气门弹簧断裂	更换
连杆轴瓦和小头间隙太大	检查更换
活塞与缸套间隙太大	更换

（11）其他现象　其他现象的原因及排除方法见表4-9。

表4-9 其他现象的原因及排除方法

故障现象	故障原因	排除方法
振动严重	各缸压缩比或供油量相差较大	检查调整
	油路进空气	排除空气
	柴油机安装不对中，紧固螺栓松	校正对中，拧紧
	柴油机敲缸，工作粗暴	检查油嘴及供油提前角
	曲轴带轮、飞轮平衡重不正确	更换
自行停车	油路中有空气，滤芯阻塞	检查排除，更换
	轴瓦烧死	检查原因，更换
	电量不足	充电或更换

（12）燃油系统常见故障 燃油系统常见故障的现象及原因见表4-10，对照表中的故障现象使用发动机故障诊断仪排查故障的原因。

表4-10 燃油系统常见故障的现象及原因

故障类型	故障现象	故障原因
发动机不能起动	起动机没有任何反应	起动机线束插头松动；接地线接触不良；主继电器不工作；起动机损坏
	起动机运动，但发动机仍不能起动	油路漏空气严重；燃油滤清器油路连接错误；高压油泵油路连接错误；凸轮轴相位传感器插头松动；曲轴相位传感器插头松动；油轨压力传感器接头松动；电控喷油器接头松动；高压油泵接头松动；凸轮轴相位传感器线束不通；曲轴相位传感器线束不通；油轨压力传感器线束不通；电控喷油器线束不通；高压油泵线束不通；凸轮轴相位传感器、曲轴相位传感器、油轨压力传感器、电控喷油器或高压油泵失效
发动机起动不正常	起动后立即自动熄火	空气流量计HFM安装错误
	起动运行一段时间后，自动熄火	冷却液温度传感器失效
	运行过程中突然熄火	发动机冷却液温度过高；油路漏气严重，导致间歇断油
整车运行不正常	整车排烟突然恶化	空气流量传感器HFM线束故障；空气流量传感器HFM失效
	整车动力突然丢失，只能低速行驶	加速踏板接头接触不良；加速踏板电控模块失效；车速传感器信号丢失；共轨系统其他部件失效
冷机起动困难	起动时间较长，而且整车排烟较差	没有进行预热就起动；预热塞线束松动，导致预热塞不工作；预热塞部件失效
发动机运转不平稳	发动机怠速转速低，发动机抖动	喷油器线束接触不良；喷油器线束连接错误；喷油器总成失效

【维修提示】

柴油机电控系统对低压油路有非常高的要求，低压油路从油箱到泵箱，包括油水分离器和输油泵。其中油水分离器的保养行程约 12000km，属于消耗品。现今国内大部分柴油不能保证清洁度，达不到欧Ⅲ燃油标准，非常容易导致油水分离器堵塞，严重的情况下可能会出现输油泵的工作能力下降和油泵柱塞卡死的故障。系统要求油水分离器的过滤精度在 30μm 以下、精滤的过滤精度在 5μm 以下，在保养过程中不可用常规滤清器代替。

计算机控制共轨式柴油喷射系统需要较高的喷油压力，因此需要比传统的喷射系统较小的喷油孔和较精密的调整，因此，当共轨式柴油喷射系统维修时，必须维持绝对的清洁度。

为了防止手套上的棉絮脱落或灰尘、杂质掉落燃油系统，在从事相关零件的拆卸与分解工作时，请用徒手操作，不可戴手套从事上述相关的工作。

发动机运转时，决不可松开高压油管；高压油管压力很高，不可直接用手动工具泄放高压油管油压，否则可能会射穿肉体，造成危险与伤害。

【课后练习题】

一、简答题

1. 高压共轨系统柴油机的工作过程是怎样的?

2. 你认为高压共轨技术的难点在哪里?

3. 为什么柴油机的电控技术不如汽油机那么普及?

二、填空题

1. 若电控高压共轨柴油机起动机不工作，经检查起动线路连接正常，短接起动机能够工作，则可能是（　　　　）或（　　　　）故障所致。

2. 高压油泵前的低压油管太细时会造成进油量不足，导致柴油机动力不足，潍柴动力要求低压油管的内径应该不小于（　　　）mm。

3. 高压共轨管的作用：一是（　　　），二是（　　　）。

4. 共轨管上压力限制阀的作用：确保共轨管中的（　　　）后不会超压，它采用的是（　　　）原理。

三、选择题

1. 若电控高压共轨柴油机无法起动，可能的原因有（　　）。

A. 副熄火开关处于联通状态　　B. 轨压太低

C. 蓄电池电压太低　　D. 同步信号不正确

2. 造成共轨管内燃油压力低的原因有（　　）。

A. 低压油路漏气　　B. 喷油器有泄漏

C. 共轨管限压阀损坏　　D. 同步信号不正确

参 考 文 献

[1] 黄费智，黄理经，等. 汽车发动机电控技术图解教程［M］. 北京：机械工业出版社，2013.

[2] 明光星，李晗，等. 汽车发动机电控系统原理与检修一体化教程［M］. 北京：机械工业出版社，2014.

[3] 吕秋霞，等. 汽车发动机电控系统检修［M］. 北京：人民交通出版社，2007.

[4] 宋波舰，等. 汽车发动机电控系统维修［M］. 北京：人民交通出版社，2012.

[5] 杨洪庆，等. 汽车发动机电控技术［M］. 北京：中国人民大学出版社，2012.